LISA ENGLMÜLLER
@fraeulein_diy

Schnell & easy PLOTTEN MIT CRICUT

LISA ENGLMÜLLER
@fraeulein_diy

Schnell & easy PLOTTEN MIT CRICUT

Über 50 schöne Kreativ-Projekte
für dich und dein Zuhause

Inklusive
50 Plotterdateien
für Joy, Maker und
Explore

mvgverlag

Inhalt

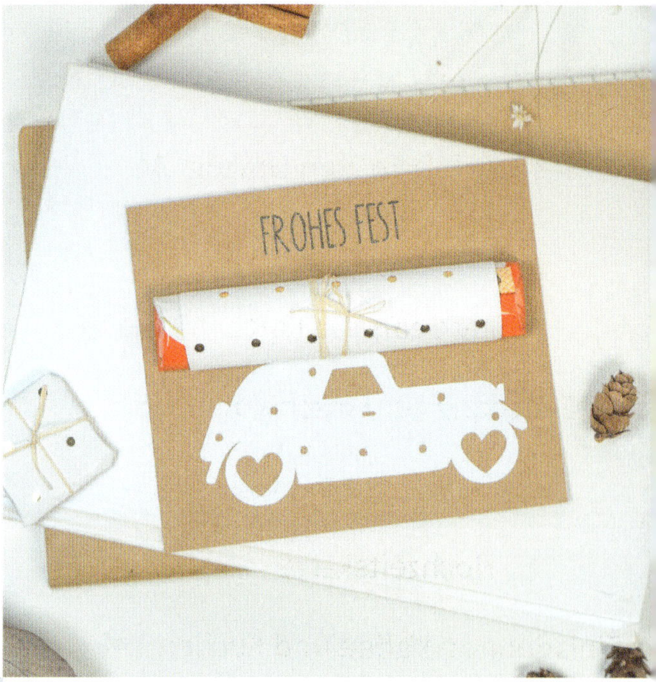

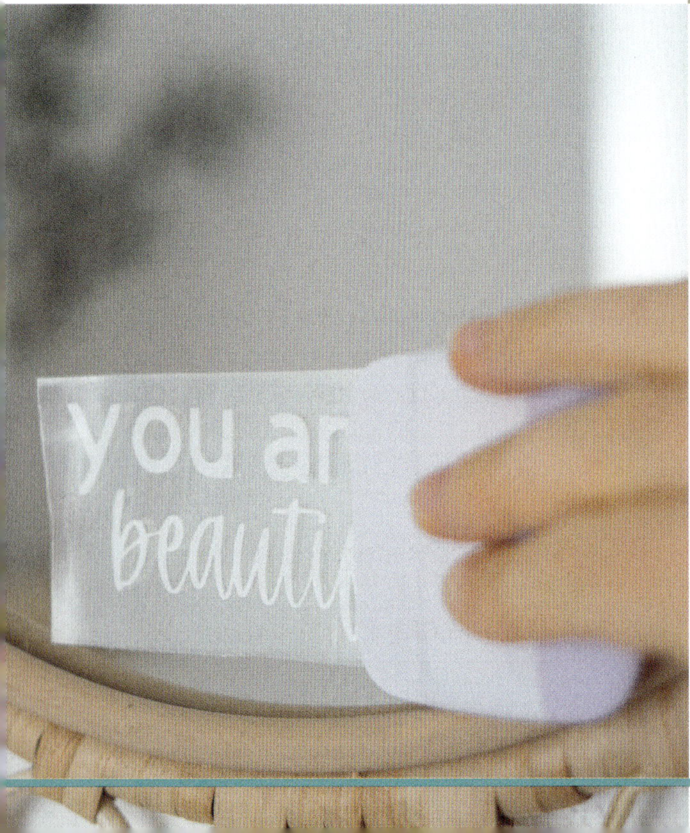

PROJEKTE

KREATIVE KARTENVIELFALT

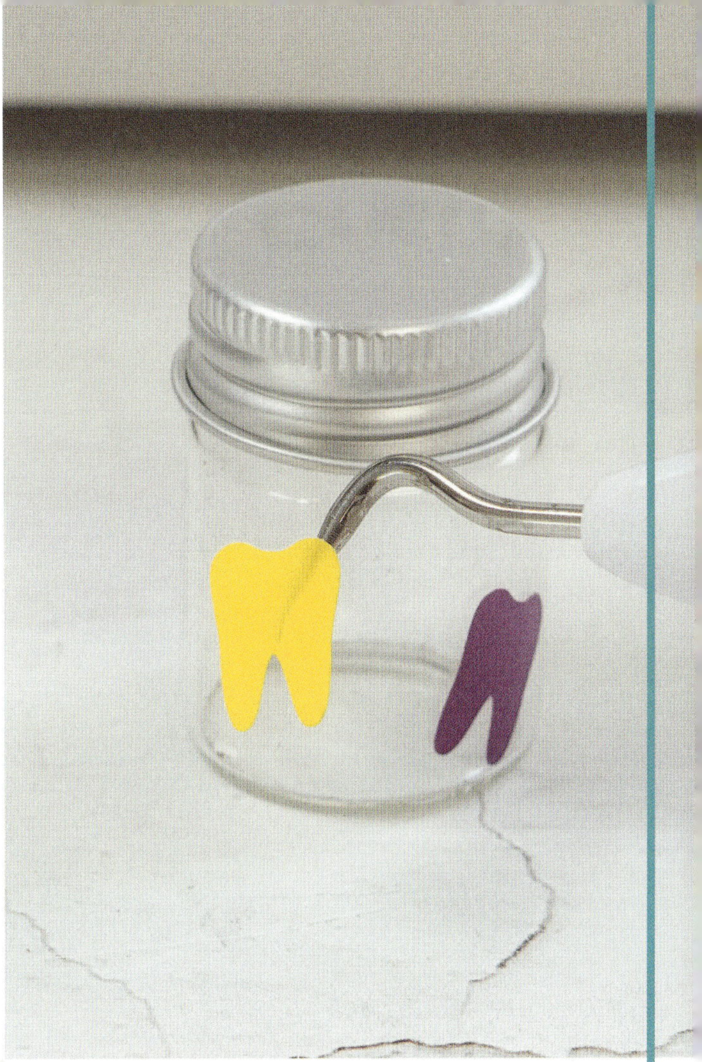

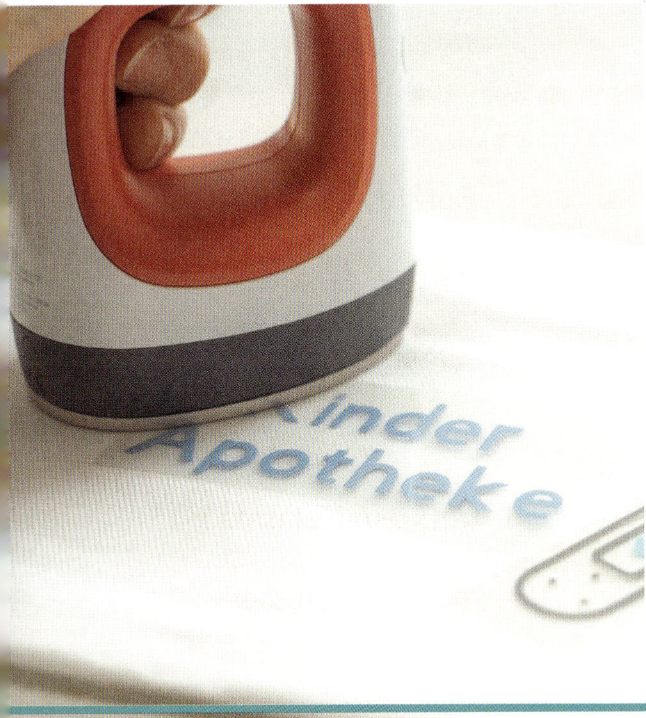

SCHÖNE DEKO FÜR DEIN ZUHAUSE

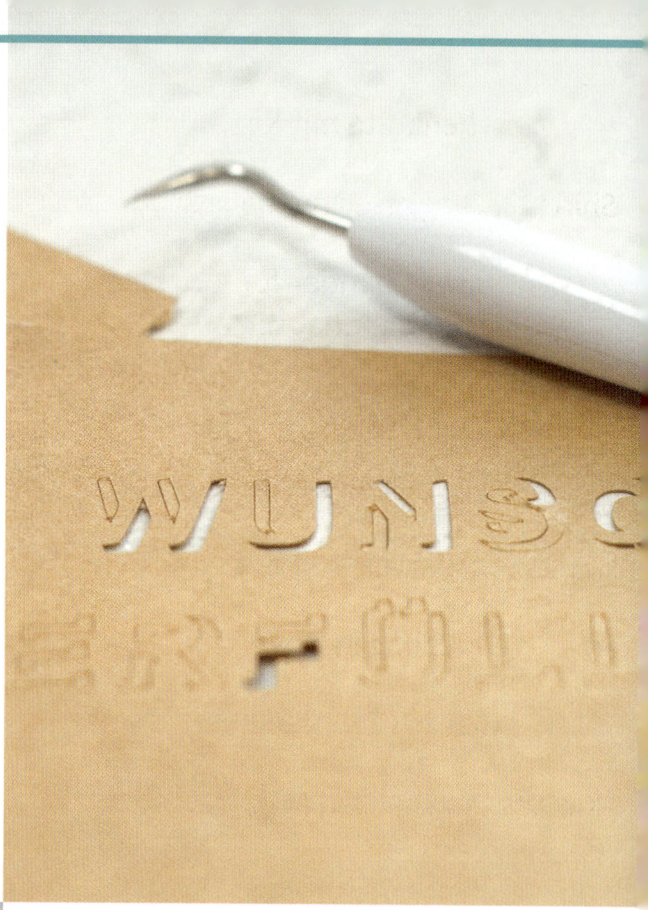

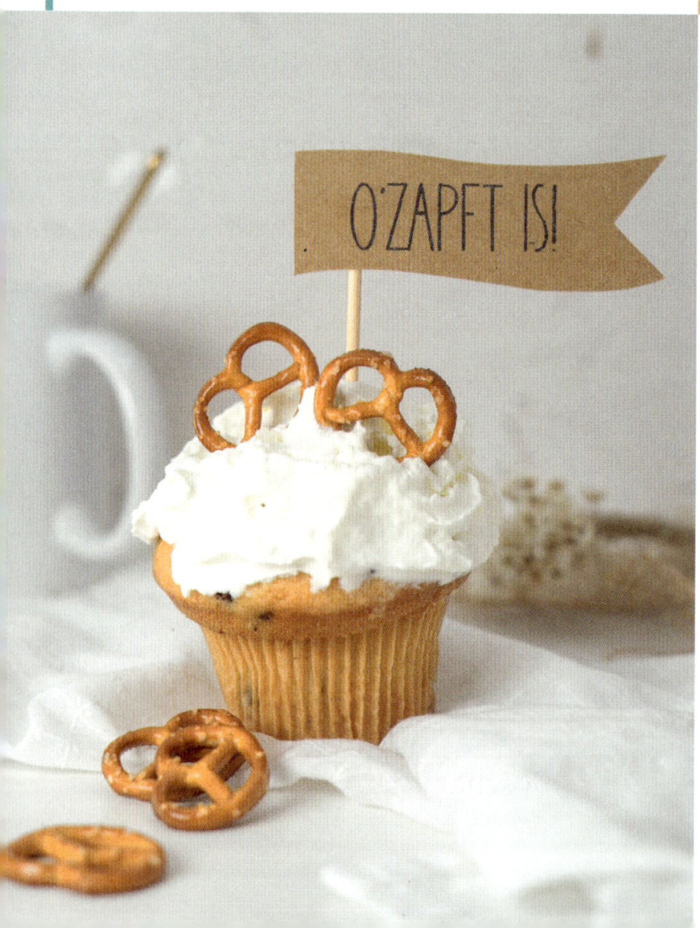

GESCHENKE FÜR JEDEN ANLASS

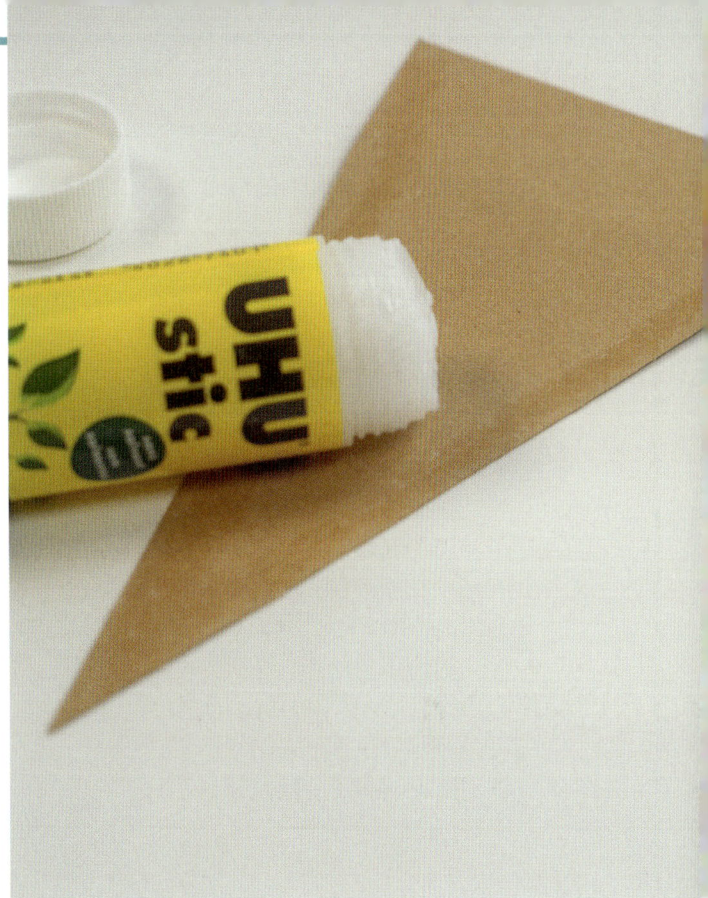
UHU
stic

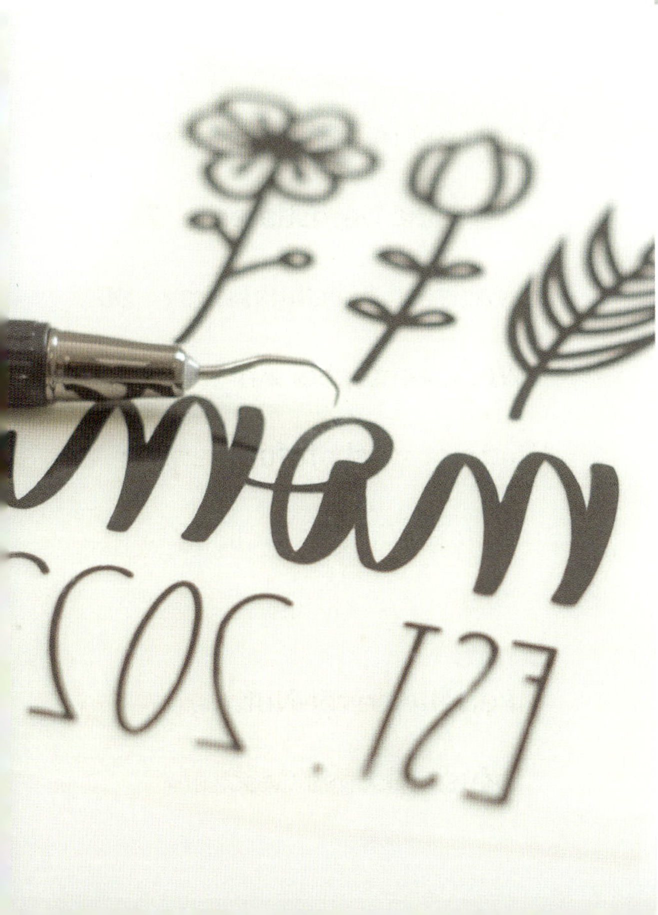

NÜTZLICHE SACHEN HÜBSCH GEMACHT

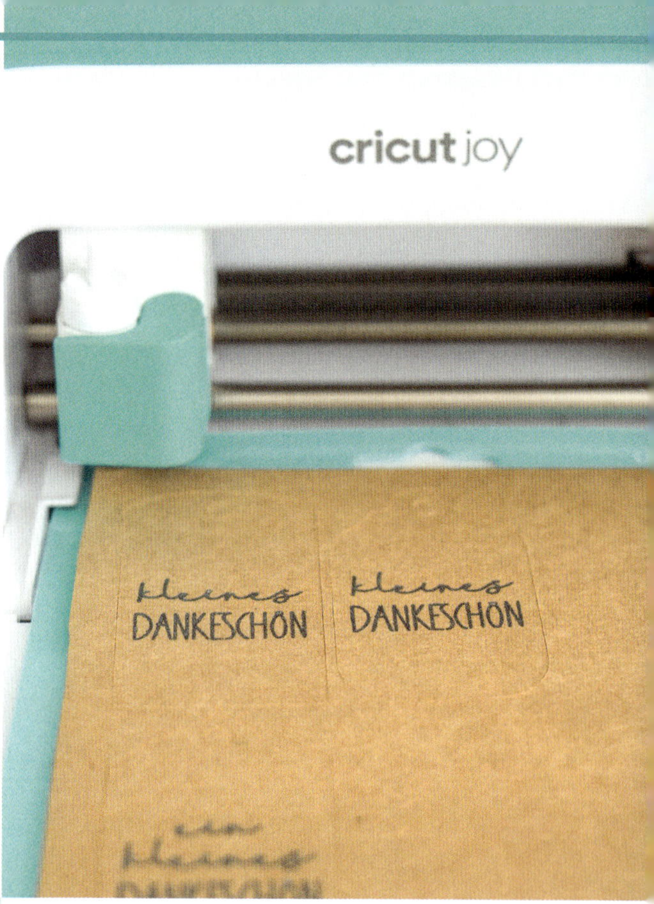

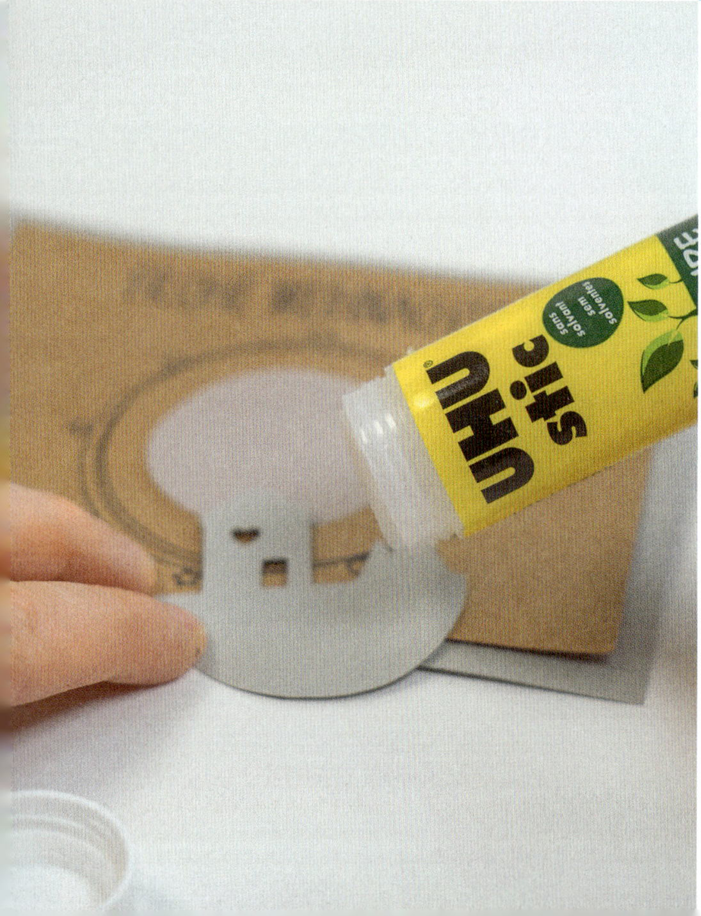

ANHANG

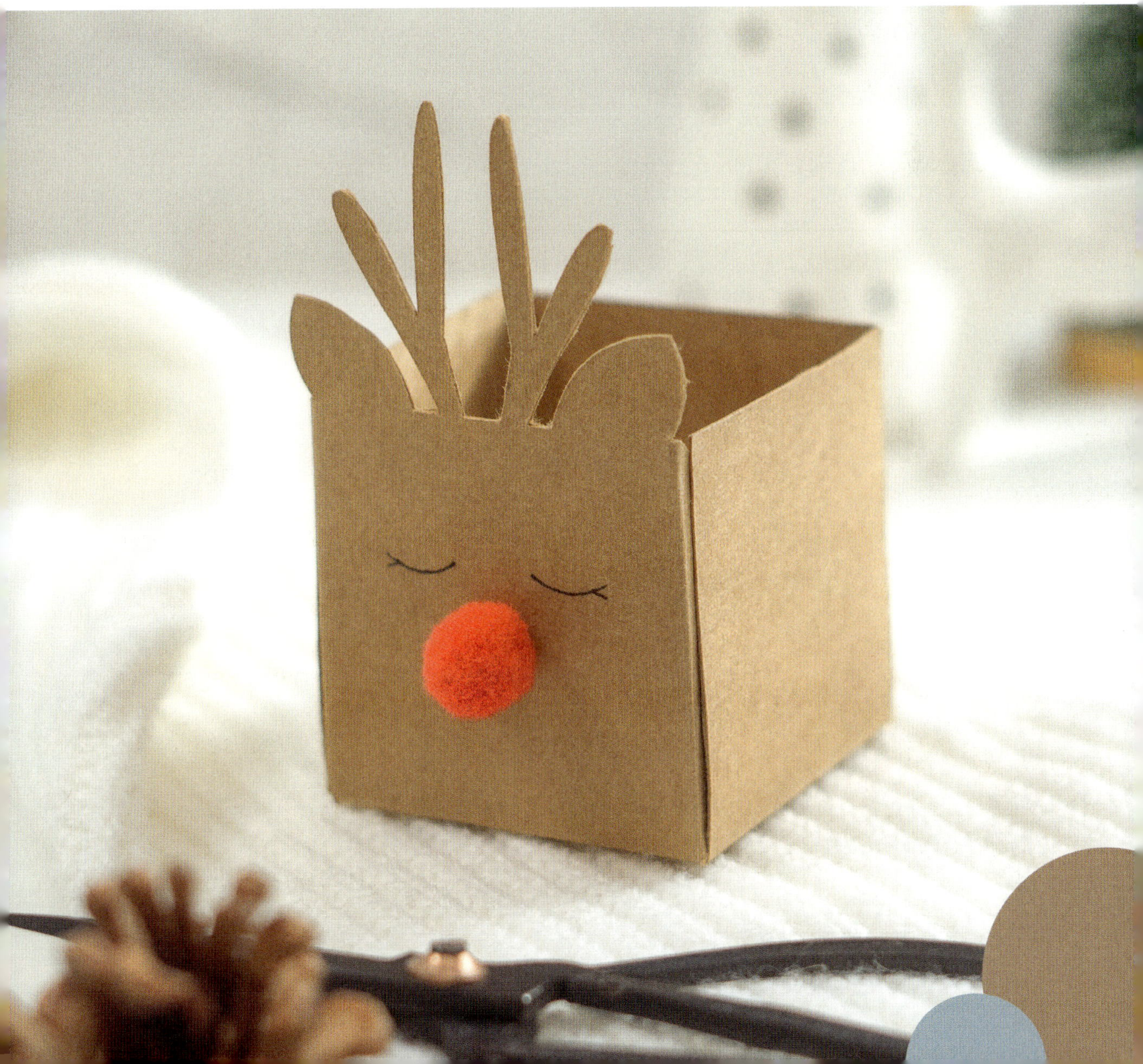

fräulein diy

do it yourself

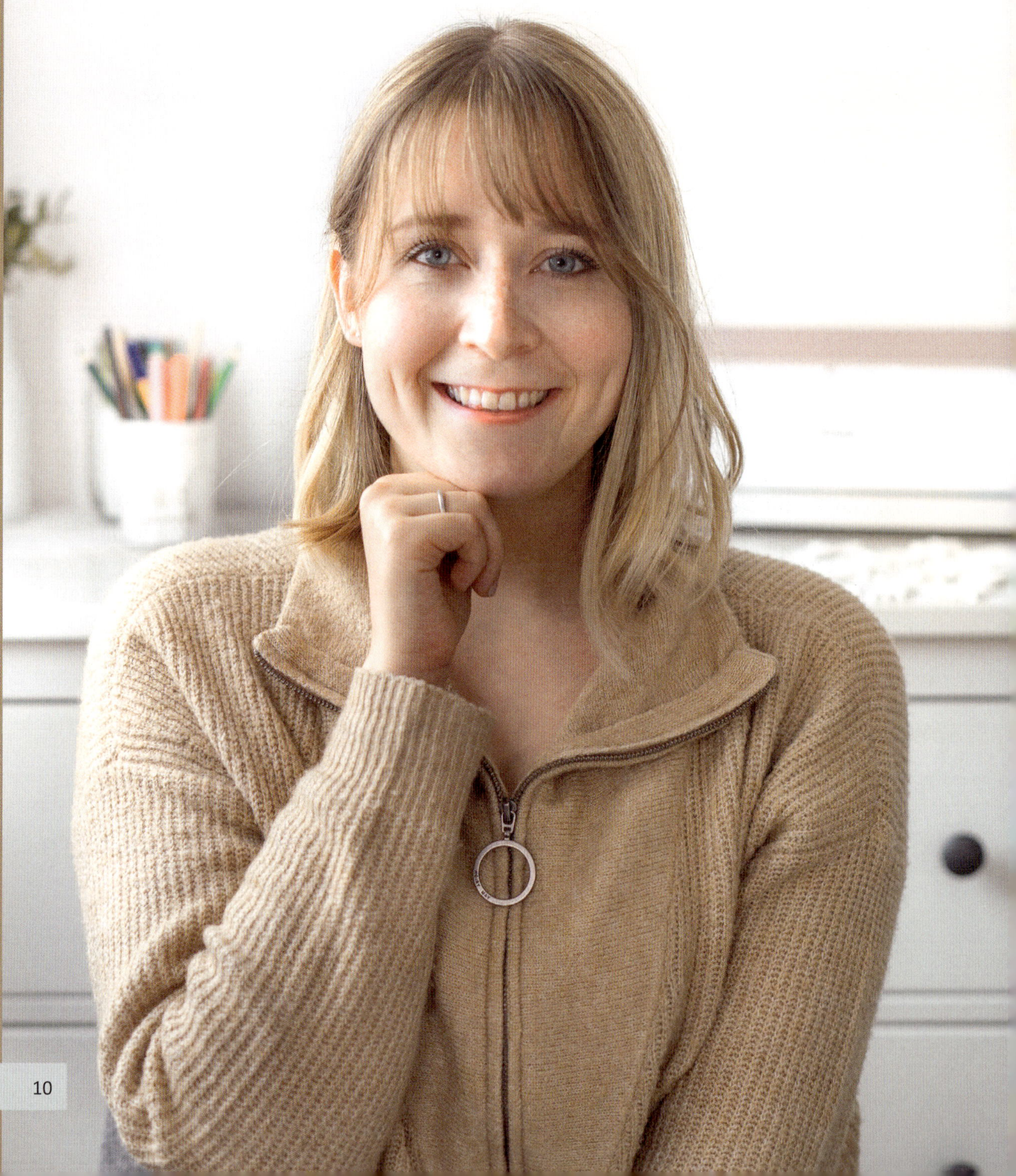

Vorwort

Schon seit meiner Kindheit bin ich ein großer Fan des Bastelns und habe immer unzählige Stunden mit dem kreativen Schaffen verbracht. Seitdem ein Hobbyplotter bei mir eingezogen ist, habe ich sehr viel mehr Zeit, mich meinen vielseitigen Ideen im Kopf zu widmen und die Schneidearbeit dem Gerät zu überlassen. Das Tolle am Plotten ist für mich, dass jeder seine kreative Ader ganz einfach mit schnellem Erfolg ausleben und großartige Projekte im Handumdrehen umsetzen kann.

2019 startete ich also mit dem brandneuen Schneidegerät in der Tasche für unsere Hochzeitsvorbereitungen meinen DIY-Blog namens Fräulein DIY. Weil mein Kopf allerdings regelmäßig vor neuen Ideen sprüht, wollte ich das Basteln, vor allem aber das Plotten nach unserer Traumhochzeit nicht an den Nagel hängen. Mir war sofort klar, dass mich dieses Hobby weiter begleiten wird. Mittlerweile wurde aus dem Hobby mein Beruf, und jeden Tag aufs Neue macht es mir unendlich viel Spaß, meine vielseitigen Ideen auf meinen Social-Media-Kanälen und meinem Blog zu veröffentlichen, mich mit meiner Community auszutauschen und gemeinsam kreativ zu werden.

Das Buch inklusive seiner Dateien bietet dir eine breite Palette vielseitiger Designs und Ideen. Damit bist du sicher für jeden Kreativnotfall, wie kurzfristig benötigte Geschenke, gewappnet. Ich zeige dir außerdem im Theorieteil einen kurzen Einblick in die Welt der verschiedenen Geräte und Materialien. Einen weitreichenden Überblick über Geräte, Tools, Werkzeuge u. v. m. erhältst du in meinem ersten Buch »Plotten leicht gemacht mit Cricut«.

Markiere mich gerne auf Social Media, wenn du eine der Ideen umgesetzt hast.

Schaue für regelmäßige Kreativideen auch gern auf meinen Kanälen vorbei:

fraeulein.diy **fraeulein.diy** **fraeulein-diy.de**

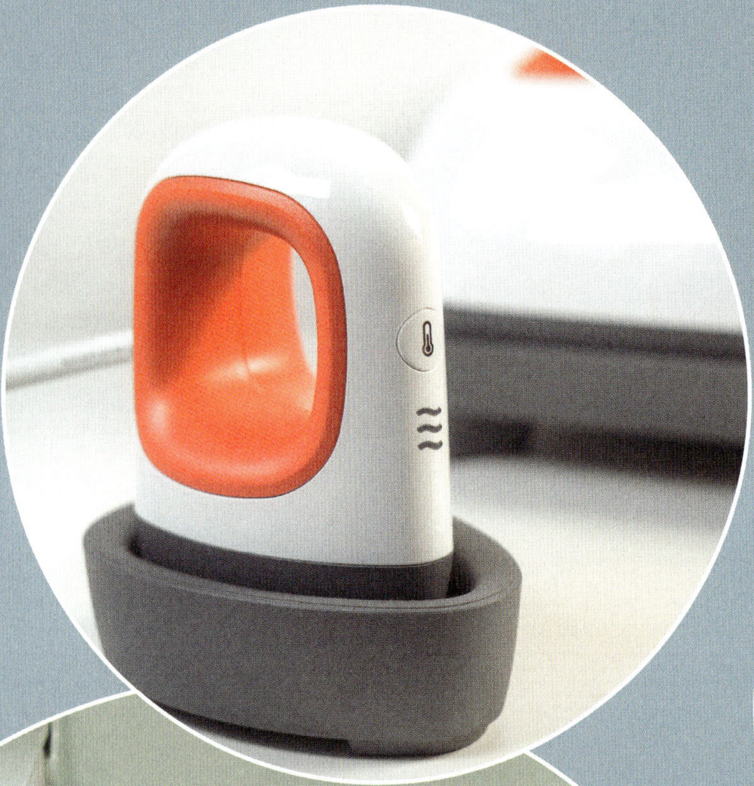

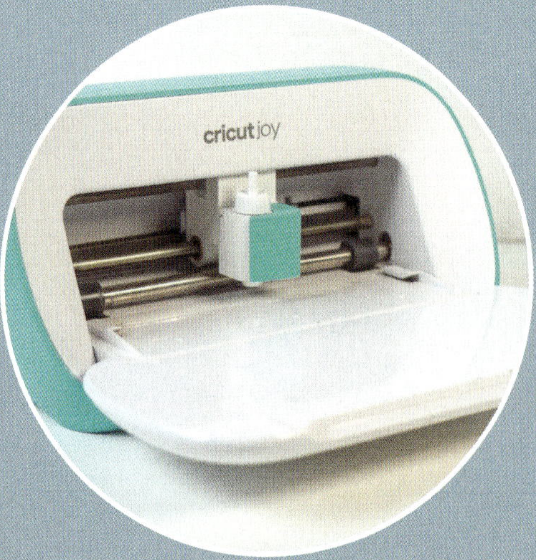
cricut joy

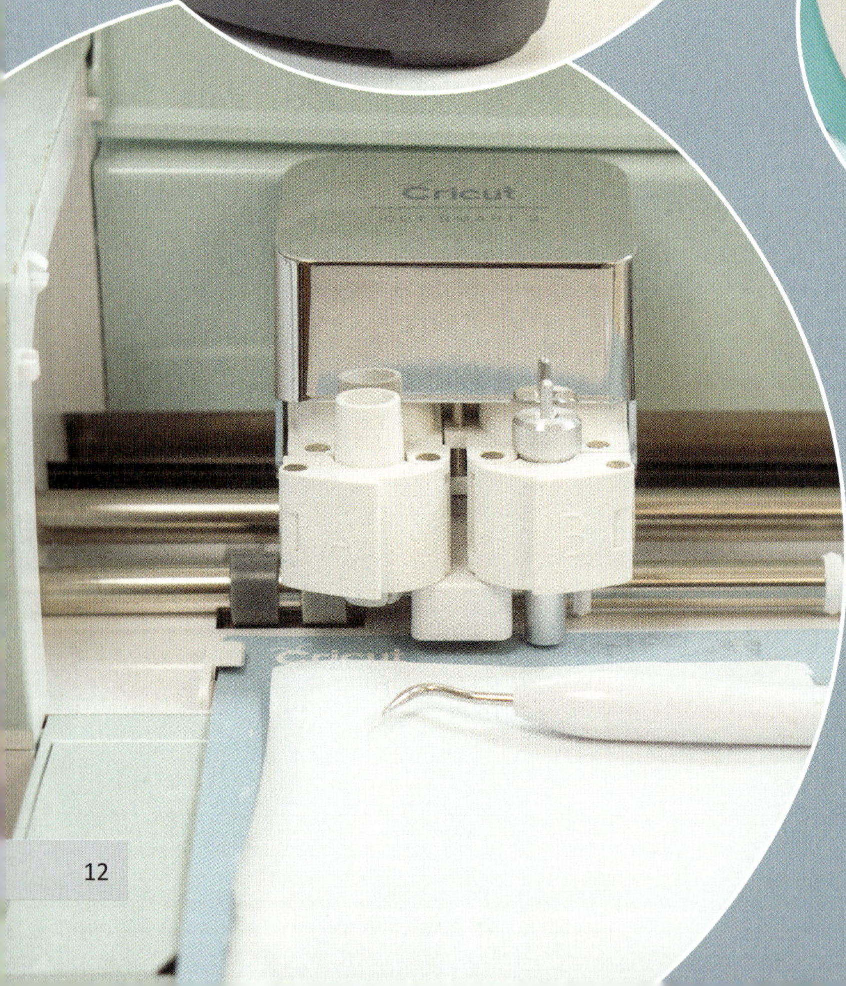
Cricut

Grundlagen

Was ist Plotten?

Wie bereits im Buch »Plotten leicht gemacht mit Cricut« erläutert, werden kreative Bastler*innen häufig missverstanden, wenn sie vom sogenannten Plotter sprechen. Denn der Begriff wird auch für Großformatdrucker verwendet.
In unserem Fall handelt es sich um Schneidegeräte oder auch Hobbyplotter. Diese sind perfekt für alle kreativen Köpfe und für viele Bastelnerds gar nicht mehr wegzudenken.

Einfach gesagt ist ein Plotter ein Ausgabegerät. Doch im Gegensatz zu einem Drucker arbeitet ein Plotter nicht zeilenweise, sondern fährt die Grafiken an den Linien nach. Auch wenn es Schneideplotter heißt, kann ein solches Gerät, je nach Modell, weit mehr als nur schneiden. Durch das Einsetzen verschiedener Messer und Tools kann die Verarbeitungsform stark variieren. Unterschiedlichste Materialien von Folie bis zu Balsaholz werden einwandfrei verarbeitet.

In die meisten Geräte kann außerdem ein Stift eingesetzt werden, welcher zum Schreiben und Zeichnen verwendet wird. All das tut der Plotter präziser, als es eine Hand je hinbekommen würde.

Was ist Cricut?

Cricut ist ein Hersteller von Schneidemaschinen, Heizpressen, Werkzeugen und Materialien. Durch die vielfältigen Möglichkeiten, zum Beispiel Schneiden, Falzen oder Schreiben, findet jede*r Kreativliebhaber*in schnell Gefallen an den Geräten. Im Lieferumfang enthalten ist die kostenlose Bearbeitungssoftware, das Design Space. Dort können eigene Designs erstellt, externe Kunstwerke hochgeladen oder im Programm Designs gekauft werden.

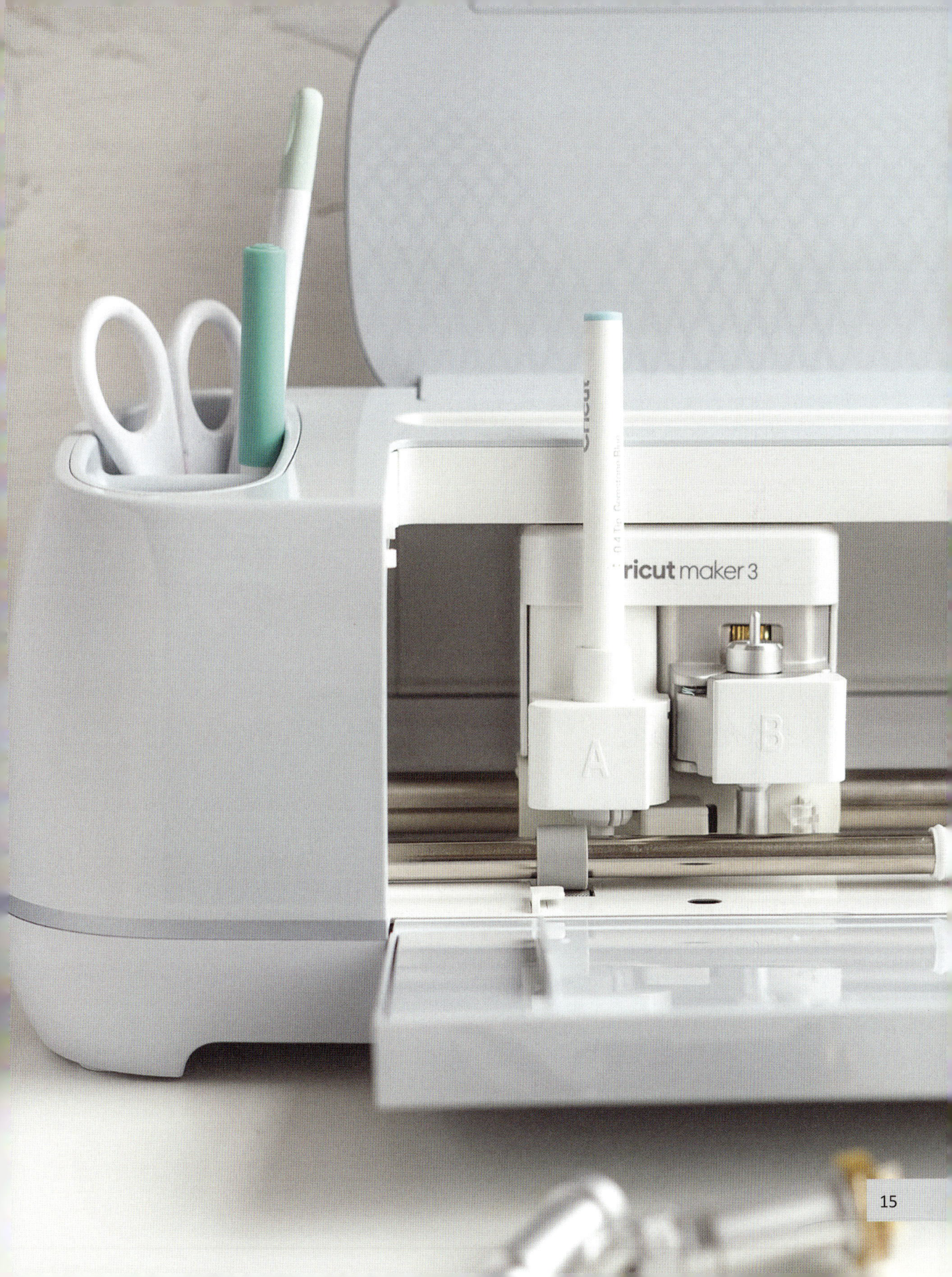
maker 3
A
B

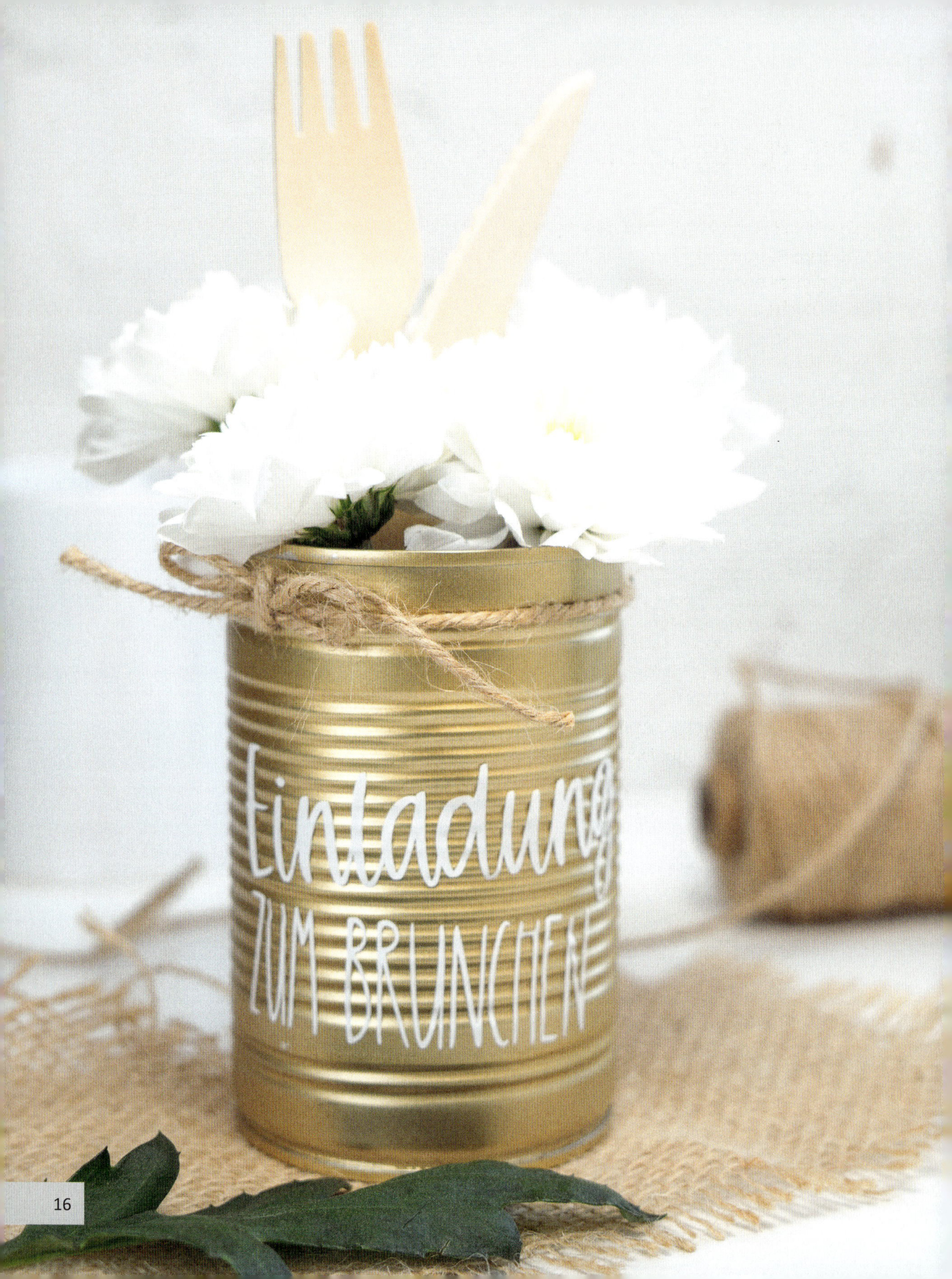
Einladung
ZUM BRUNCHEN

Schriften installieren

Schriften können für private Zwecke im Internet kostenlos gedownloadet, auf dem Desktop, Handy oder Tablet installiert und im Design Space genutzt werden. Außerdem gibt es auch eine Reihe an kostenpflichtigen Schriften, welche teilweise auch den gewerblichen Gebrauch erlauben.

UND SO EINFACH GEHT´S:

1. Lade die Schriftartdatei herunter.

2. Öffne die gezippte Datei. Klicke hierfür mit der rechten Maustaste auf den ZIP-Ordner und wähle »Alle extrahieren«.

3. Klicke mit der rechten Maustaste auf die Schrift und wähle »installieren«.

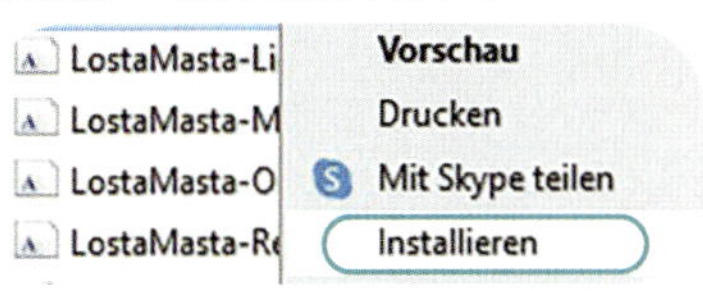

4. Die neue Schrift kannst du nun im Design Space unter Schriftarten wählen. Um die installierte Schriftart leichter zu finden, können die Filter in der grauen Zeile angepasst werden.

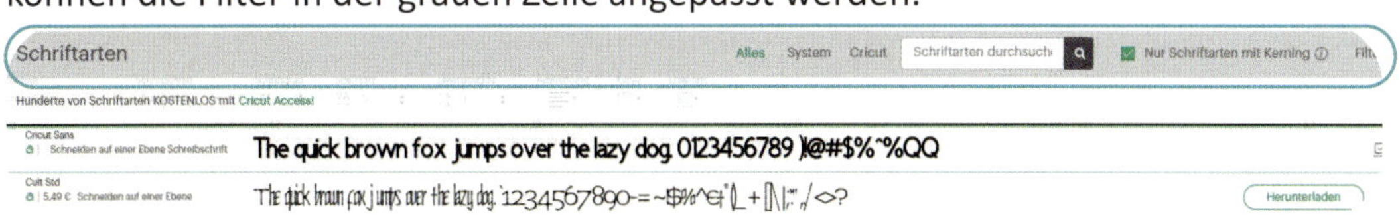

HINWEISE:

- Schließe und öffne das Design Space neu, falls dir neu installierte Schriften nicht angezeigt werden.
- Beachte unbedingt die Lizenzbedingungen beim Kauf/Download, falls du Schriften gewerblich nutzen willst.

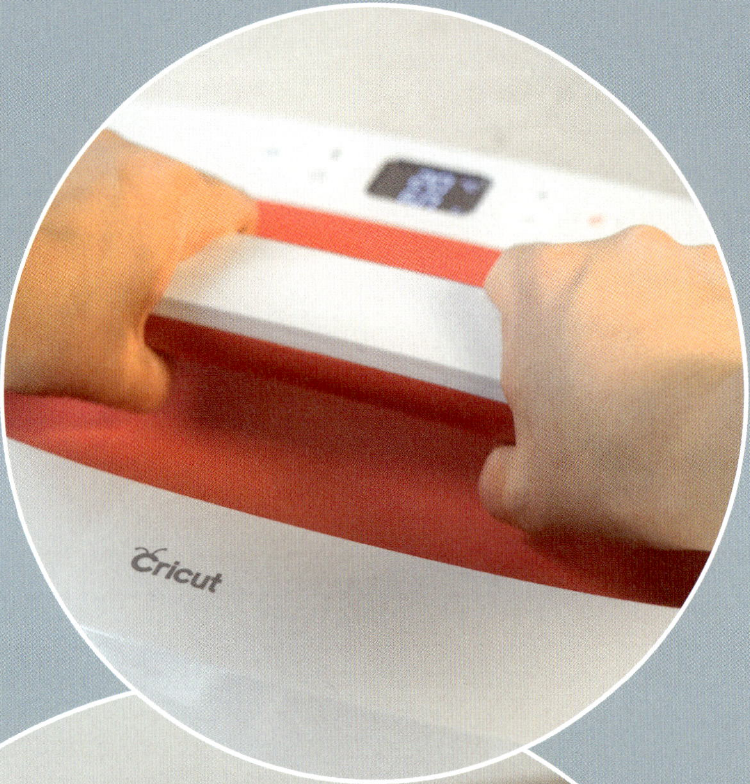
Cricut
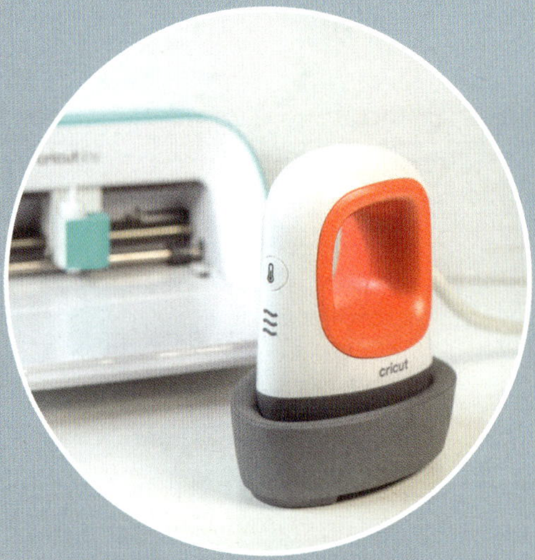
cricut
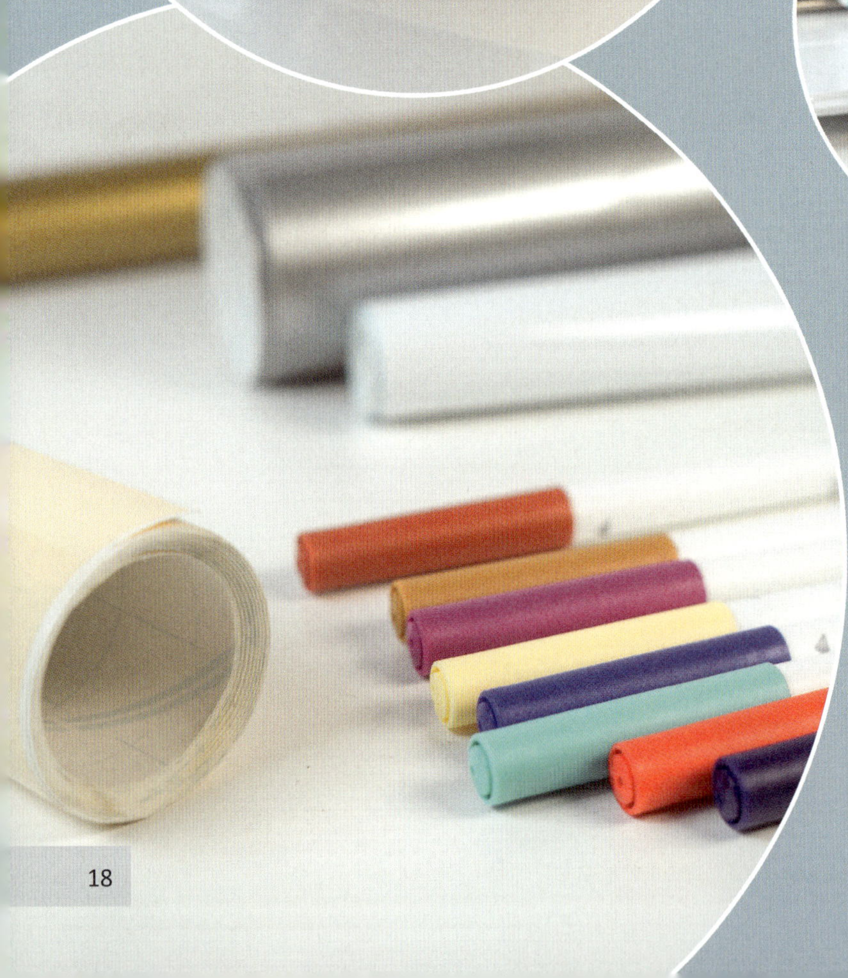

Geräte, Zubehör & Material

Geräte im Vergleich

	CRICUT JOY	CRICUT JOY XTRA
	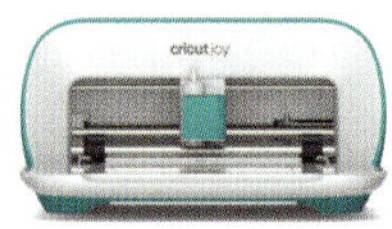	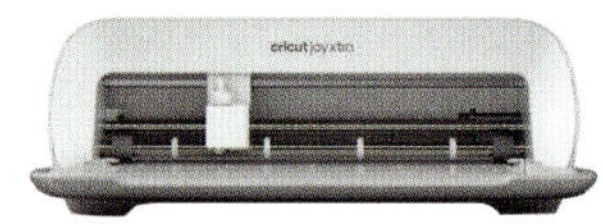
SCHNITTGRÖSSE	ca. 11,4 × 16,5 cm bzw. ca. 11,4 × 30,5 cm Mit Smart Material ca. 14 cm x 1,2 m.	ca. 20,8 × 29,7 cm Mit Smart Material ca. 21,6 cm x 1,2 m
MAX. MATERIALDICKE	ca. 1,5 mm	ca. 1,5 mm
PRINT THEN CUT		✓
MATERIAL-LADEART	mit Matte ohne Matte (Smart Material) Kartenschneidematte	mit Matte ohne Matte (Smart Material) Kartenschneidematte
SNAPMAT		
MESSER & TOOLS	Fine-Point Blade Foil Transfer Kit Stift zum Zeichnen	Fine-Point Blade Foil Transfer Kit Stift zum Zeichnen
MASSE	ca. 139 × 214 × 108 mm ca. 1,75 kg	ca. 317 × 152 × 139 mm ca. 2,7 kg

CRICUT EXPLORE 3	CRICUT MAKER 3	CRICUT VENTURE
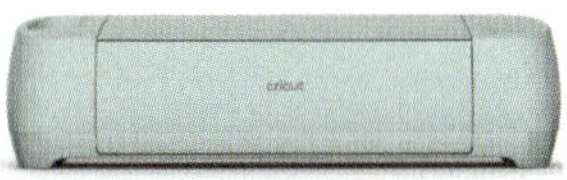	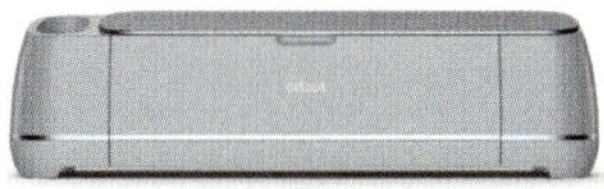	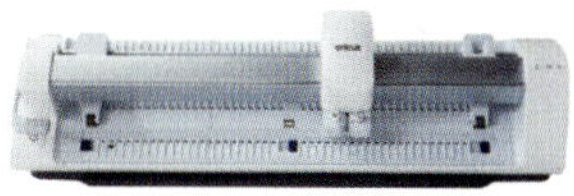
ca. 29,7 × 61 cm Mit Smart Material ca. 33 cm breit und bis 3,70 m lang.	ca. 29,7 × 61 cm Mit Smart Material ca. 33 cm breit und bis 3,70 m lang.	ca. 61 × 71 cm Mit Smart Material ca. 61 cm x 22,8 m
ca. 2 mm	ca. 2,4 mm	ca. 2 mm
✓	✓	✓
mit Matte ohne Matte (Smart Material) Kartenschneidematte	mit Matte Kartenschneidematte	mit Matte ohne Matte (Smart Material)
✓	✓	
Fine-Point Blade Deep-Point Blade Bonded Fabric Blade Scoring Tool Foil Transfer Kit Stift zum Zeichnen Rollenhalter	Fine-Point Blade Deep-Point Blade Bonded Fabric Blade Rotary Blade Knife Blade Scoring Tool Debrossing Tool Engraving Tool Perforations Tool Scorring Wheel Foil Transfer Kit Wavy Blade Stift zum Zeichnen Rollenhalter	Fine-Point Blade Deep-Point Blade Bonded Fabric Blade Scoring Tool Foil Transfer Kit Stift zum Zeichnen Automatische Trennklinge
ca. 560 × 177 × 150 mm ca. 5 kg	ca. 560 × 180 × 157 mm ca. 7 kg	ca. 883 × 264 × 224 mm ca. 15 kg

Schneidematten

Schneidematten werden zur Stabilität des Materials verwendet. Die Matte führt das Material durch die Rollen des Plotters. Die Farben der Matten geben hauptsächlich die Klebekraft an. Für die jeweiligen Geräte gibt es unterschiedlich große Schneidematten. **HINWEIS:** Schneidematten sind Abnutzungsgegenstände. Sie verlieren auch bei pfleglicher Behandlung und regelmäßiger Reinigung irgendwann die Klebekraft. Du kannst Matten, wie z. B. Mediumgrip, allerdings als Lightgrip verwenden. Die Klebekraft reicht dann meist für Folien und Papier wunderbar aus.

LIGHTGRIP
Für dünne Materialien wie z. B. Folie & Papier

MEDIUMGRIP
Für z. B. dickeres Papier oder Folien

STRONGGRIP
Für dickes Material wie z. B. Karton oder Balsaholz

FABRICGRIP
Für Material wie z. B. Stoff. Sie hat eine leichte Klebekraft

SNAPMAT

Bei SnapMat wird ein Foto mit dem Mobilgerät vom Material auf der Schneidematte aufgenommen. Es hilft, die Platzierung von Motiven mit der Mobilversion des Design Spaces zu visualisieren. Es können beispielsweise mehrere kleine Materialien auf die Matte gelegt und die Motive digital direkt darauf ausgerichtet werden. Welche Geräte diese Funktion beherrschen, findest du auf Seite 18.

Folien & Materialien

VINYL

Vinylfolie oder auch Klebefolie ist ablösbar oder permanent. Vinylfolie kann auf allen glatten, staub- und fettfreien Oberflächen verwendet werden.

TRANSFERFOLIE/TRANSFER TAPE

Die Transferfolie wird zum Übertragen der Vinylfolie auf die Oberfläche verwendet.

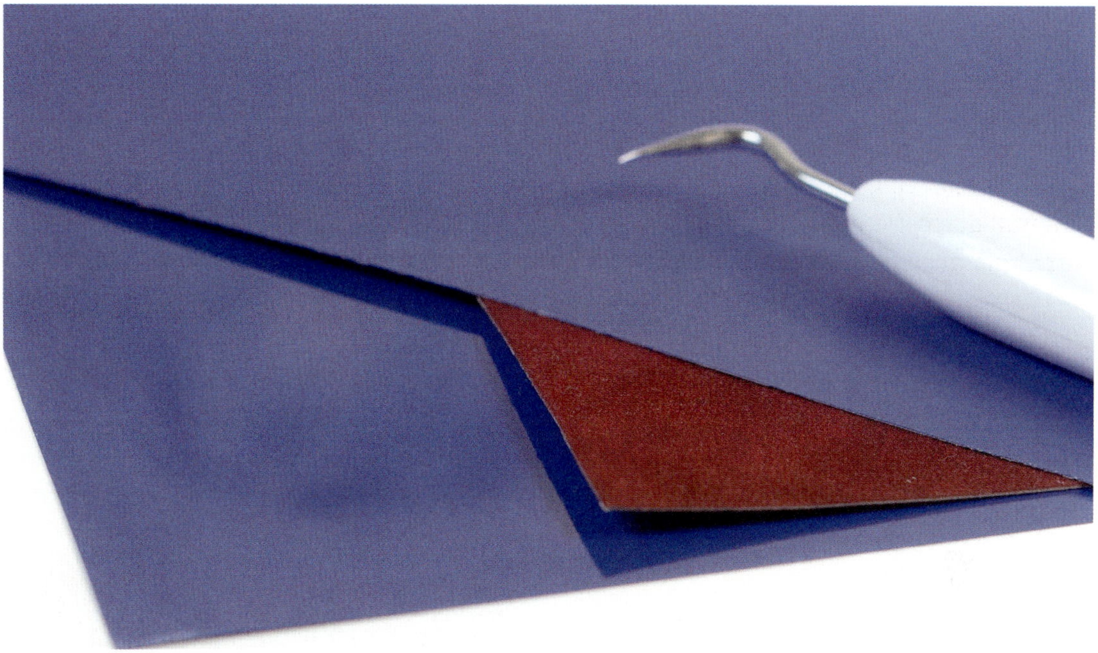

FLEX & FLOCK

Wärmeübertragungsfolien oder auch Iron-On werden durch Wärme auf hitzebeständige Untergründe, wie zum Beispiel Stoff, übertragen. Hinweis: Flex & Flock muss beim Schnitt immer gespiegelt werden.

FOIL TRANSFER SHEET

Für das Foil Transfer Sheet wird das Foil Transfer Kit benötigt. Es ist eine hauchdünne metallische Folie, die auf den Untergrund gepresst wird und dem Untergrund einen schimmernd metallischen Look gibt.

INFUSIBLE INK & SUBLIMATIONSPAPIER

Infusible Ink verbindet sich dauerhaft mit dem Untergrundmaterial. Es kann zum Beispiel auf Stoff (mindestens 65 % Polyester) oder Tassen gepresst werden.

SMART MATERIAL

Smart Material kann bei einigen Cricut-Geräten verwendet werden. Es wird ohne Schneidematte verwendet. Smart Material gibt es in diversen Ausführungen, wie zum Beispiel Vinyl, Iron-On oder Etiketten.

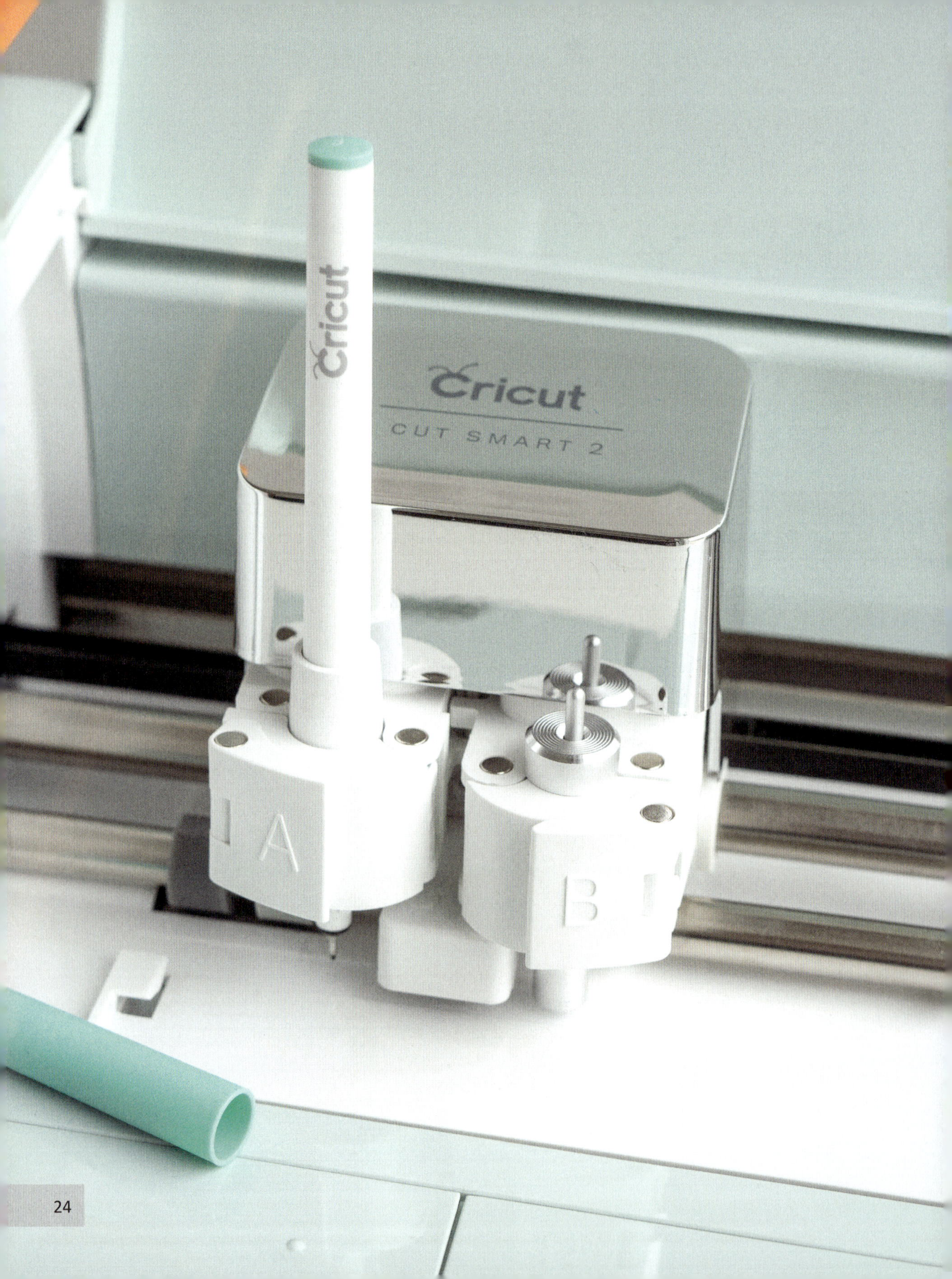
Cricut
Cricut
CUT SMART 2
A
B

Stifte

Cricut-Geräte von Joy bis Venture können nicht nur schneiden, sondern auch zeichnen beziehungsweise schreiben.

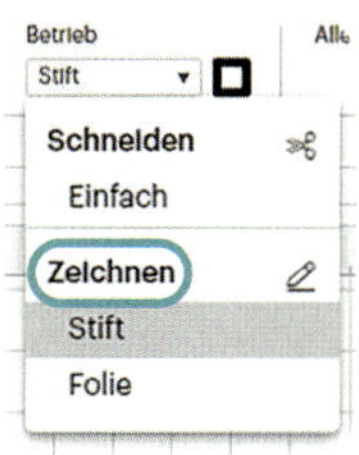

Wichtig: Die Stifte unterscheiden sich in der Halterung. Achte beim Kauf unbedingt auf die passenden Stifte zu deinem Gerät.

Um zeichnen bzw. schreiben zu können, muss der Betrieb in der oberen Leiste auf Zeichnen umgestellt und der entsprechende Stift ausgewählt werden.

PENS

Es gibt verschiedene Stifte mit dünnen und dicken Spitzen, als Fineliner oder Gelstift und mit Metallic- oder Glitzerhighlight. Zudem gibt es Aquarell- oder Permanentmarker. Alle Pens gibt es in den unterschiedlichsten Farben. Mit ihnen kannst du unterschiedliche Projekte, von Glückwunschkarte bis Geschenkanhänger, gestalten.

INFUSIBLE INK PENS

Die Infusible Ink Pens werden, wie die Infusible Ink Sheets, durch Hitze dauerhaft mit dem Untergrund verbunden. Das Motiv kannst du einfach auf handelsübliches Druckerpapier zeichnen und anschließend mit der Transferpresse übertragen.
Wichtig: Der Stoff muss mindestens 65 % Polyester enthalten.

Tipp

Welchen Stift du genau hast, kannst du an der Rückseite erkennen. Dort findest du einen Buchstaben.

Werkzeuge einsetzen

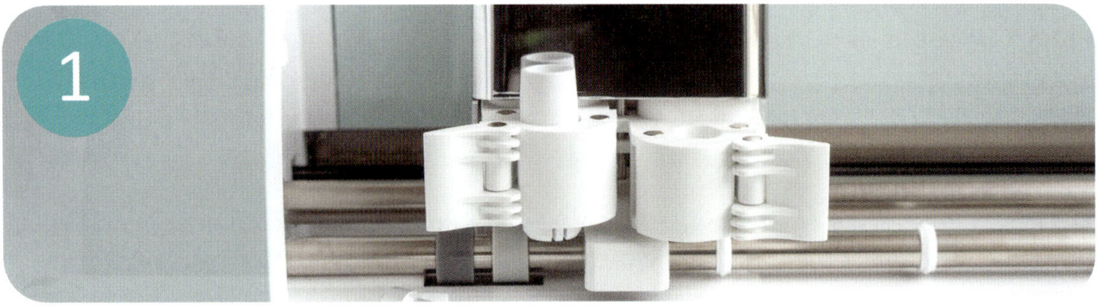

Öffne zum Einsetzen von Werkzeugen (Klammer B) und Stiften (Klammer A) die jeweilige Klammer nach außen.

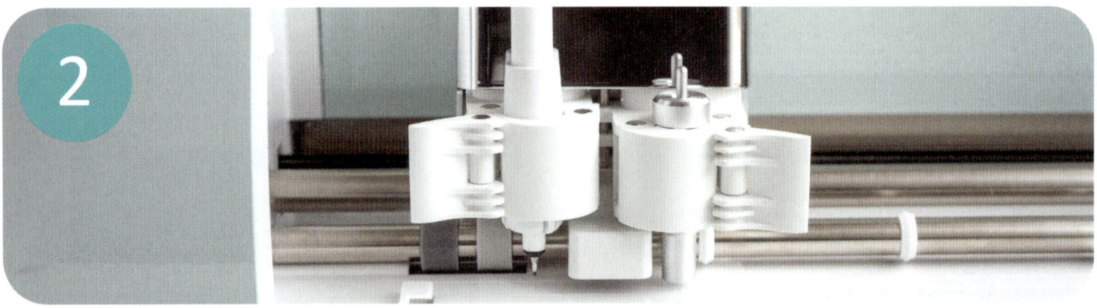

Achte darauf, dass die Kante des Messers beim Einsetzen aufliegt. Bei Messern mit Zahnrad müssen die Zähne ineinandergreifen. Stifte werden mit leichtem Druck in die Halterung gedrückt.

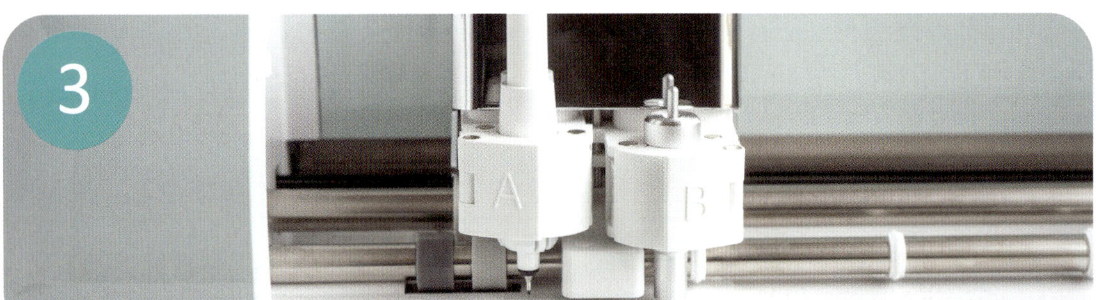

Die Klammer wird nun geschlossen, und das Werkzeug kann genutzt werden.

Transferpressen

Es gibt unterschiedliche Arten und Größen von Transferpressen. Je nachdem, welches Projekt umgesetzt wird, können die kleinen und großen Heizplatten ihre Vorteile haben. Informationen zur passenden Heiztemperatur und -dauer findest du direkt beim Hersteller. Viele Shops haben die Presseneinstellungen bereits in der Beschreibung der Folien angegeben.

Wichtig: Stelle die Transferpresse während jeder Benutzpause zurück auf die im Lieferumfang enthaltende isolierte Sicherheitsbasis, um deine Arbeitsfläche zu schützen.

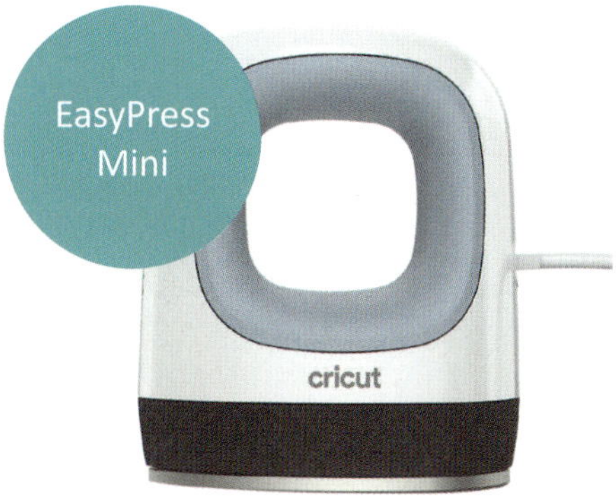

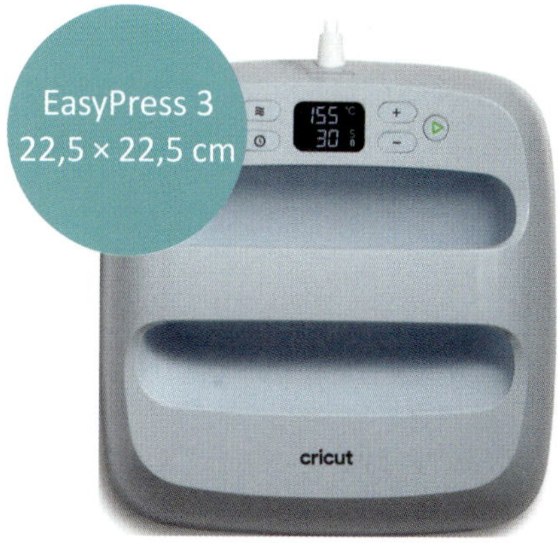

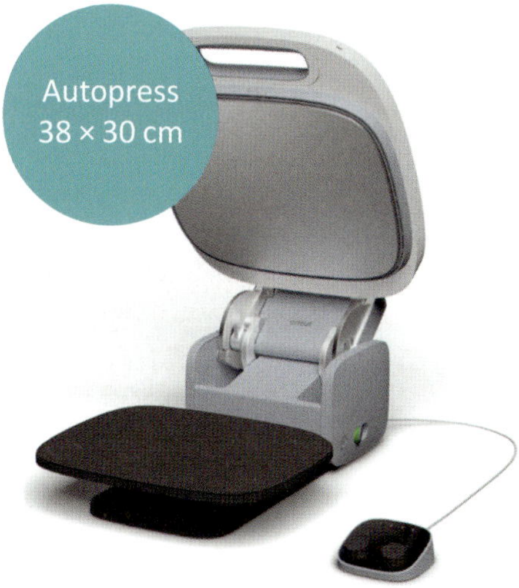

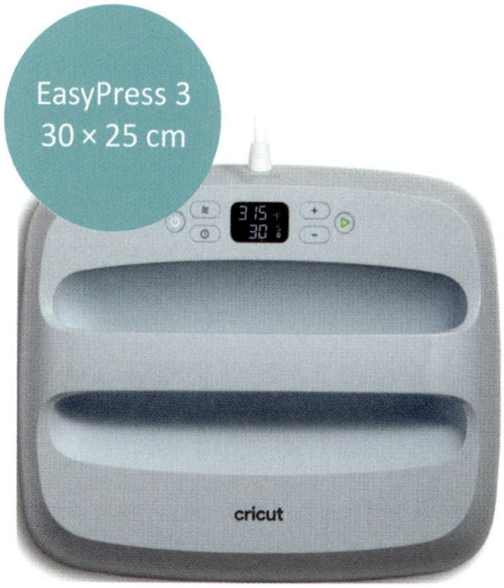

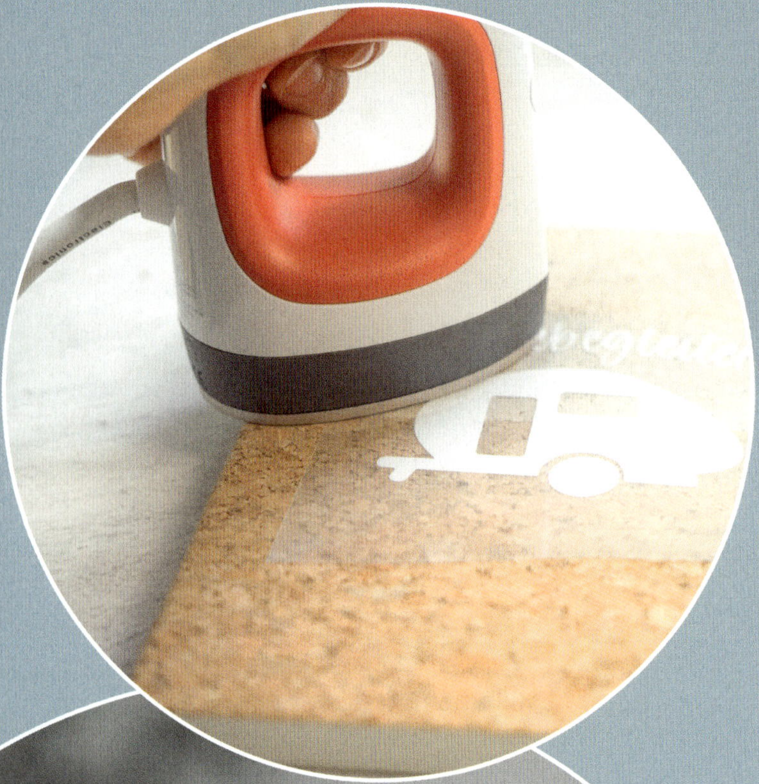

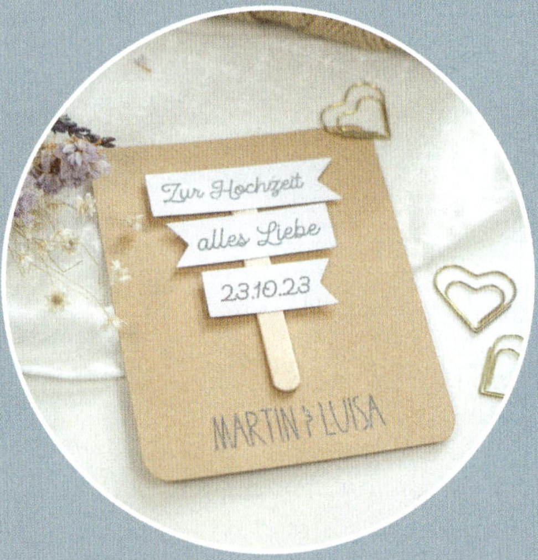
Zur Hochzeit
alles Liebe
23.10.23
MARTIN & LUISA

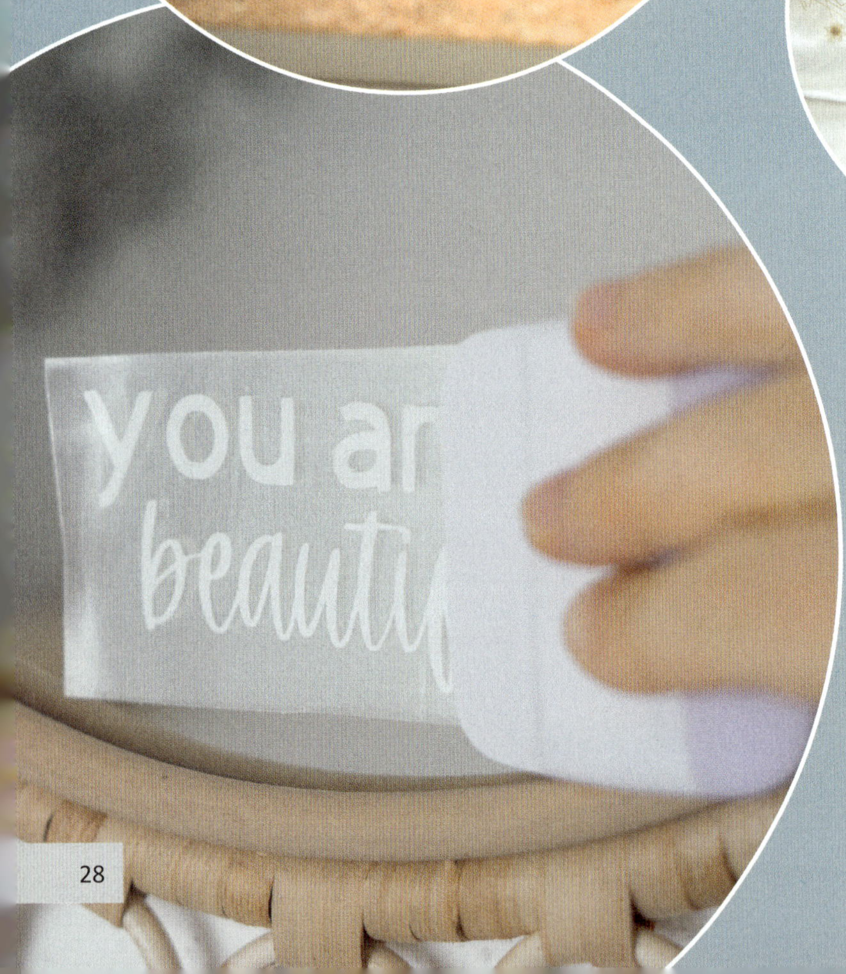

Projekte

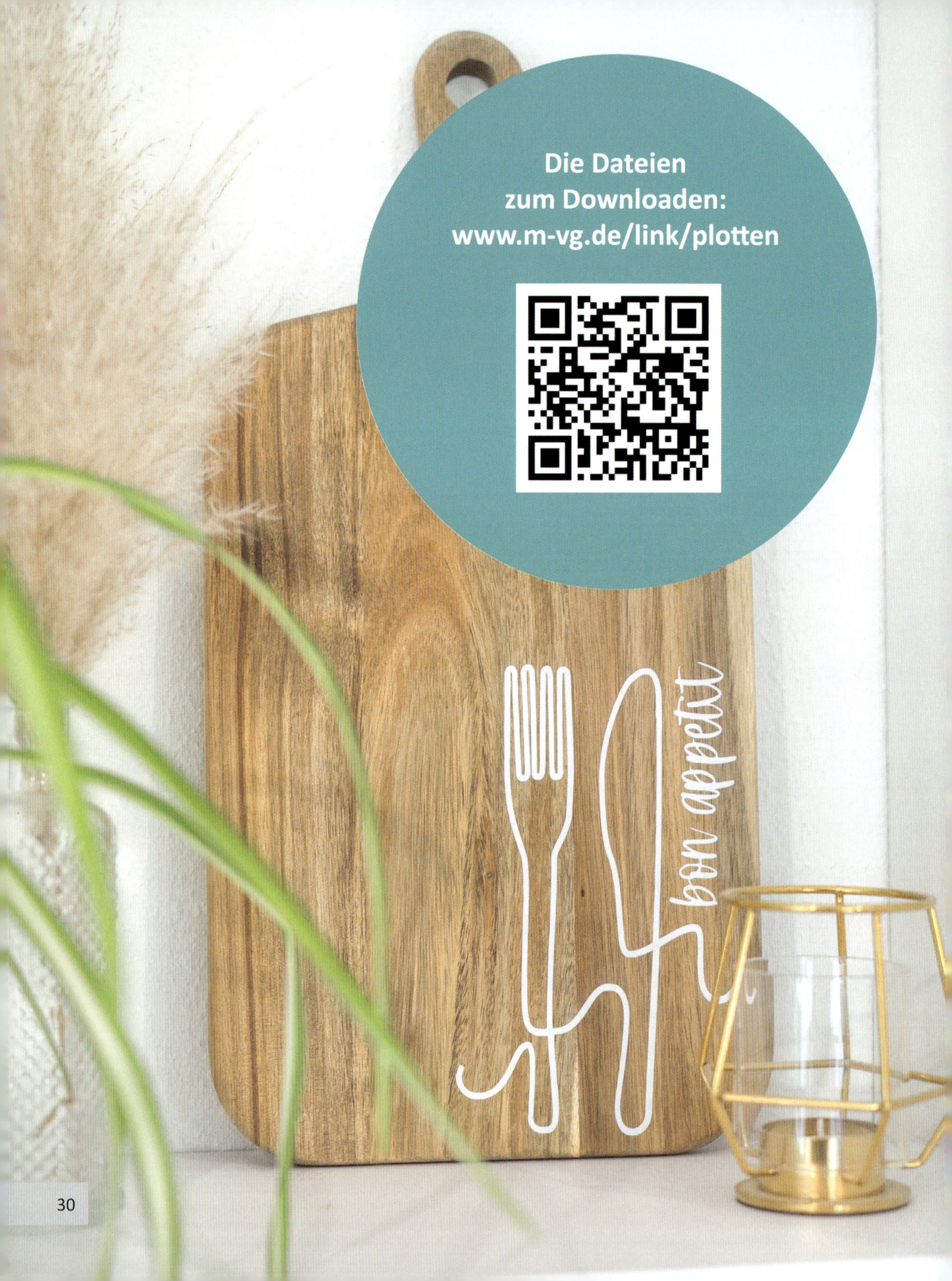

Die Dateien
zum Downloaden:
www.m-vg.de/link/plotten

Dateien importieren

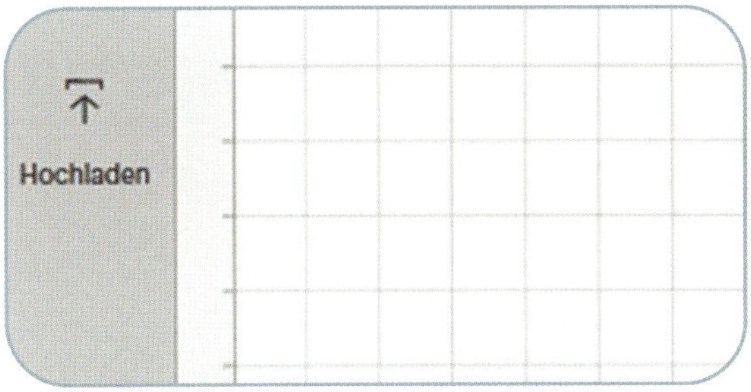

1 Wähle in der linken Leiste der Arbeitsfläche den Hochladenbutton.

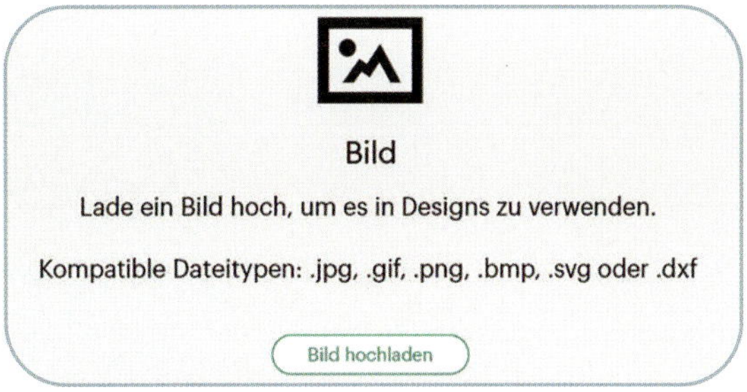

2 Wähle »Bild hochladen«.

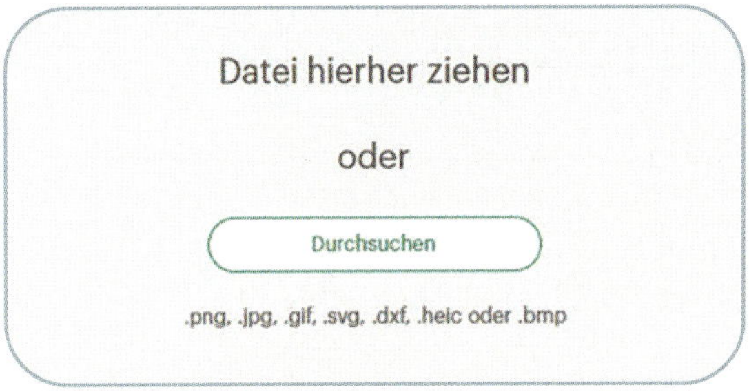

3 Durchsuche den Ordner nach der .svg Datei.

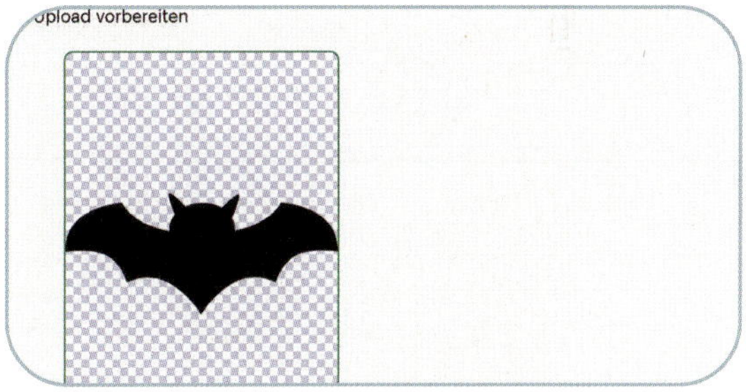

4 Die Datei kannst du nun benennen und anschließend hochladen.

Alle Dateien des Buches werden als .svg, .dxf und .png zur Verfügung gestellt. Grundsätzlich wird im Cricut Design Space mit .svg-Dateien gearbeitet. Die .dxf-Dateien können zum Beispiel für Silhouette Studio, eine weitere mögliche Software, verwendet werden. In allen Plottersoftwares können .png-Dateien geladen werden. Hier ist lediglich zu beachten, dass der Schnitt etwas uneben werden kann.

Die Schriften fügst du den Designs extra hinzu.

Alle Dateien sind grundsätzlich mit allen Geräten umsetzbar. Für den Joy musst du Dateien gegebenfalls in der Größe etwas anpassen. Die Anleitungen für die Projekte sind für die Desktopversion des Design Space geschrieben. In der Mobilversion befinden sich einzelne Werkzeuge an anderen Positionen.

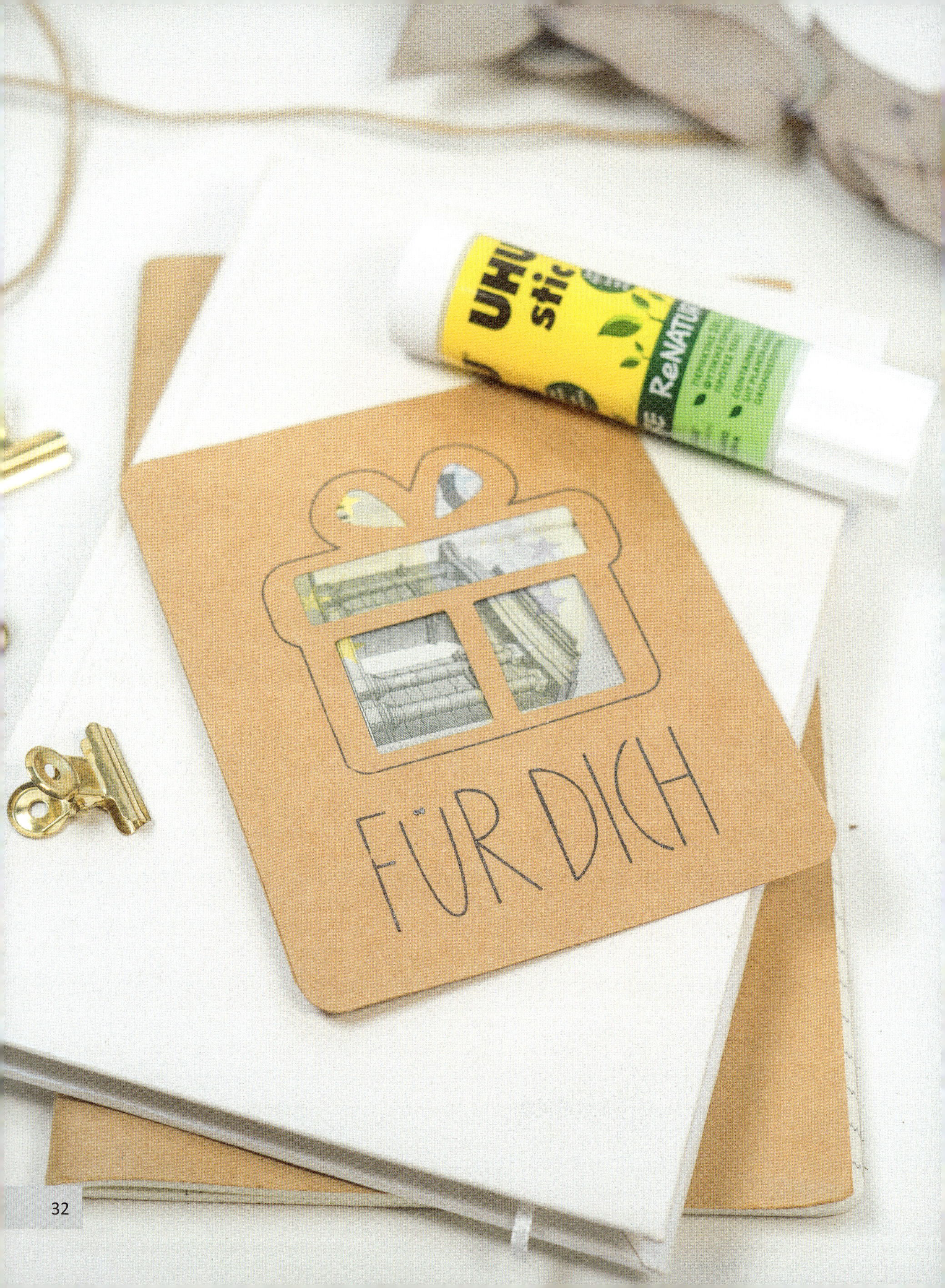
FÜR DICH

Kreative Kartenvielfalt

Geburtstag, Hochzeit, Begräbnis, Umzug, Weihnachten, Einschulung, Brunch, Valentinstag

Geschenkkarte zum Umzug

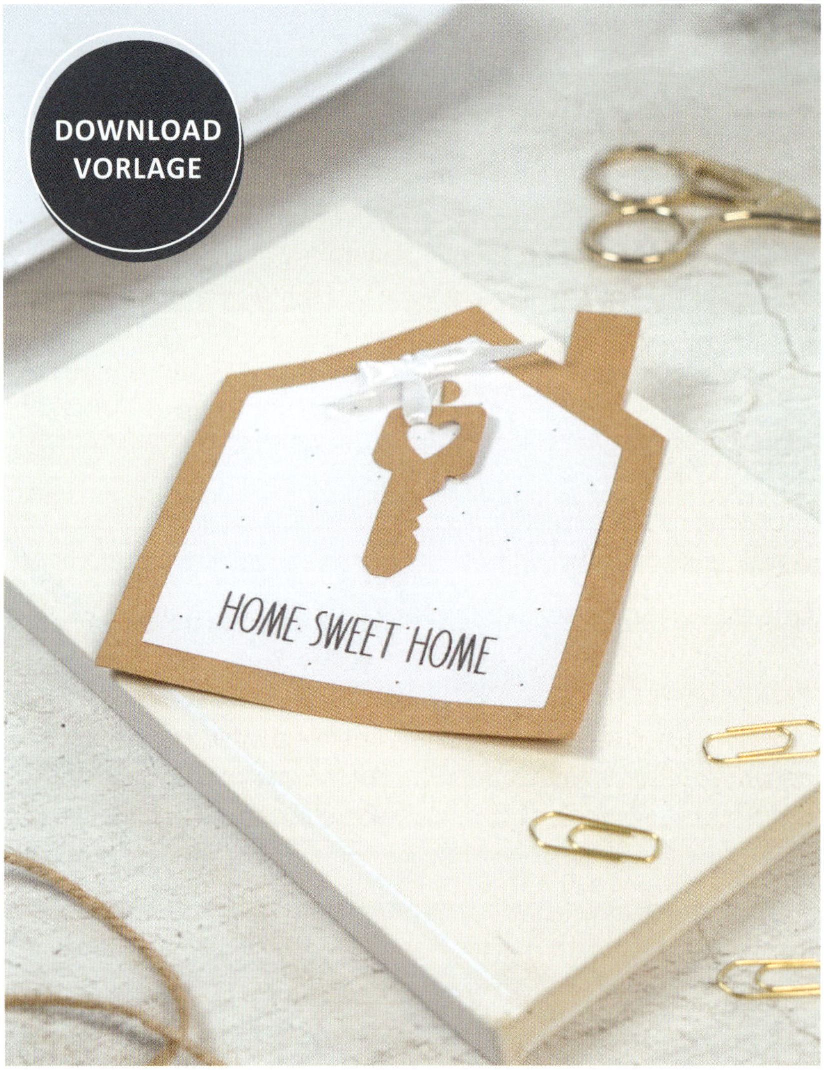

MATERIAL & WERKZEUG

- Gerät: Joy, Explore, Maker
- Kraftpapier 300 g/m^2
- Papier in Weiß 300 g/m^2
- Schmuckband
- Klebestift
- Stift
- Entgitterwerkzeug
- Schneidematte LightGrip
- Schrift: BFC Fancy Rudolph

HINWEIS:
Für einen zusätzlichen Hingucker können Papiere mit Muster oder Struktur verwendet werden. Du kannst auch kleine Pünktchen einfach mit der Hand aufzeichnen.

SO GEHT´S

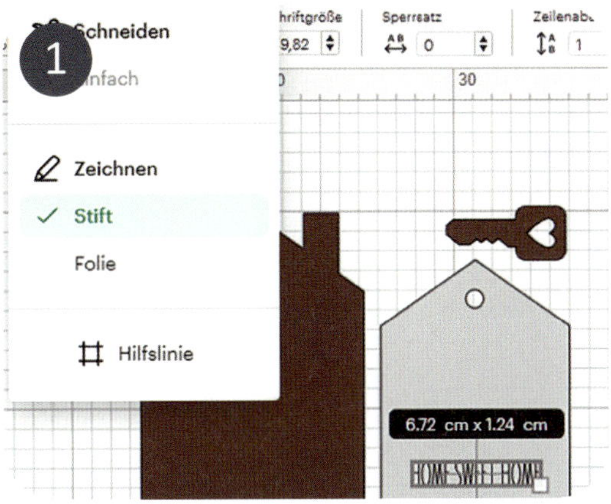

1. Füge die Datei der Karte und den Text ins Programm ein. Hierfür findest du in der linken Spalte das Text- und Hochladensymbol. Klicke die Schrift einzeln an und wähle in der oberen Leiste unter Betrieb den Stift. Markiere das komplette Design und klicke in der rechten Leiste auf verbinden.

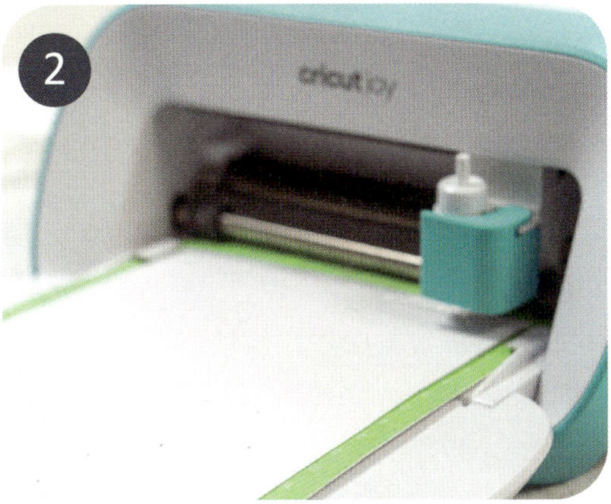

2. Starte den Herstellungsprozess und lass die Karte vom Gerät schneiden und schreiben. Anweisungen zum Einsetzen des Stifts oder des Messers findest du im Herstellungsprozess des Programms auf deinem Mobilgerät oder Desktop.

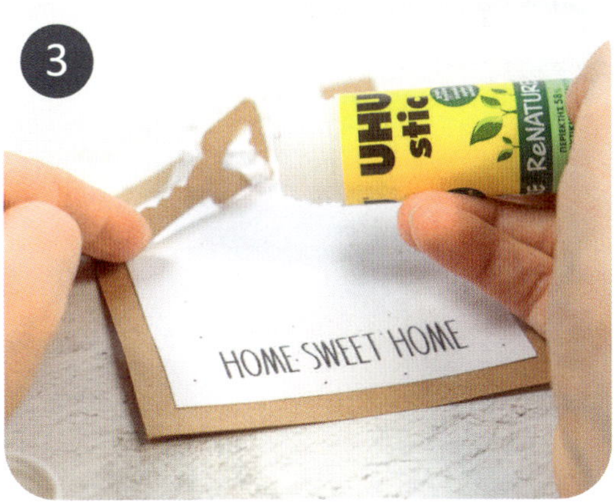

3. Klebe die einzelnen Teile zusammen. Das Schmuckband wird durch den kleinen Kreis des Hauses und das Herz des Schlüssels gefädelt und mit einer Schleife geschlossen. Den Schlüssel kannst du mit einem kleinen Klebepunkt noch mittig auf der Karte fixieren.

Trauerkarte

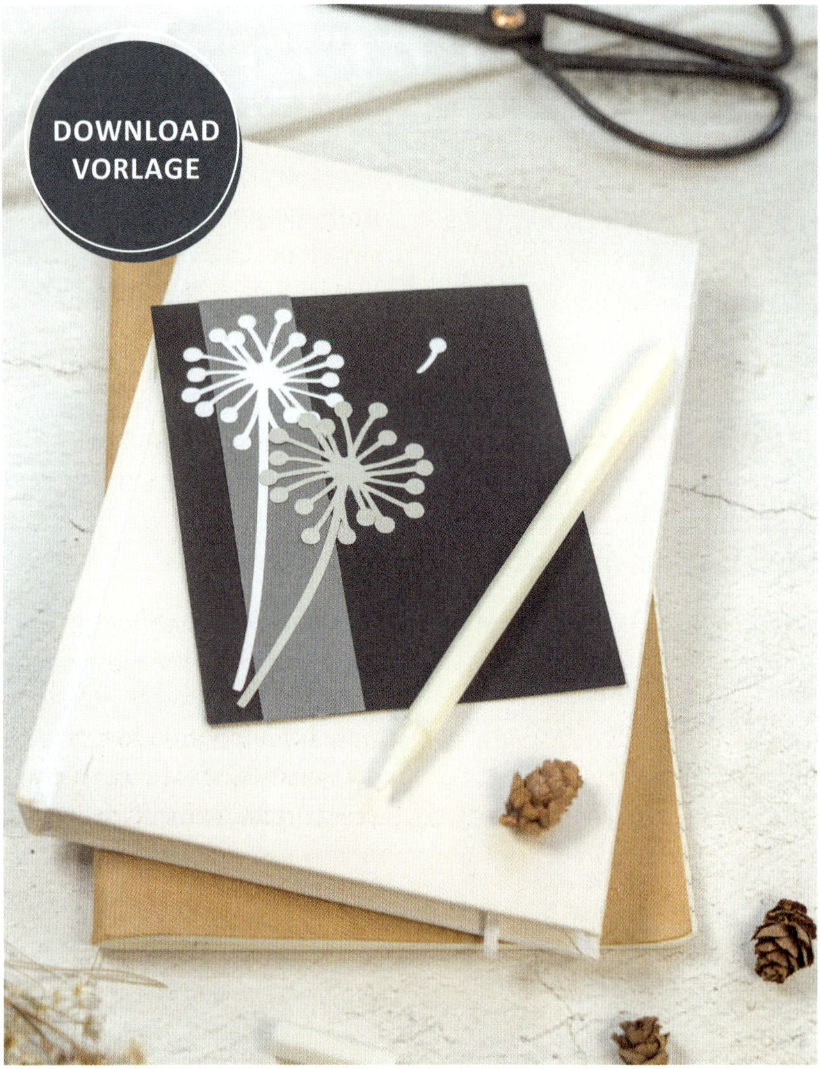

MATERIAL & WERKZEUG

- Gerät: Joy, Explore, Maker
- Papier in Weiß, Schwarz und Grau 300 g/m^2
- Klebestift
- Entgitterwerkzeug
- Schneidematte LightGrip
- Weißer Stift

HINWEIS:
Gerade beim Schnitt von sehr filigranen Motiven kann das Material noch mal zusätzlich am Rand auf der Schneidematte fixiert werden. So wird ein Verrutschen verhindert.

SO GEHT´S

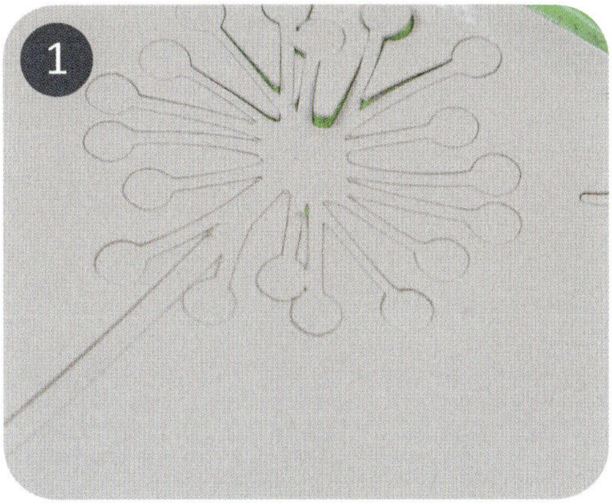

1. Füge die Datei ins Design Space ein und starte den Herstellungsprozess. Lass die einzelnen Teile vom Gerät ausschneiden. Entferne nach jedem Motiv die Matte vom Papier. **Wichtig:** Die Schneidematte immer umdrehen und diese vom Papier ziehen. Nicht anders herum. Wenn das Papier von der Matte gezogen wird, kann es beschädigt oder gewellt werden.

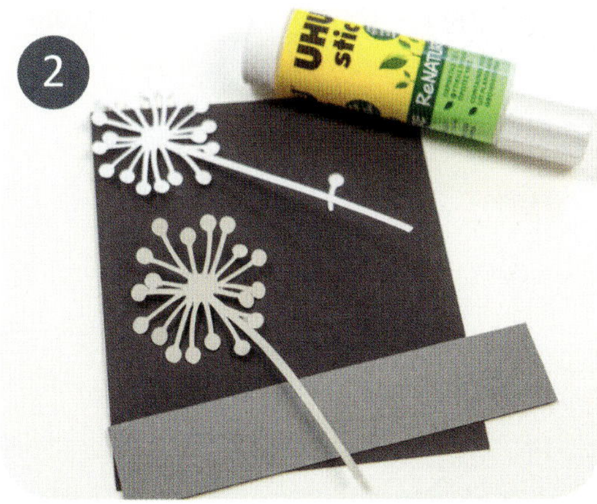

2. Sammle die einzelnen Teile und klebe diese mit einem Klebestift auf das große Rechteck. Beginne hierbei mit dem dunkelgrauen Streifen. Anschließend wird die weiße Pusteblume und schlussendlich die graue Pusteblume aufgeklebt.

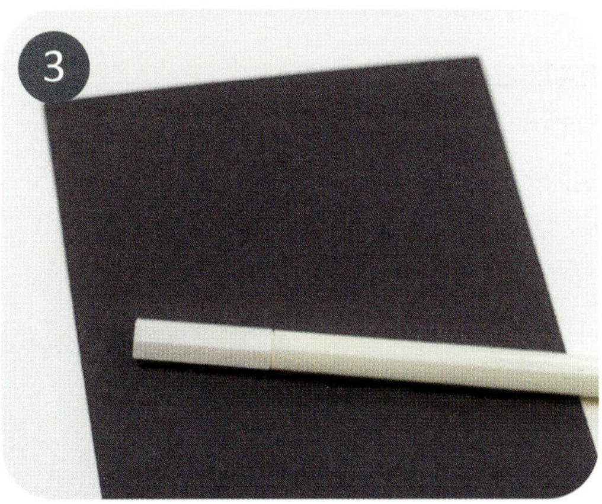

3. Mit einem weißen Stift kannst du die Rückseite mit ein paar persönlichen Worten gestalten. Wahlweise kannst du ein weiteres kleineres Rechteck aus weißem Papier schneiden, dieses auf die Rückseite kleben und mit einem schwarzen Stift personalisieren.

Happy Bearsday Karte

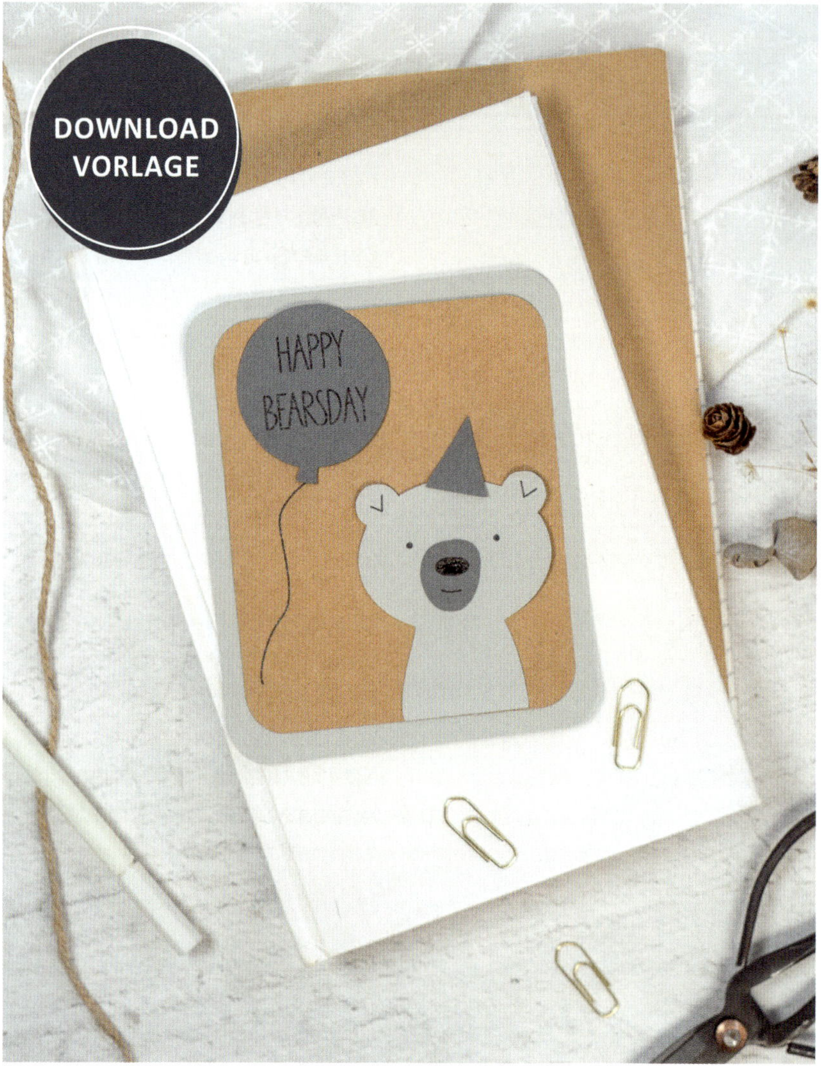

MATERIAL & WERKZEUG

- Gerät: Joy, Explore, Maker
- Kraftpapier 300 g/m²
- Papier in Grau 300 g/m²
- Klebestift
- Stift
- Entgitterwerkzeug
- Schneidematte LightGrip
- Schrift: BFC Fancy Rudolph

HINWEIS:
Diese Geburtstagskarte lässt sich super in farbigen Varianten gestalten. Wähle am besten die Lieblingsfarbe der beschenkten Person aus.

SO GEHT´S

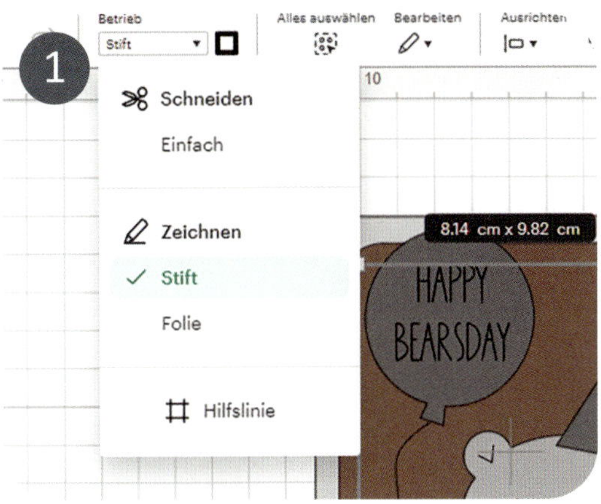

1. Füge die Datei und den Text auf den Arbeitsbereich ein. Der Text kann über das Textfeld in der linken Spalte hinzugefügt werden. Klicke den Text, den Mund, die Ohren, die Augen und die Schnur an und wähle in der oberen Leiste unter Betrieb den Stift aus.

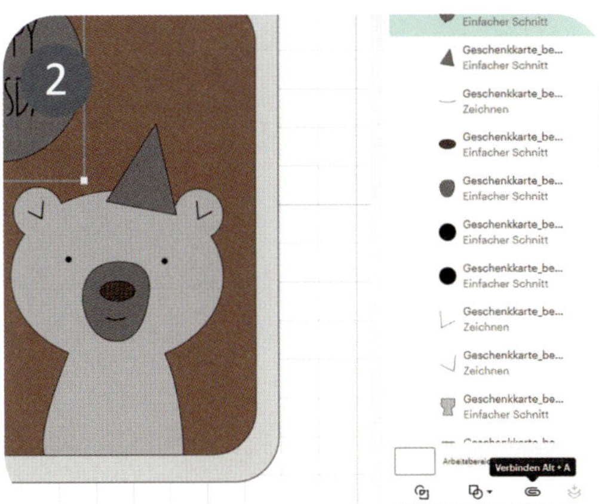

2. Markiere die jeweiligen zusammengehörigen Elemente und klicke am Rand der rechten unteren Spalte auf verbinden. Die Zusammengehörigkeit ist für die Schrift und den Luftballon, die Luftballonschnur und das kleine Rechteck der Karte, Ohren und Augen mit dem Bärenkörper, Mund und Nase zur Schnauze.

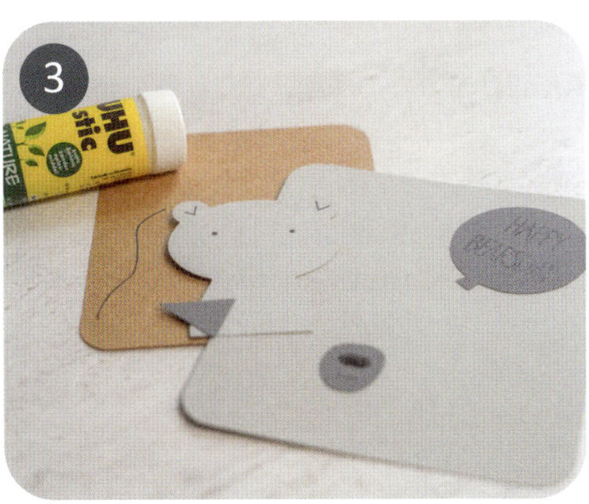

3. Lass die zusammengehörigen Elemente nun vom Gerät erstellen. Die Nase auf der Schnauze wird nur als Umrandung gezeichnet. Du kannst sie separat noch per Hand ausmalen. Klebe alle Teile zusammen und personalisiere die Rückseite nach Wunsch mit herzlichen Geburtstagsgrüßen.

Einladung zur Einschulung

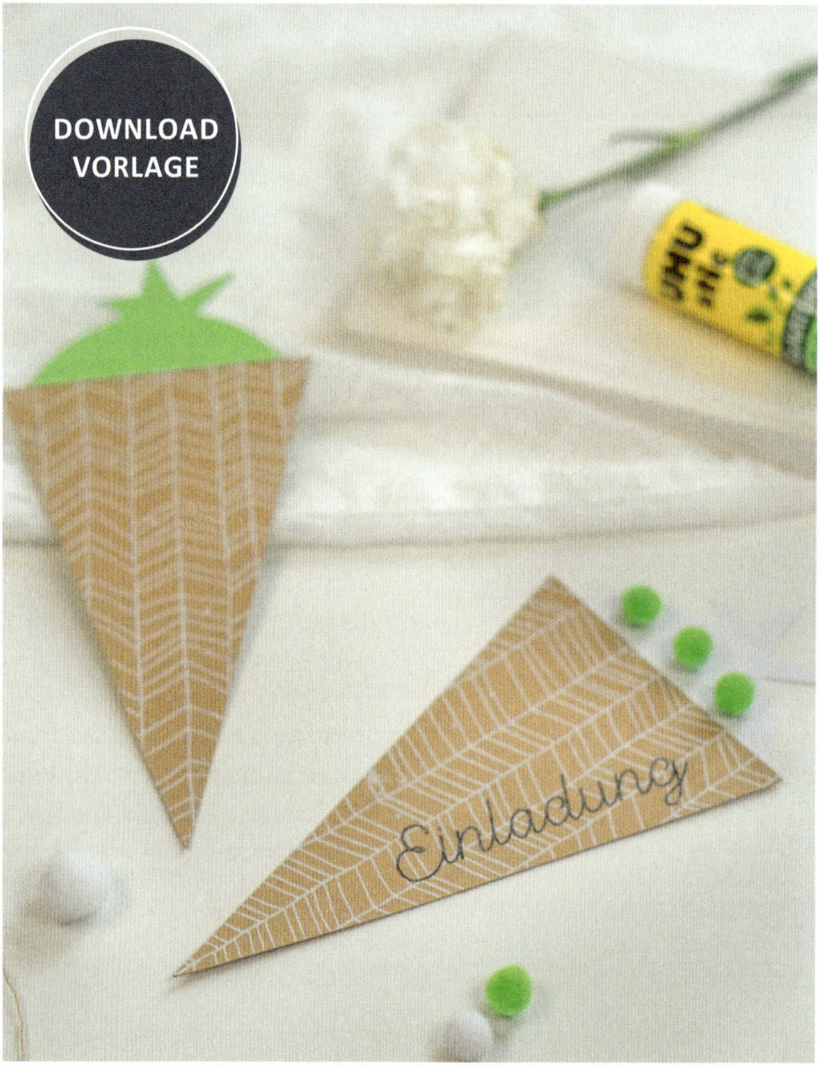

MATERIAL & WERKZEUG

- Gerät: Joy, Explore, Maker
- Designpapier 300 g/m²
- Papier in Weiß und Grün 300 g/m²
- Klebestift
- Stift
- Entgitterwerkzeug
- Schneidematte LightGrip
- Schrift: Alyssa Stencil Script

HINWEIS:
Die Tüten können super mit Kids gestaltet werden. Anstatt aus Designpapier kann der äußere Teil gemeinsam wild bemalt und die Tüten dann daraus geschnitten werden.

SO GEHT´S

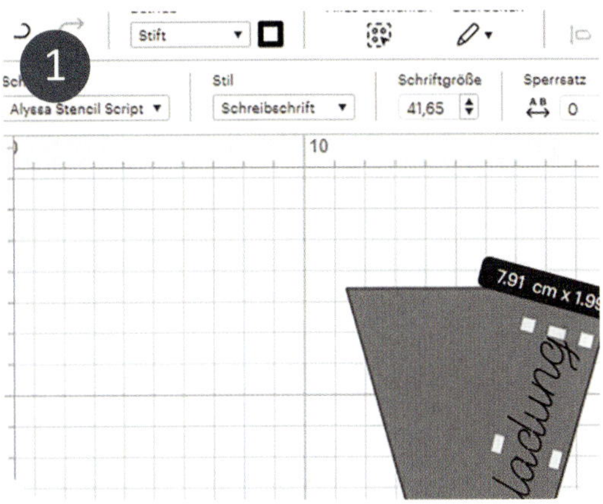

1. Füge die Datei über Hochladen und den Text über das Textwerkzeug in der linken Spalte ein. Drehe die Schrift und positioniere sie auf dem äußeren Dreieck der Tüte. Klicke diese an und wähle in der oberen Leiste unter Betrieb den Stift.

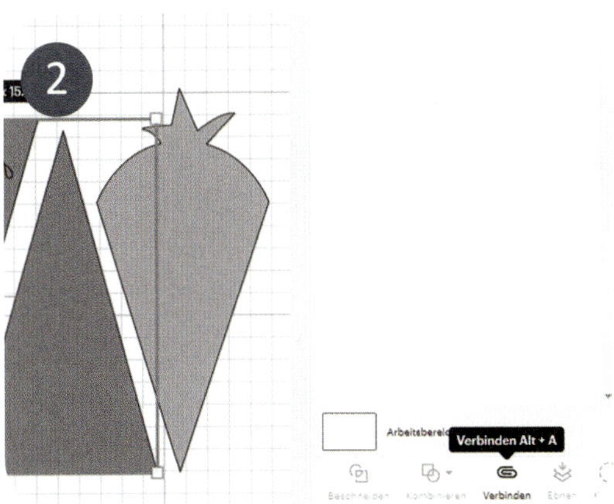

2. Wähle das vordere Dreieck inklusive Schrift aus und klicke in der rechten Spalte ganz unten auf verbinden. Wahlweise kannst du die Elemente auch markieren und mit einem Rechtsklick verbinden.

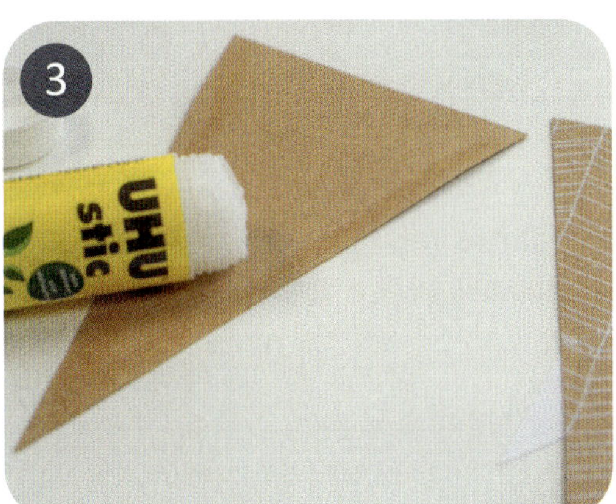

3. Klebe die beiden Dreiecke ganz am Rand mit einem dünnen Klebestrich aneinander. Den inneren Teil kannst du handschriftlich personalisieren und anschließend in die zusammengeklebten Dreiecke hineinschieben.

Geschenkkarte mit Geld

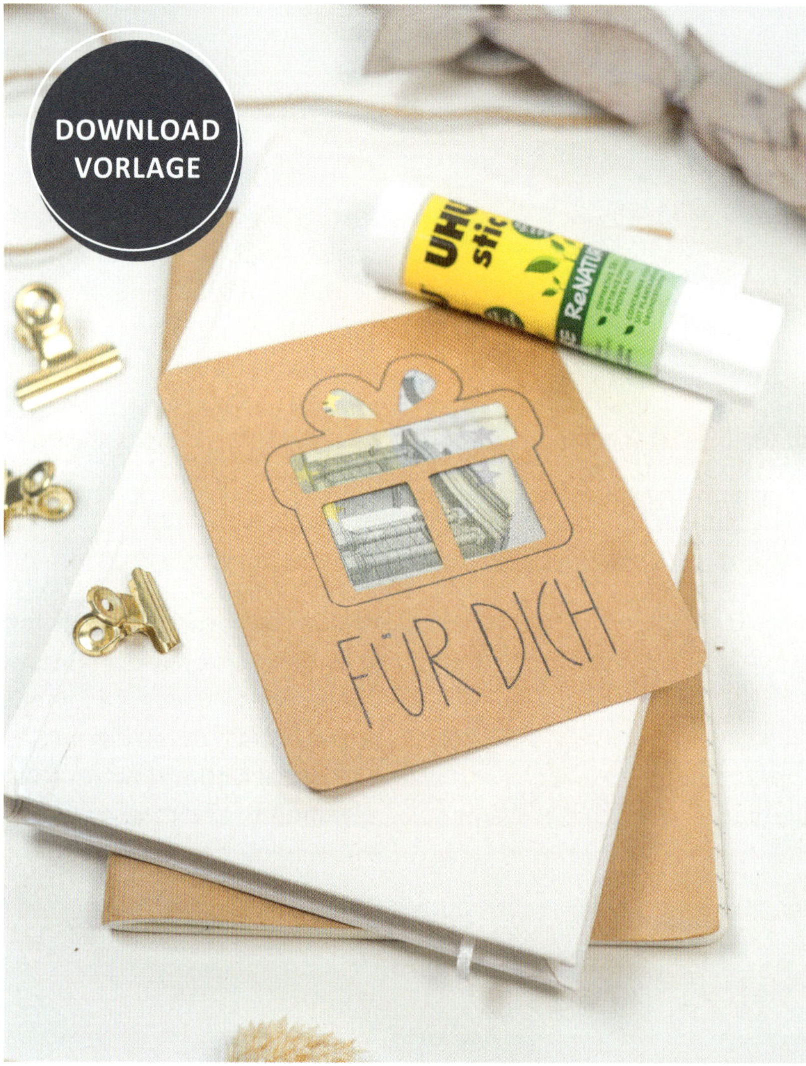

MATERIAL & WERKZEUG

- Gerät: Joy, Explore, Maker
- Kraftpapier 300 g/m^2
- Geldschein
- Klebestift
- Stift
- Entgitterwerkzeug
- Schneidematte LightGrip
- Schrift: BFC Fancy Rudolph

HINWEIS:
Klebe die Karte nur an drei Seiten zusammen. Oben kannst du die Karte offen lassen und das Geld dort hineinschieben. So kann die Karte öfter verwendet werden.

SO GEHT´S

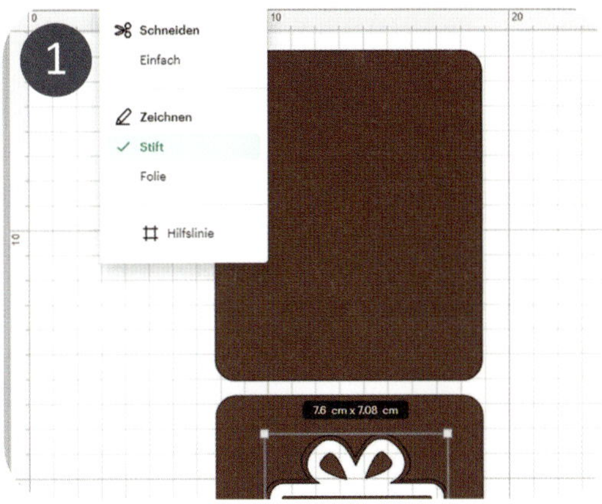

1. Füge die Karte und die Schrift über die linke Spalte ein. Ziehe die Schrift nach Belieben groß und positioniere sie auf dem Rechteck. Wähle die Schrift und die äußere Geschenkform aus und klicke in der oberen Spalte unter Betrieb den Stift an. Markiere das Rechteck inklusive Geschenkform und Schrift und verbinde diese miteinander.

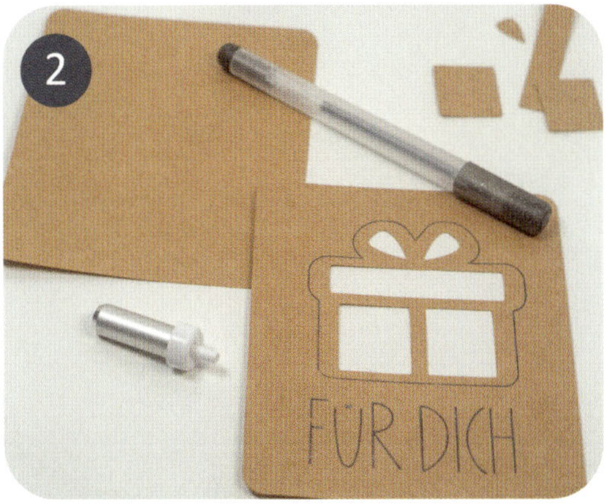

2. Lass die Karte vom Gerät schneiden und zeichnen/schreiben. Im Herstellungsprozess des Design Space findest du jeweils Hinweise, wann du das Messer und wann den Stift einsetzen musst. Zum Beispiel beim Maker können beide Werkzeuge gleichzeitig eingesetzt werden, und der Herstellungsvorgang muss nur einmal gestartet werden.

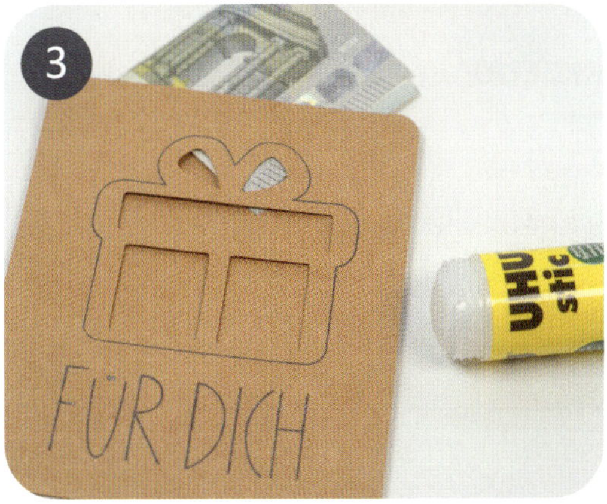

3. Klebe das vordere Rechteck mit einer dünnen Klebekante am Rand auf das hintere Rechteck. Der Geldschein wird nun noch eingelegt, und die Rückseite kann mit ein paar persönlichen Worten gestaltet werden.

Hochzeitskarte

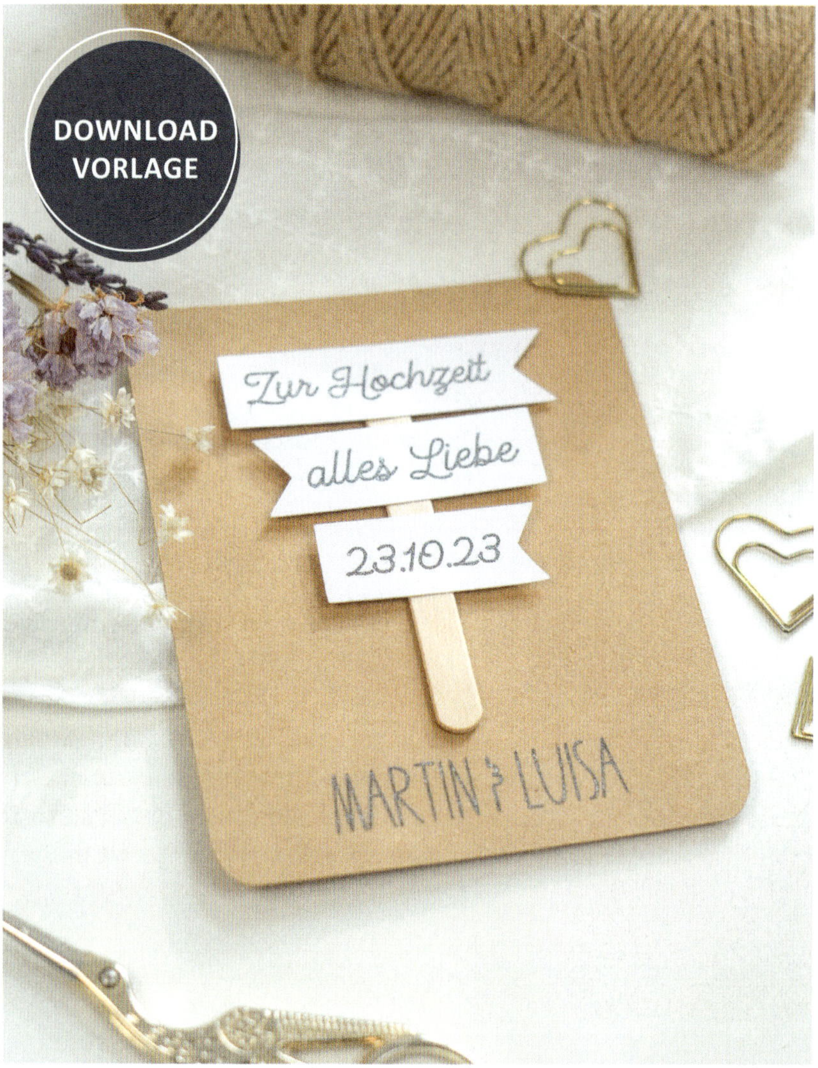

MATERIAL & WERKZEUG

- Gerät: Joy, Explore, Maker
- Kraftpapier 300 g/m²
- Papier in Weiß 300 g/m²
- Eisstiel
- Kleber
- Stift
- Entgitterwerkzeug
- Schneidematte LightGrip
- Schrift: BFC Fancy Rudolph und Alyssa Stencil Script

HINWEIS:
Wahlweise kannst du die Karte aus Kraftpapier auch noch mit kleinen Pünktchen oder Herzchen aufpeppen.

SO GEHT´S

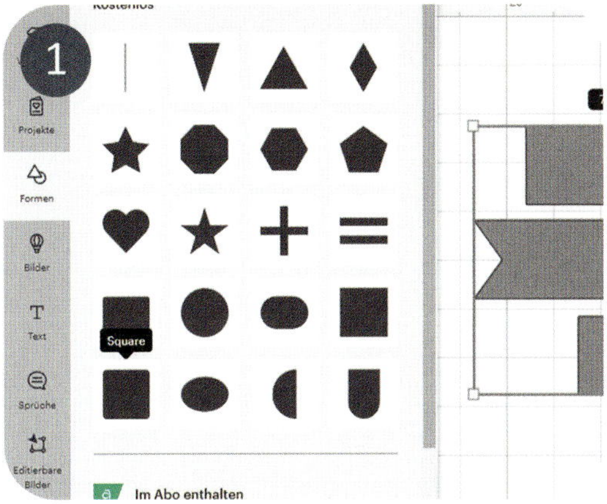

1. Füge die Datei der Fähnchen über die linke Spalte ein. Als Untergrund für die Karte kannst du über Formen in der linken Spalte ein Rechteck mit abgerundeten Ecken einfügen und die Größe je nach Belieben anpassen.

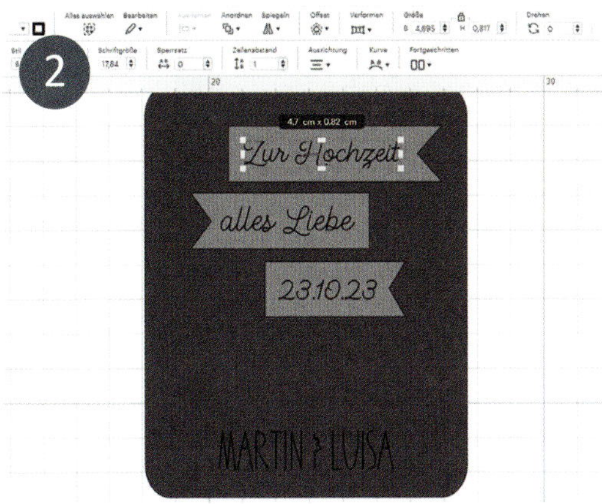

2. Passe das Design nun an und füge eine Personalisierung hinzu. In der oberen Arbeitsleiste findest du viele hilfreiche Möglichkeiten, deinen Text anzupassen und die Objekte auszurichten.
Klicke das jeweilige Fähnchen mit dem dazugehörigen Text an und verbinde es. Gleiches gilt für die Karte und den Text.

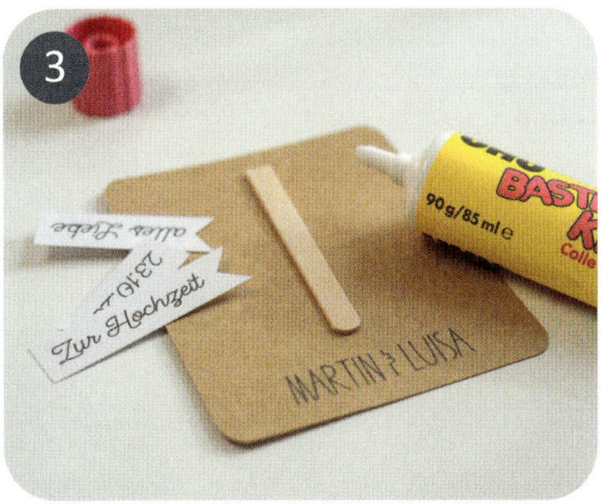

3. Lass die Karte vom Gerät schneiden und schreiben. Ziehe die Schneidematte anschließend vom Papier. Schneide von einem Eisstiel die obere Rundung mit einer Schere ab und klebe die Fähnchen mit einem leichten Abstand auf das Stäbchen. So erhält die Karte einen tollen dreidimensionalen Effekt.

Einladung zu Kaffee und Kuchen

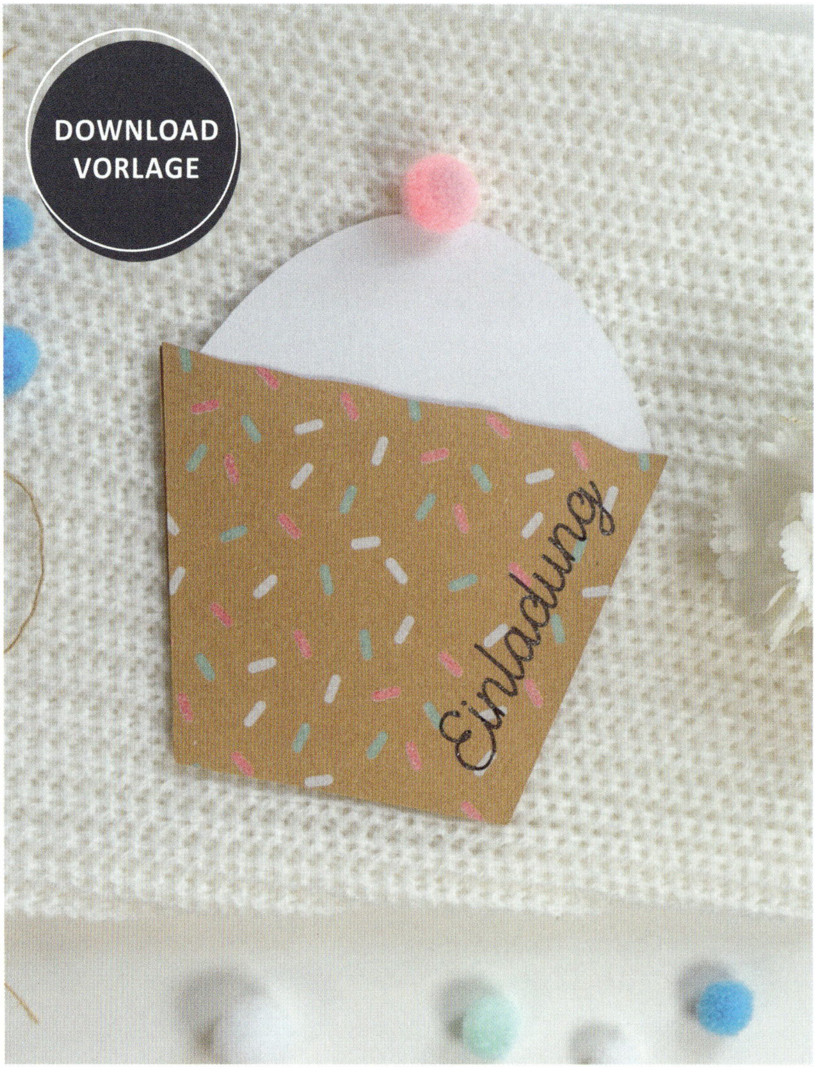

MATERIAL & WERKZEUG

- Gerät: Joy, Explore, Maker
- Designpapier 300 g/m²
- Papier in Weiß 300 g/m²
- Klebestift
- Pompon
- Stift
- Entgitterwerkzeug
- Schneidematte LightGrip
- Schrift: Alyssa Stencil Script

HINWEIS:
Die Form des Cupcake-Förmchens kannst du mit Designpapier gestalten. Hier gibt es eine tolle Auswahl an verschiedenen Farben und Mustern.

SO GEHT´S

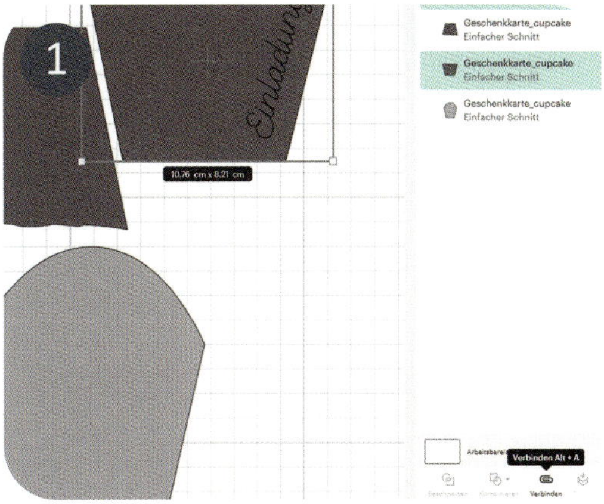

1. Füge die Karte und den Text auf dem Arbeitsbereich ein. Drehe die Schrift und passe sie in der Größe zur Karte an. Wähle die Schrift und den oberen Teil der Karte aus und verbinde diese. Verbinden kannst du die Teile zum Beispiel in der rechten Leiste.

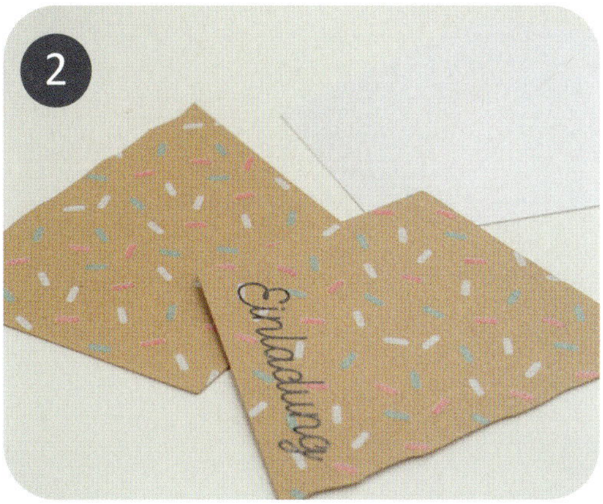

2. Lass die Karte vom Gerät schneiden und schreiben. Hierfür legst du zuerst das Designpapier auf die Matte und anschließend das weiße Papier. Wenn du ein Gerät mit großer Arbeitsfläche hast, zum Beispiel den Maker, kannst du mehrere Papiere gleichzeitig auf die Matte legen. Ziehe die einzelnen Elemente im Herstellungsprozess einfach auf Position.

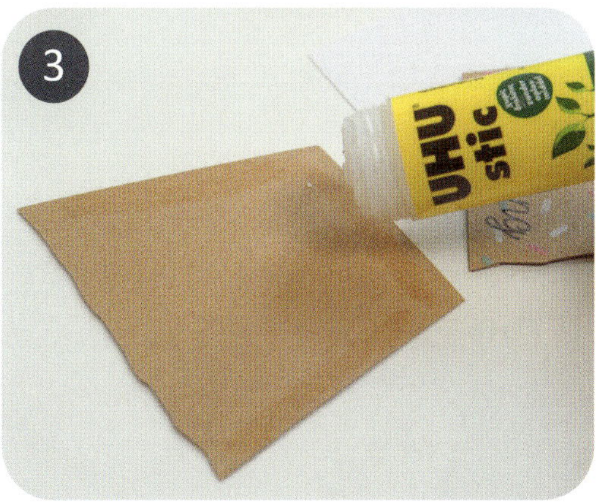

3. Klebe die beiden äußeren Teile mit einem dünnen Klebestrich oder doppelseitigen Klebeband aneinander. Der weiße Teil kann noch handschriftlich personalisiert werden und wird anschließend in die äußere Cupcake-Form hineingeschoben.
Zu guter Letzt wird ein Pompon auf die Spitze geklebt.

Wunscherfüller-Karte

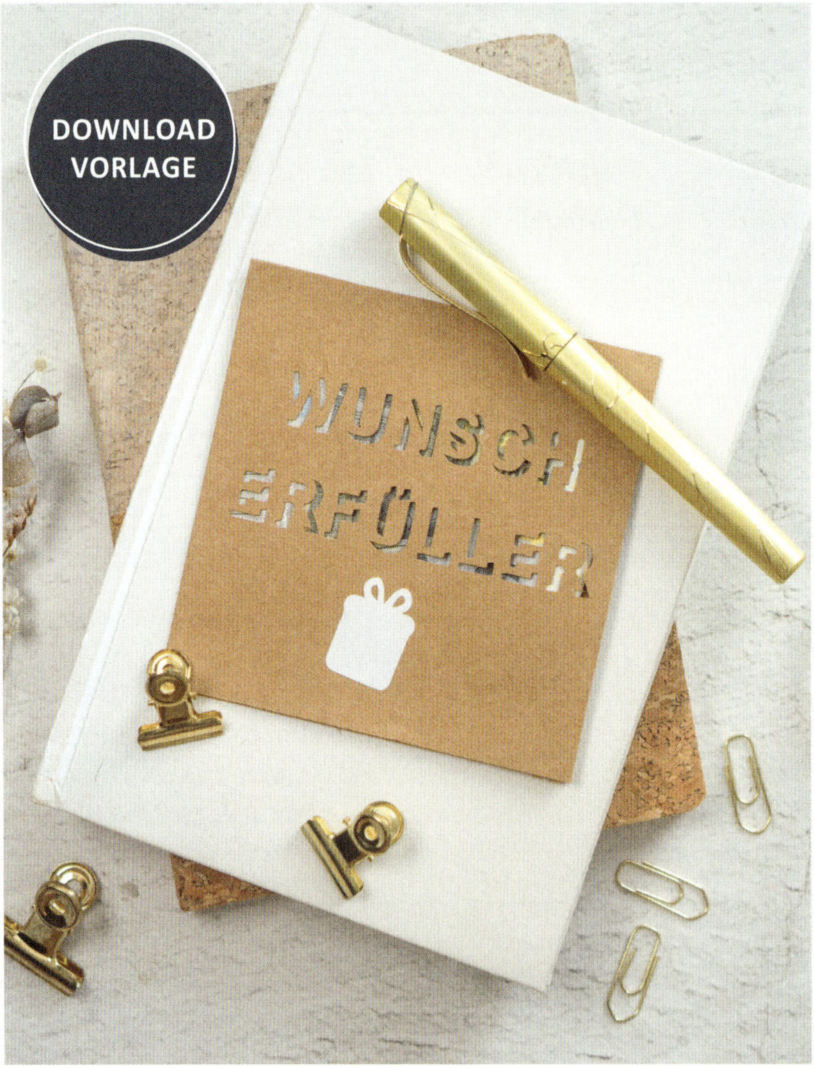

MATERIAL & WERKZEUG

- Gerät: Joy, Explore, Maker
- Kraftpapier 300 g/m^2
- Vinylfolie in Weiß
- Klebestift
- Geldscheine
- Stift
- Entgitterwerkzeug
- Schneidematte LightGrip

HINWEIS:
Einsteiger können dieses Projekt gerne ein paar Zentimeter größer ziehen. Somit ist das filigrane Muster leichter zu erstellen und zu bearbeiten.

SO GEHT´S

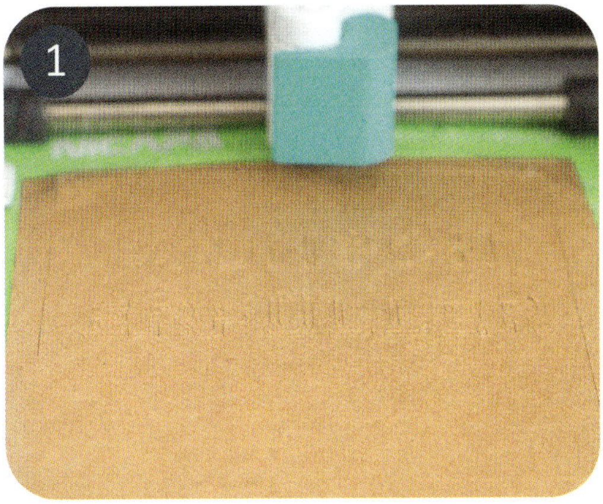

1. Lege das Kraftpapier auf die Schneidematte. Wähle hierzu eine Matte mit leichter Klebekraft. Das kann entweder die blaue LightGrip sein oder eine bereits öfter verwendete grüne MediumGrip. Wichtig ist, dass das Papier nicht zu fest klebt, um es später einwandfrei ablösen zu können. Starte den Schneidevorgang.

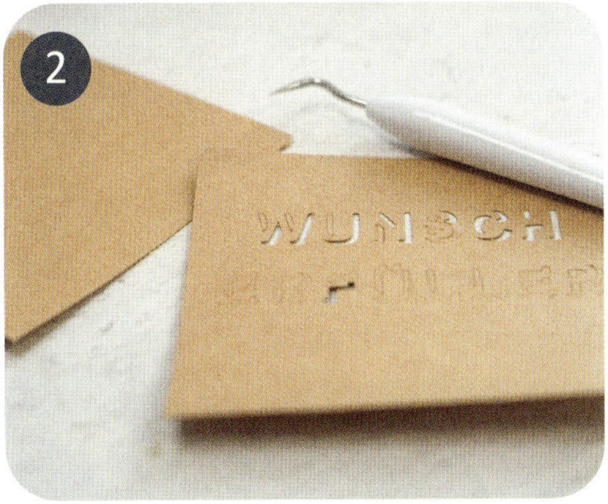

2. Entferne die Schneidematte nach dem Schnitt vorsichtig vom Papier. Einige Teile der Schrift werden vermutlich auf der Matte bereits kleben bleiben. Die restlichen kannst du mit dem Entgitterwerkzeug vorsichtig entfernen. Reinige die Schneidematte anschließend unbedingt von den Kleinteilen, um für das nächste Projekt bereit zu sein.

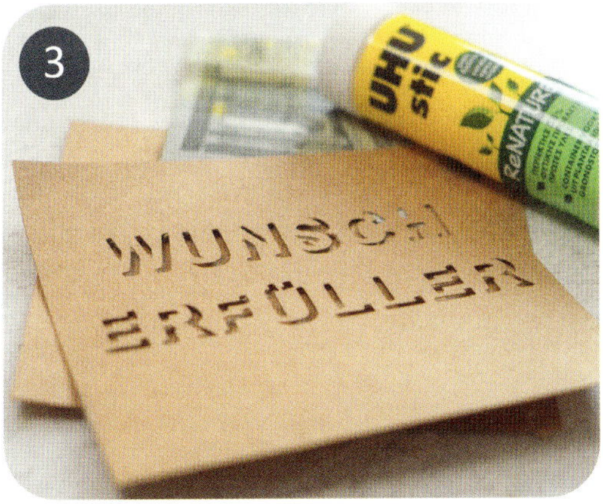

3. Die Karte wird an drei Seiten mit einem dünnen Klebestrich oder doppelseitigen Klebeband zusammengeklebt. Das Geld kann anschließend eingeschoben werden. Schneide anschließend noch ein kleines Geschenk aus Vinylfolie aus und klebe es mittig unten auf die Karte.

Einladung zum Kindergeburtstag

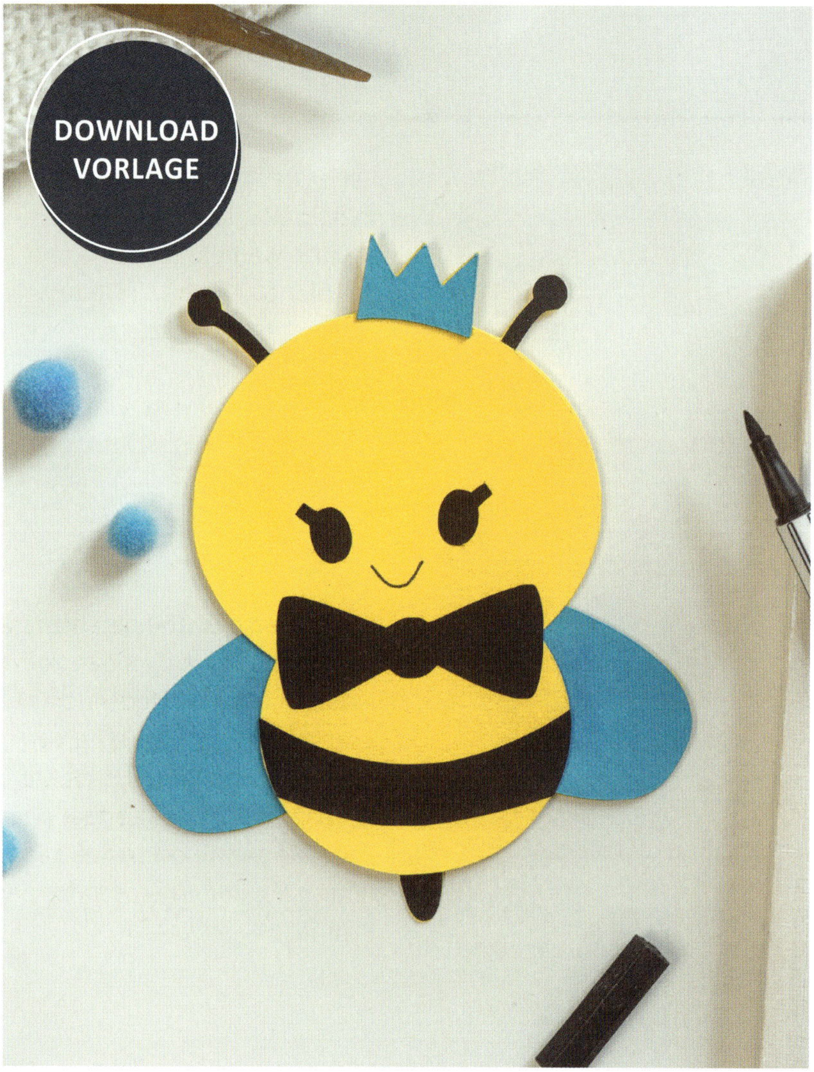

MATERIAL & WERKZEUG

- Gerät: Joy, Explore, Maker
- Papier in Schwarz, Gelb und Blau 300 g/m²
- Klebestift
- Vinylfolie in Schwarz
- Transferfolie
- Entgitterwerkzeug
- Schneidematte LightGrip
- Stift

HINWEIS:
Einzelne Teile, wie zum Beispiel die Schleife und die Augen der Biene, können mit Vinylfolie oder Papier umgesetzt werden.

SO GEHT´S

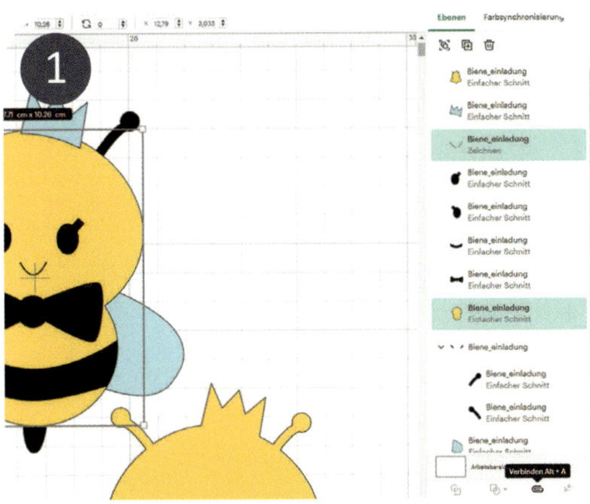

1. Füge die Datei über Hochladen der linken Spalte ein. Klicke den Mund einzeln an und wähle in der oberen Spalte unter Betrieb den Stift. Klicke den gelben Bienenkörper und den Mund an und verbinde diese. Ziehe die komplette Karte auf die gewünschte Größe.

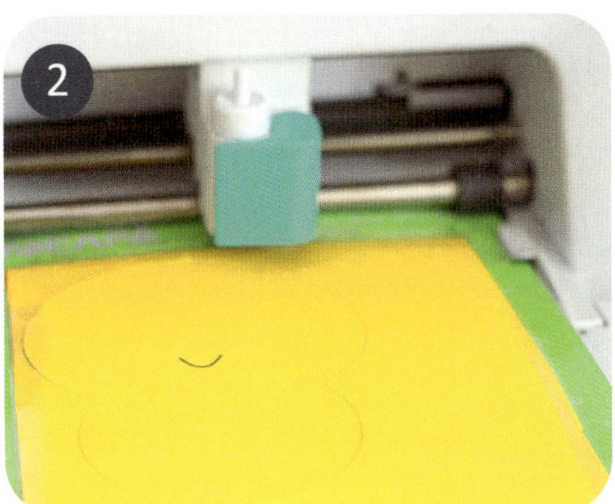

2. Starte den Herstellungsprozess und lass das Papier oder die Folie vom Gerät bearbeiten. Je nach Material kannst du die Materialart im Herstellungsprozess anpassen. Für das Papier wähle ich gerne Cardstock. Du kannst hier auch mit ein paar kleinen Formen auf dem Papier austesten und im Vorfeld einen Probeschnitt machen.

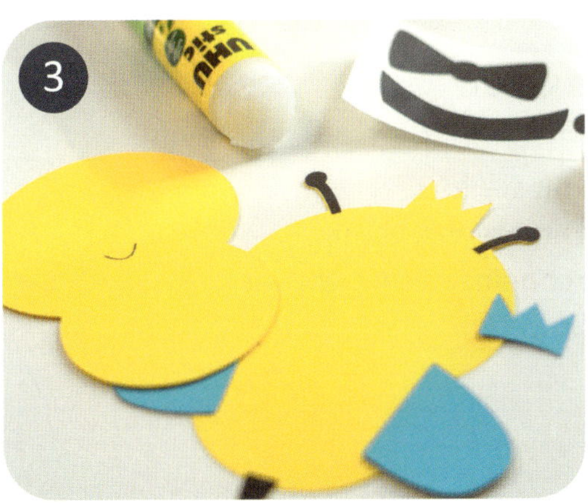

3. Klebe alle Teile zusammen. Bei den Teilen aus Vinylfolie kann dir Transferfolie helfen. Die Rückseite kannst du anschließend noch personalisieren.

Schüttelkarte

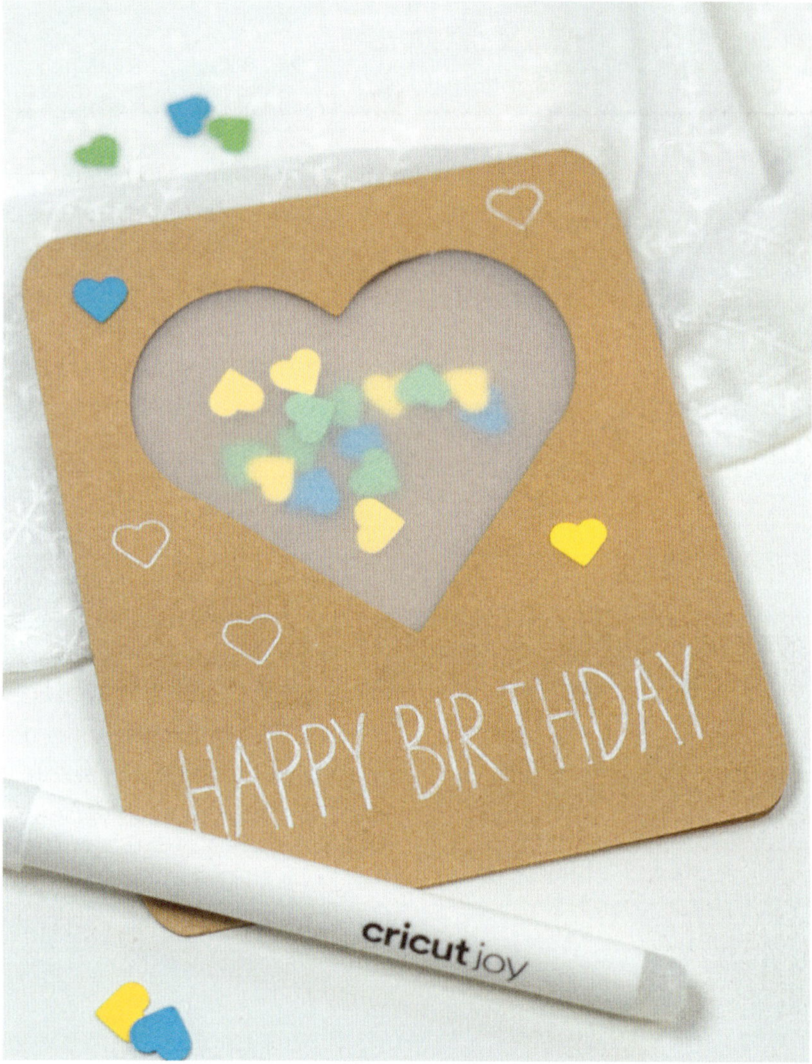

MATERIAL & WERKZEUG

- Gerät: Joy, Explore, Maker
- Kraftpapier 300 g/m²
- Transparentpapier
- Klebestift
- Papier in Gelb, Blau und Grün
- Stift weiß
- Entgitterwerkzeug
- Schneidematte LightGrip
- Schrift: BFC Fancy Rudolph

HINWEIS:
Schneide das Herz aus Transparentpapier ca. einen Zentimeter größer als die Herzöffnung aus, um ausreichend Platz zum Zusammenkleben zu haben.

SO GEHT´S

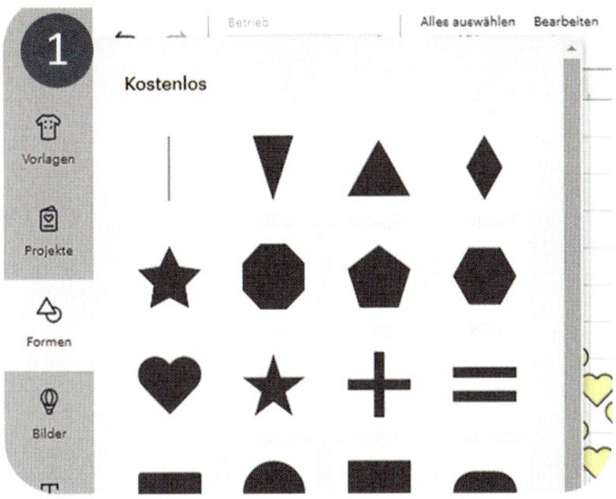

1. Füge über die linke Spalte Formen und Text ein. Du benötigst zwei Rechtecke mit abgerundeten Ecken und mehrere Herzen. Für die Füllung und die Deko benötigst du kleine Herzen, für die Öffnung und das Transparentherz benötigst du zwei größere Herzen.

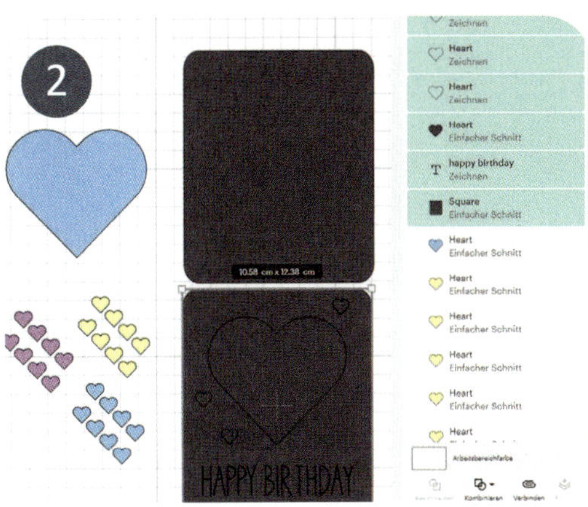

2. Der Text und drei kleine Herzen werden auf der Karte platziert, und über die obere Leiste wird der Betrieb auf Stift umgestellt. Setze auf eines der beiden Rechtecke ein großes Herz und richte die beiden Elemente über die Ausrichtenfunktion der oberen Leiste mittig aus. Markiere die drei kleinen Herzen, das große Herz, den Text und verbinde alles.

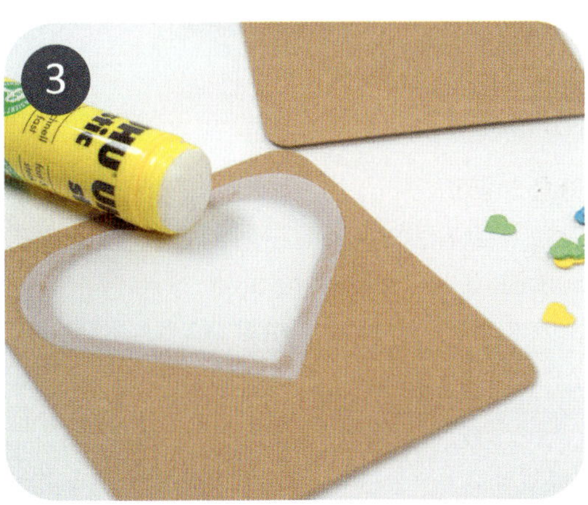

3. Lass die einzelnen Teile vom Gerät schneiden und schreiben. Klebe das Transparentpapierherz auf die Rückseite der Vorderseite, fülle diese mit den bunten Herzen und klebe das rückseitige Rechteck auf. Spare hierbei das Transparentherz mit Kleber aus, um die Herzen anschließend toll schütteln zu können.

Ich mag dich volle Möhre

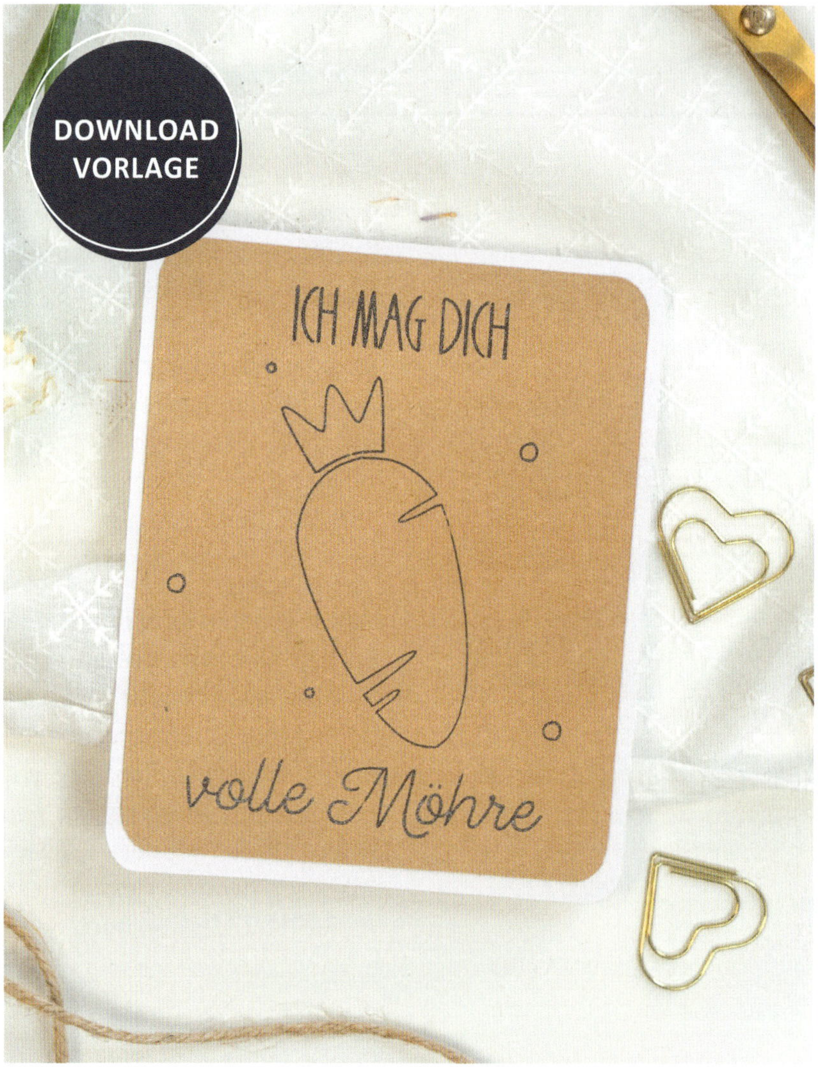

MATERIAL & WERKZEUG

- Gerät: Joy, Explore, Maker
- Kraftpapier 300 g/m^2
- Papier in Weiß 300 g/m^2
- Klebestift
- Stift
- Entgitterwerkzeug
- Schneidematte LightGrip
- Schrift: BFC Fancy Rudolph und Alyssa Stencil Script

HINWEIS:
Diese Karte kannst du ganz toll personalisieren. Schreibe hierzu einfach den Namen vor »ich mag dich«. Also zum Beispiel »Anna, ich mag dich volle Möhre.«

SO GEHT´S

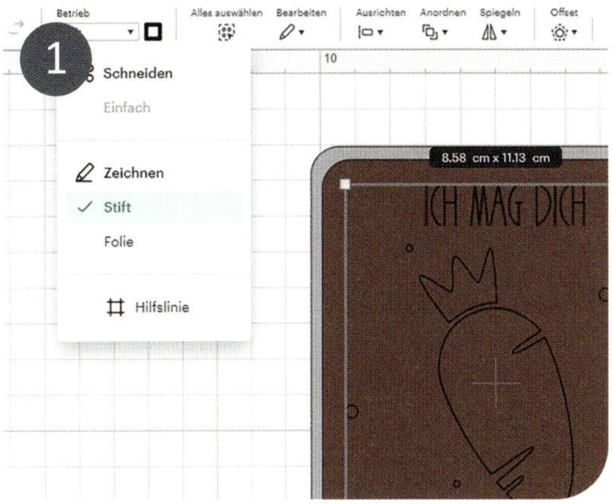

1. Füge die Datei und den Text ein. Markiere alles außer die beiden großen Rechtecke und stelle den Betrieb in der oberen Leiste auf Stift um.

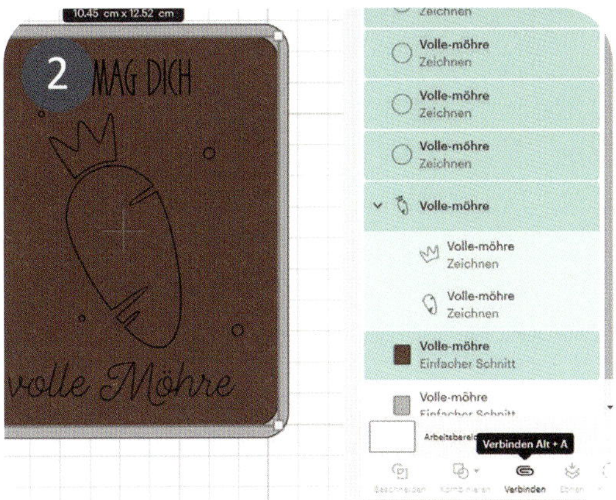

2. Markiere alles außer das graue Rechteck und verbinde die ganzen Teile miteinander. Du kannst am Desktop einzelne Teile einer Auswahl mit gedrückter Umschalttaste und Klick auf das Teil in der rechten Leiste aus- oder abwählen.

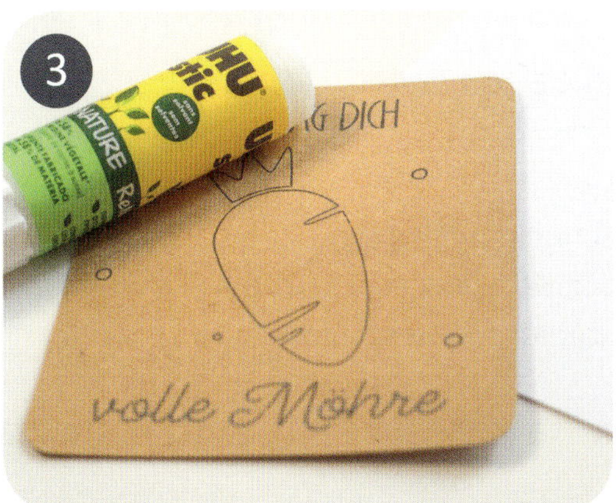

3. Lass die Karte vom Gerät schneiden und zeichnen/schreiben. Anschließend werden die beiden Rechtecke aufeinandergeklebt und die Rückseite personalisiert.

Weihnachtsdorf-Karte

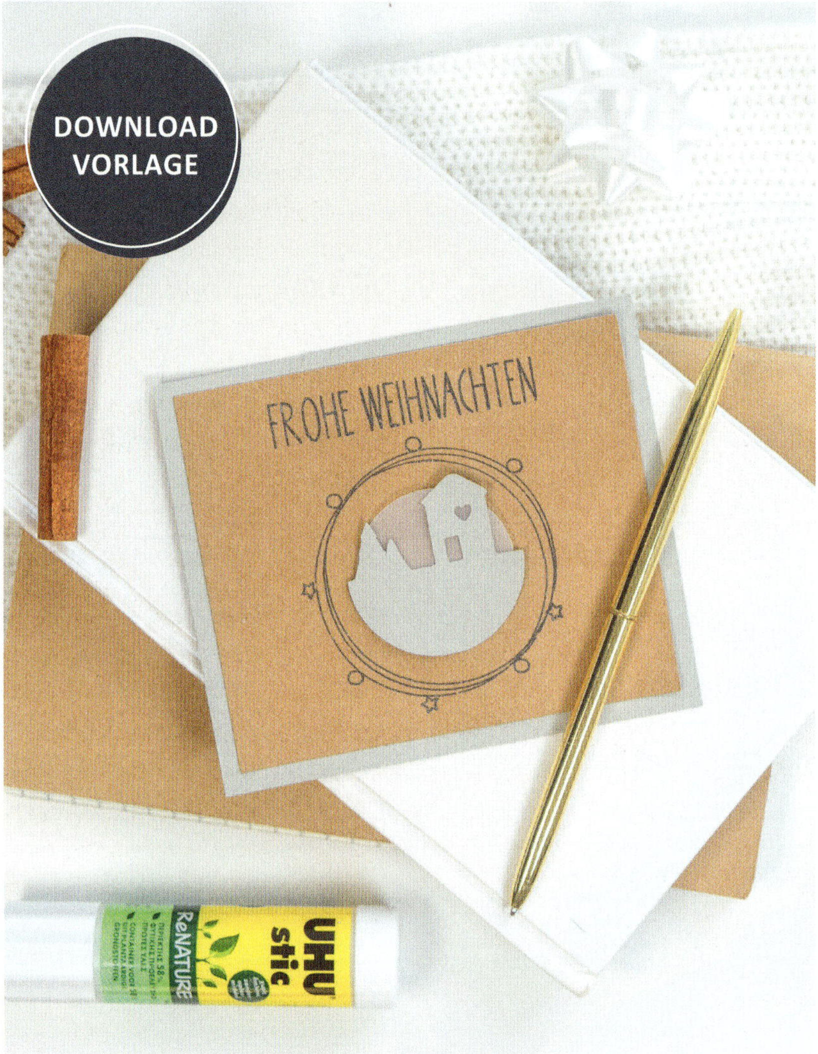

MATERIAL & WERKZEUG

- Gerät: Joy, Explore, Maker
- Kraftpapier 300 g/m^2
- Papier in Grau 300 g/m^2
- Transparentpapier
- Klebestift
- Stift
- Entgitterwerkzeug
- Schneidematte LightGrip
- Schrift: BFC Fancy Rudolph

HINWEIS:
Transparentpapier ist sehr dünn. Es kann vorsichtshalber mit Klebestreifen am Rand auf der Schneidematte fixiert werden. Als Schneideeinstellung wähle ich Premium Vinyl.

SO GEHT´S

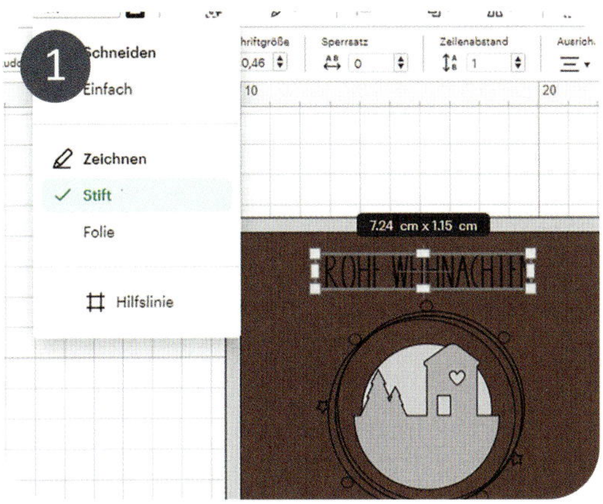

1. Füge das Design und den Text auf dem Arbeitsbereich am Desktop oder der Mobilversion ein. Markiere den Kreis und die Schrift und wähle in der oberen Leiste unter Betrieb den Stift. Markiere das braune Rechteck, den Kreis und die Schrift und verbinde alles über einen Rechtsklick miteinander.

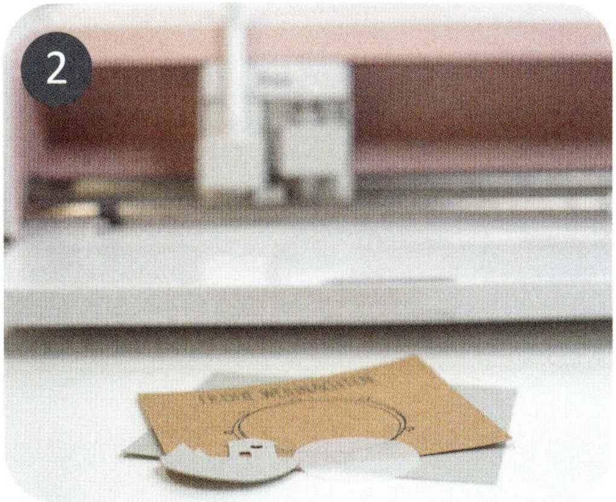

2. Die einzelnen Teile werden nun vom Gerät geschnitten und gezeichnet/geschrieben. Je nach Gerät variiert die Schneidematte. Du kannst die einzelnen Papiere nacheinander bearbeiten lassen, oder du legst mehrere Materialien gleichzeitig auf die Matte. Verschiebe die Objekte manuell oder wähle die SnapMat-Funktion.

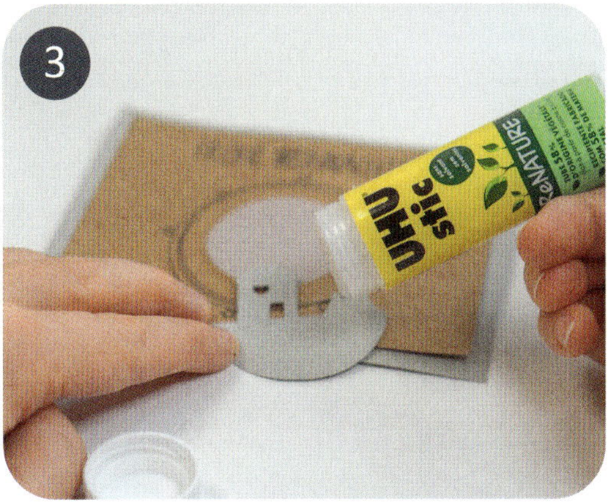

3. Klebe das Transparentpapier nun mittig in den gezeichneten Kreis. Der Halbkreis mit Haus und Bäumen wird anschließend daraufgeklebt. Achte dabei darauf, dass die Spitze des linken Baums und der obere Teil des Hauses ein wenig über den Transparentpapierkreis hinweg schaut.

Karte mit süßem Transport

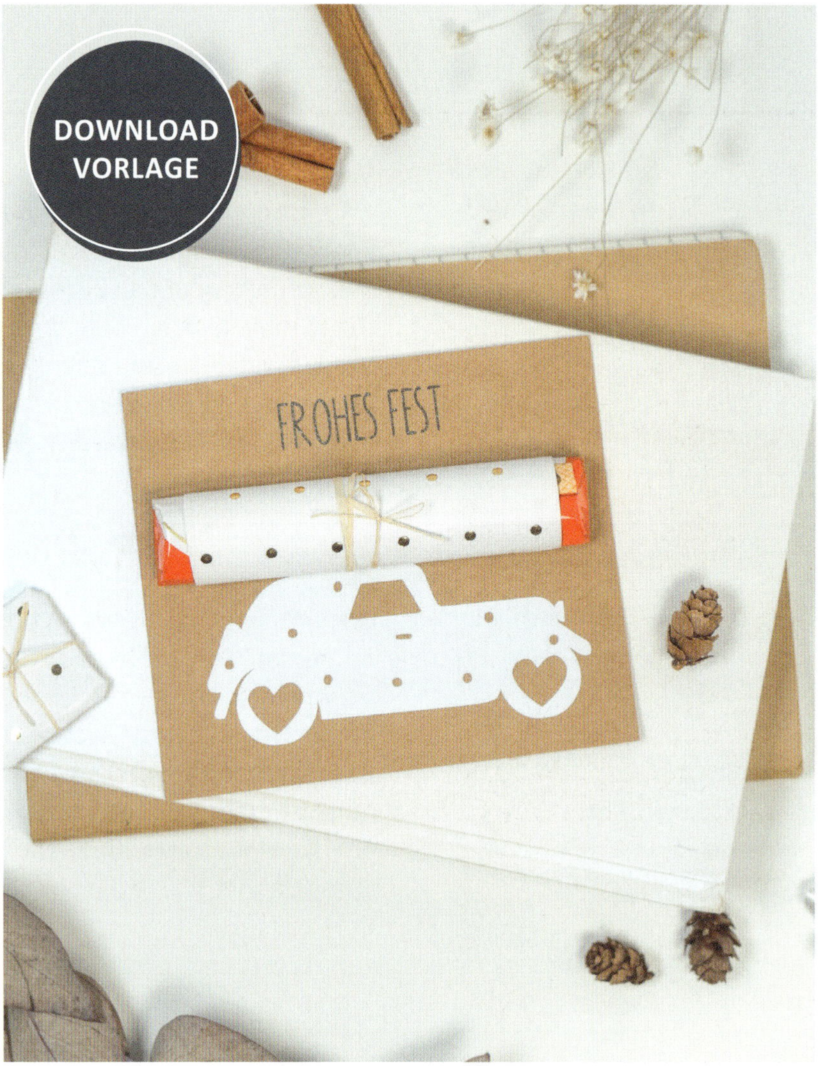

MATERIAL & WERKZEUG

- Gerät: Joy, Explore, Maker
- Kraftpapier 300 g/m²
- Geschenkpapier
- Vinylfolie und Transferfolie
- Doppelseitiges Klebeband
- Schokoriegel
- Stift
- Entgitterwerkzeug
- Schneidematte LightGrip
- Schrift: BFC Fancy Rudolph

HINWEIS:
Die Klebekraft von Transferfolie kann für den Gebrauch auf Papier zu stark sein. Du kannst sie vorher ein paarmal auf einen Stoff kleben und die Klebekraft so reduzieren.

SO GEHT´S

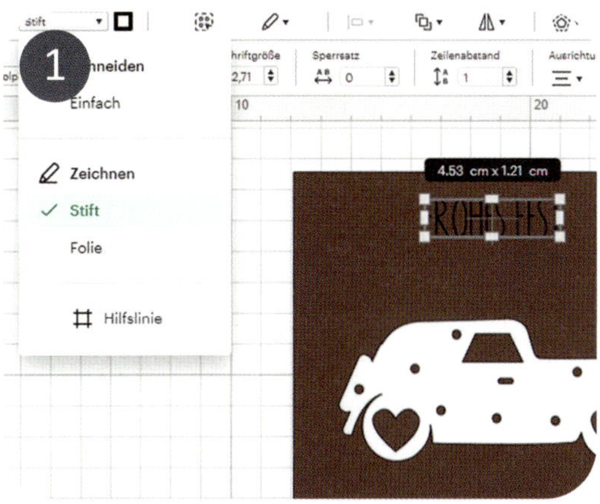

1. Die Datei wird im ersten Schritt eingefügt. Über das Textfeld in der linken Spalte fügst du einen Text ein. Markiere diesen und stelle den Betrieb in der oberen Leiste auf Stift. Markiere die komplette Karte inklusive Schrift und klicke am unteren Rand der rechten Leiste auf verbinden. Starte den Herstellungsvorgang.

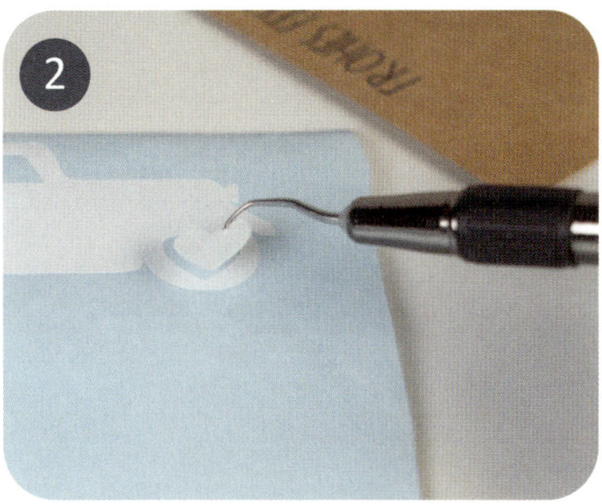

2. Lass die Karte vom Gerät schreiben und schneiden. Befolge hierzu einfach die Anweisungen im Herstellungsprozess auf deinem Desktop oder der Mobilversion. Das Programm zeigt dir an, wann du den Stift und wann das Messer einlegen musst. Schneide anschließend die Vinylfolie aus und entgittere diese mit dem Entgitterwerkzeug.

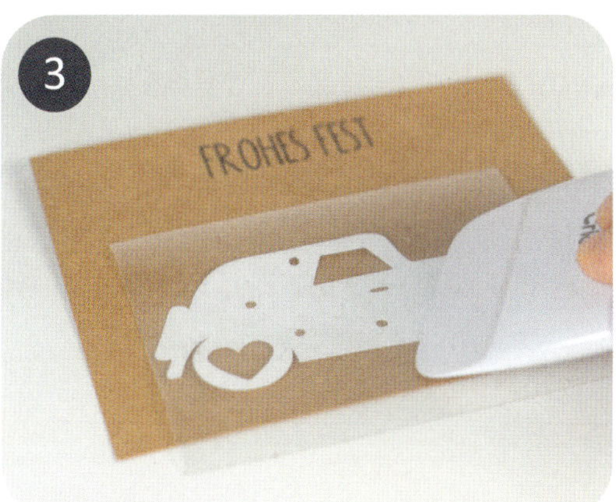

3. Die Vinylfolie kann nun mithilfe der Transferfolie auf die Karte übertragen werden. Der Schokoriegel wird in Geschenkpapier gewickelt und mit doppelseitigem Klebeband auf das Dach des Autos geklebt.

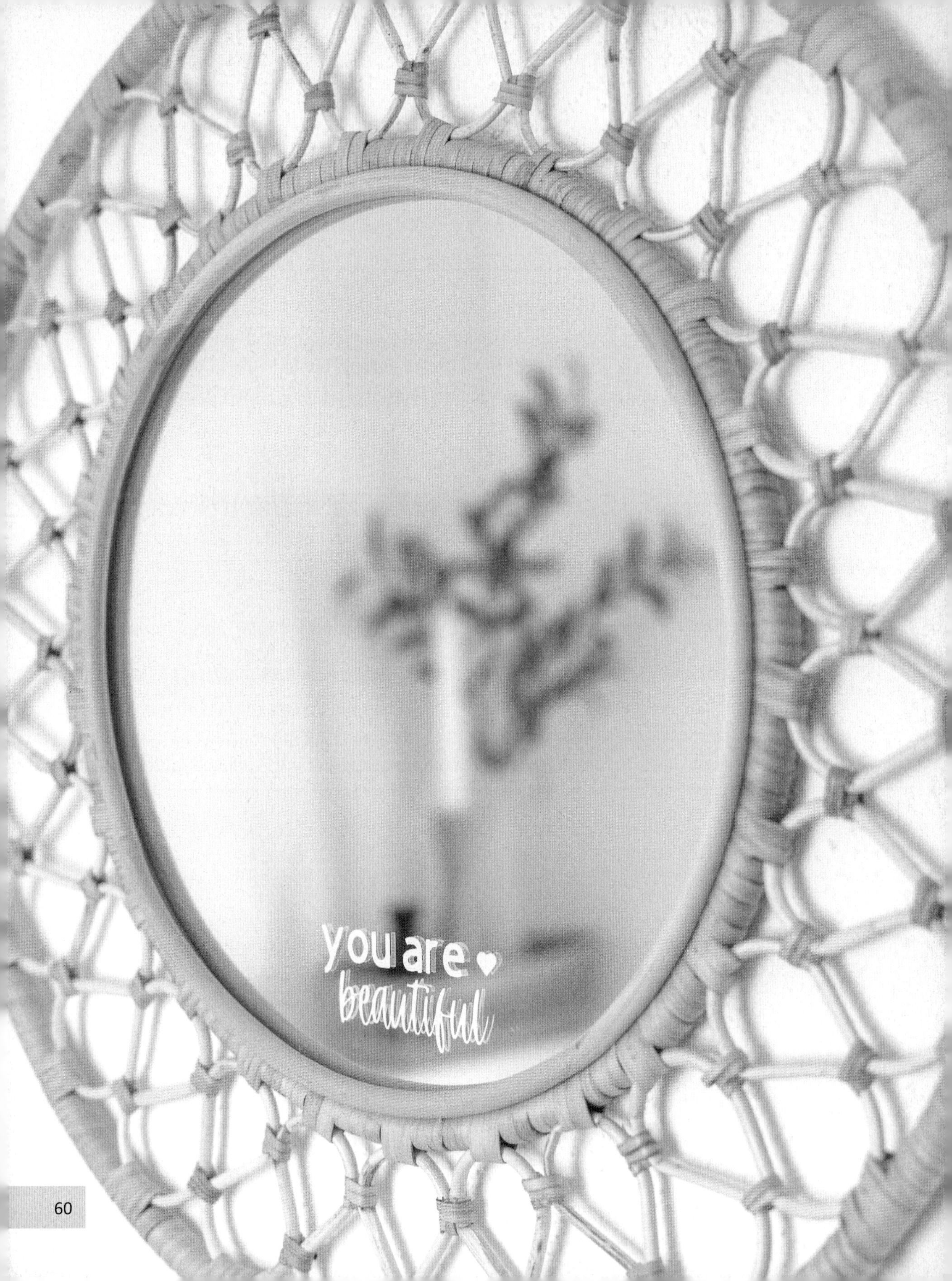
you are
beautiful

Schöne Deko für dein Zuhause

Küche, Windlichter, Upcycling, Ostern, Herbst, Weihnachten, Anhänger, Flur

Schneidebrett als Deko

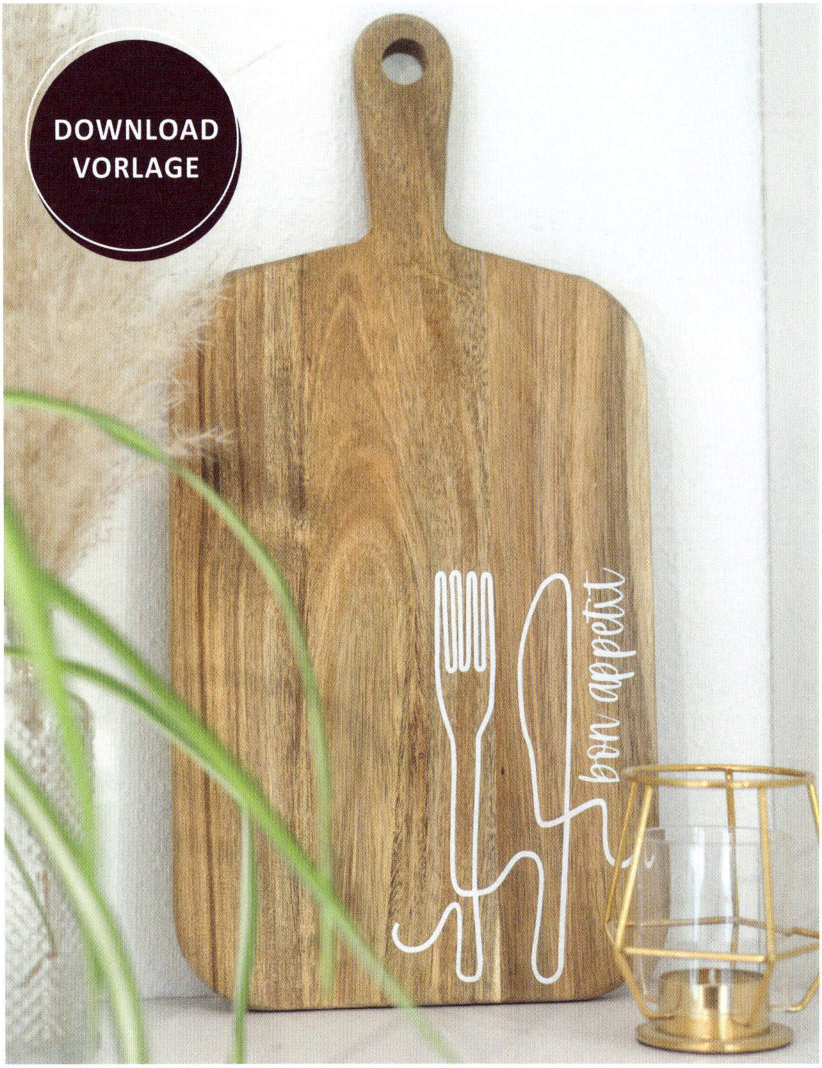

MATERIAL & WERKZEUG

- Gerät: Joy, Explore, Maker
- Vinylfolie in Weiß
- Transferfolie
- Schneidebrett aus Holz
- Rakel/Lineal
- Entgitterwerkzeug
- Schneidematte LightGrip
- Schrift: Augustine

HINWEIS:
Das Brett kann mit Vinyl- oder Flexfolie umgesetzt werden. Aufbügelfolie sorgt hierbei für ein langfristiges Ergebnis. Mit Aufklebefolie kann dein Design regelmäßig variieren.

SO GEHT´S

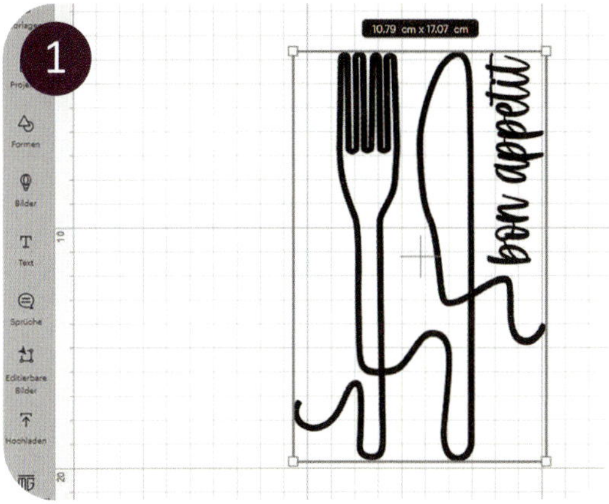

1. Füge die Datei und ein Textfeld über die linke Bearbeitungsleiste ein. Schreibe deinen gewünschten Text und passe diesen über die obere Leiste an. Drehe den Text und ziehe ihn in Position. Wähle das komplette Motiv aus und verbinde es.

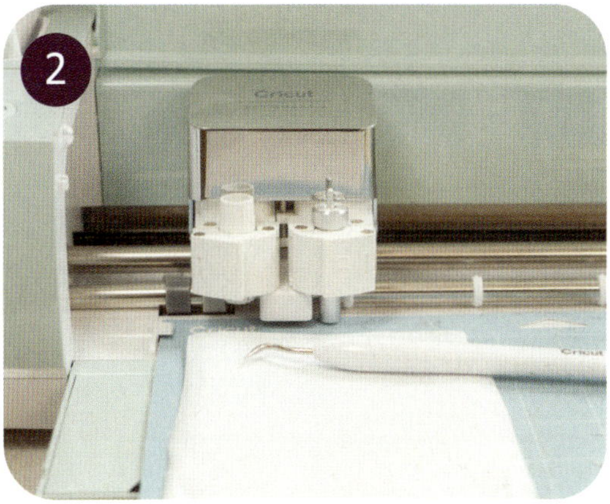

2. Lege die Vinylfolie auf die Schneidematte und starte den Schnitt. Entgittere anschließend alle Teile, die nicht benötigt werden.

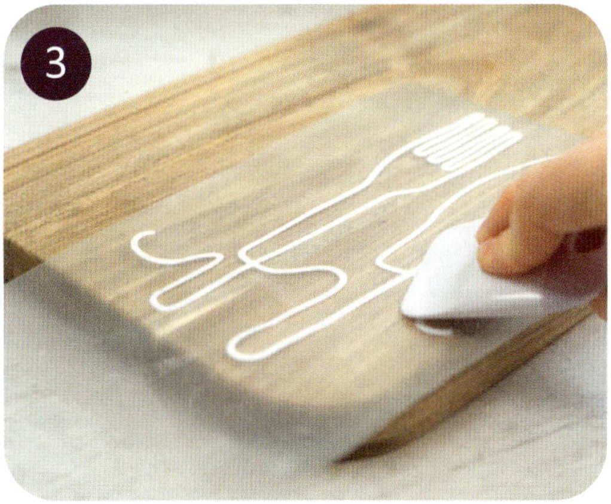

3. Nimm Transferfolie und lege sie auf das Trägerpapier. Streife es mit einer Rakel oder Lineal gut auf der Vinylfolie fest. Reinige das Brett und lass es gut trocknen. Ziehe die Transferfolie inklusive Vinylfolie vom Trägerpapier und übertrage das Motiv auf das Schneidebrett. Wenn die Oberfläche vom Brett etwas rau ist, kann dir ein Entgitterwerkzeug beim Übertragen zusätzlich helfen.

Osteranhänger

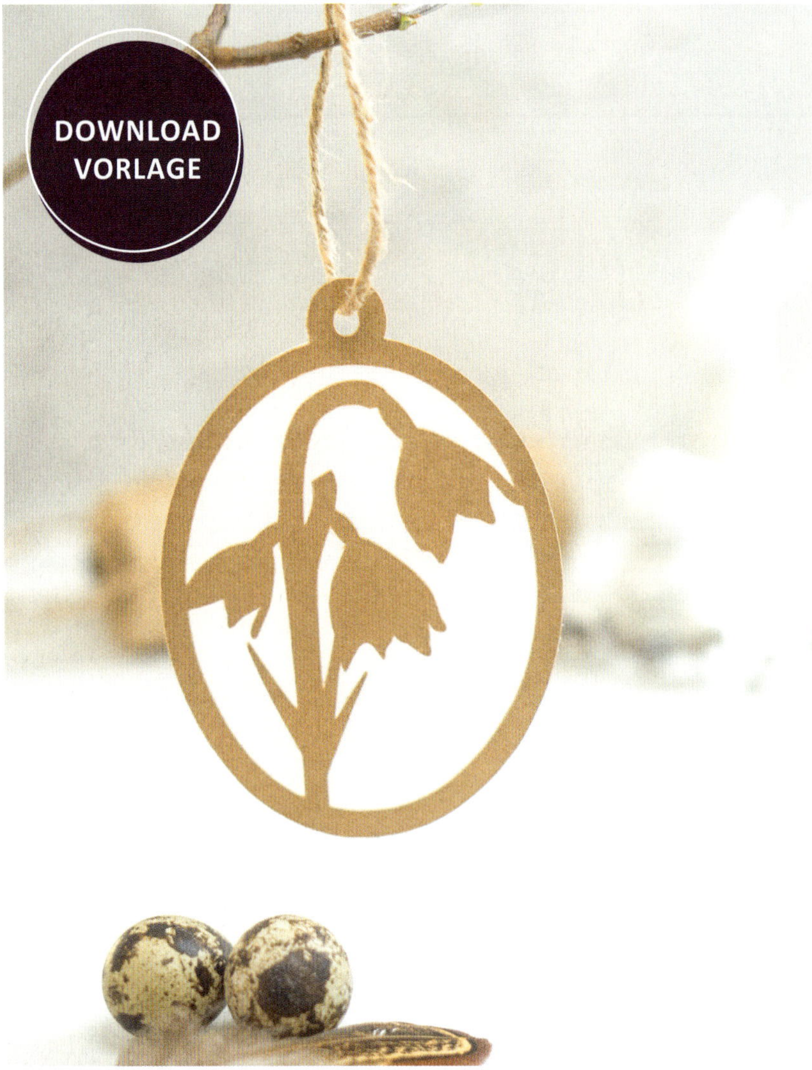

MATERIAL & WERKZEUG

- Gerät: Joy, Explore, Maker
- Kraftpapier 300 g/m^2
- Transparentpapier
- Schmuckband
- Klebestift
- Entgitterwerkzeug
- Schneidematte LightGrip

HINWEIS:
Der Osteranhänger ist teilweise ein filigranes Motiv. Einsteiger*innen können die Größe etwas anpassen, um ein fehlerfreies Ergebnis zu erhalten.

SO GEHT´S

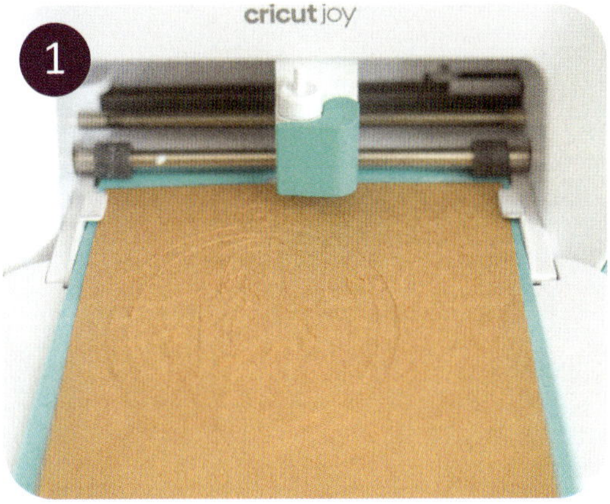

1. Füge die Datei ins Design Space ein, passe gegebenenfalls die Größe an und starte den Herstellungsprozess. Wähle das Bearbeitungsmaterial aus. Ich wähle hierfür das Kraftpapier CardStock. Diese Einstellung kann allerdings je nach deinem verwendeten Material variieren. Lege das jeweilige Papier auf die Schneidematte und starte den Schnitt.

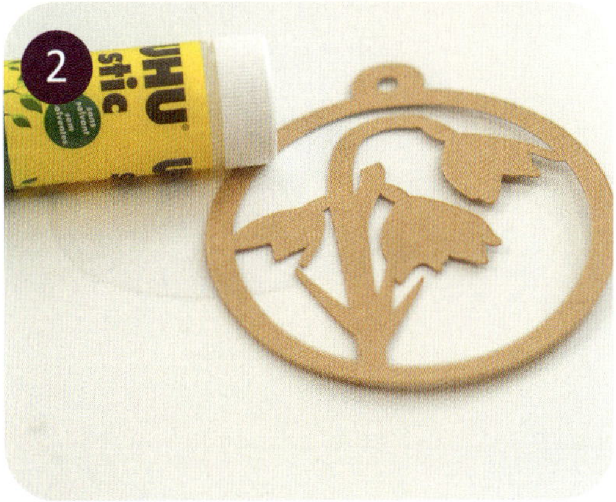

2. Klebe das Transparentpapier auf die Rückseite des Kraftpapiers. Wenn du den Anhänger zum Beispiel an eine Fensterscheibe hängen willst, kannst du die Seite des Kraftpapiers noch einmal gespiegelt schneiden und diese auf die Rückseite kleben. Somit ist dein Anhänger von allen Seiten toll.

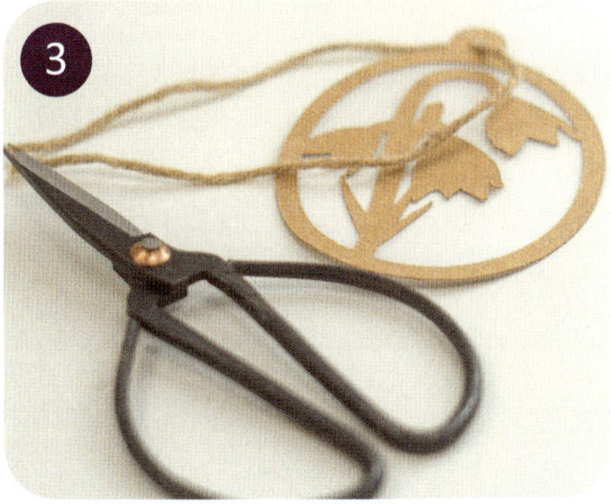

3. Schneide ein Stück Schmuckband zurecht und fädele es durch die Öse des Anhängers. Verschließe das Band mit einem Knoten.

Osternamensschilder

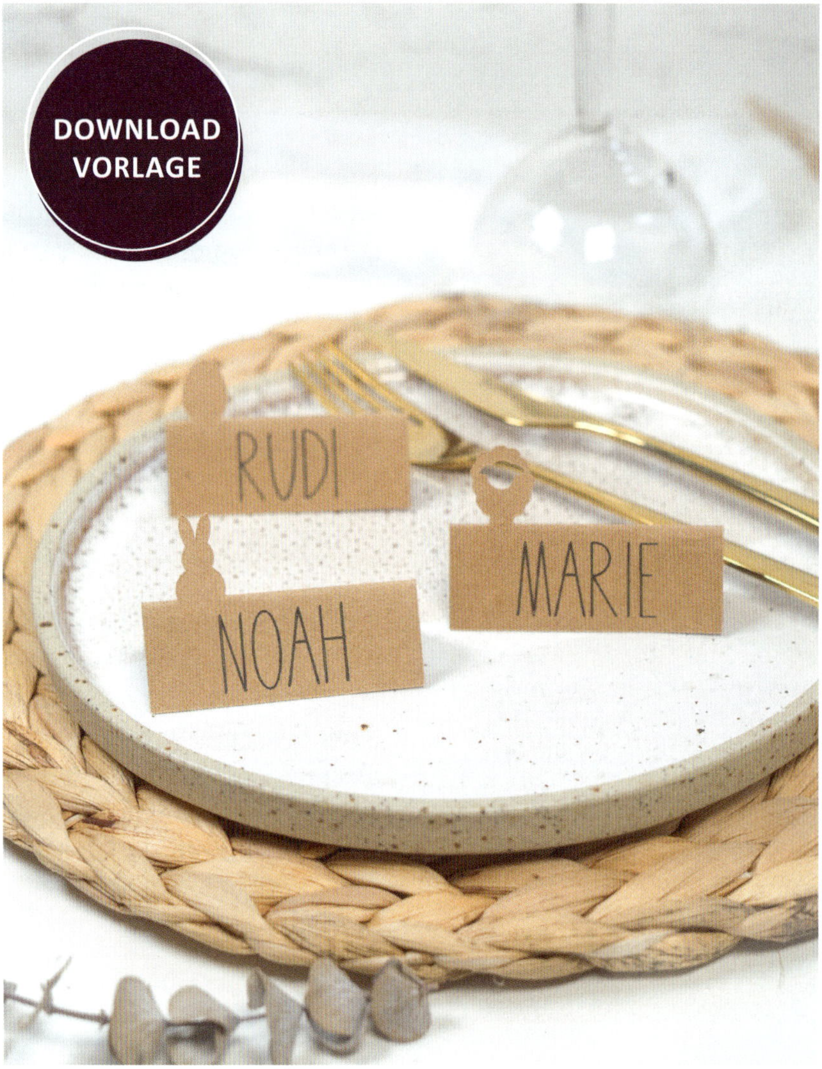

MATERIAL & WERKZEUG

- Gerät: Joy, Explore, Maker
- Kraftpapier 300 g/m^2
- Stift
- Rakel oder Lineal
- Schneidematte LightGrip
- Schrift: BFC Fancy Rudolph

HINWEIS:
Die Namensschilder enthalten Falzlinien. Der Joy und der Joy Xtra können diese nicht erstellen. Klicke bei diesen Geräten in der rechten Leiste auf das kleine Auge neben der Linie oder lösche sie komplett.

SO GEHT´S

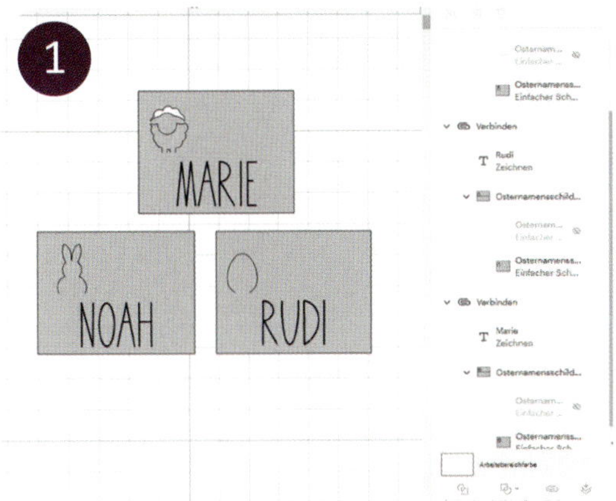

1. Füge die Datei und Textfelder über die linke Leiste ein. Passe die Größe der Datei gegebenenfalls an. Wähle die Falzlinien und anschließend die Schrift aus und stelle den Betrieb jeweils um. Wähle die einzelnen Namensschilder inklusive Schrift aus und verbinde diese über den Rechtsklick.

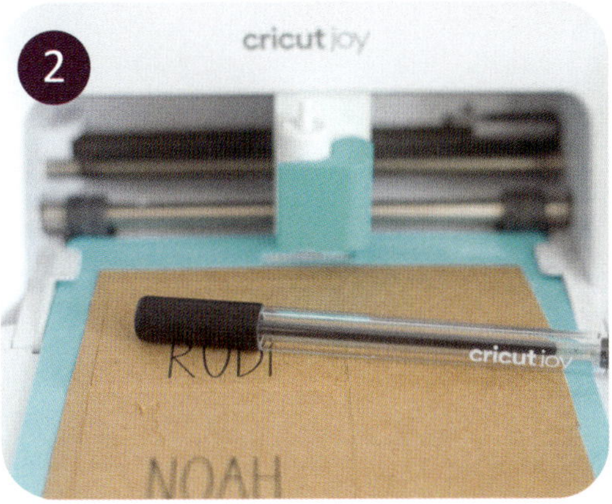

2. Lege das Papier auf die Schneidematte und starte dein Gerät über das Design Space. Lass das Gerät die Schilder schreiben und schneiden. Befolge für das Einsetzen des jeweiligen Werkzeugs die Anweisungen im Programm. Entferne nach dem Schnitt die Matte vom Papier.

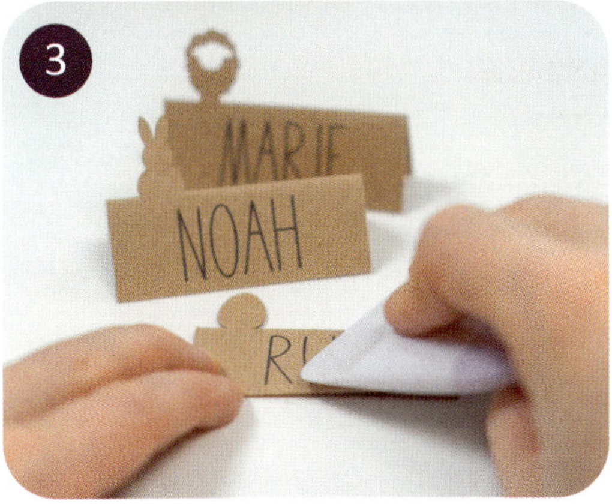

3. Die Mittellinie bzw. Falzlinie wird nun umgeknickt. Hierbei kann eine Rakel, Falzbein oder Lineal hilfreich sein, um die Kante zu glätten.

Citronellakerze fürs Campen

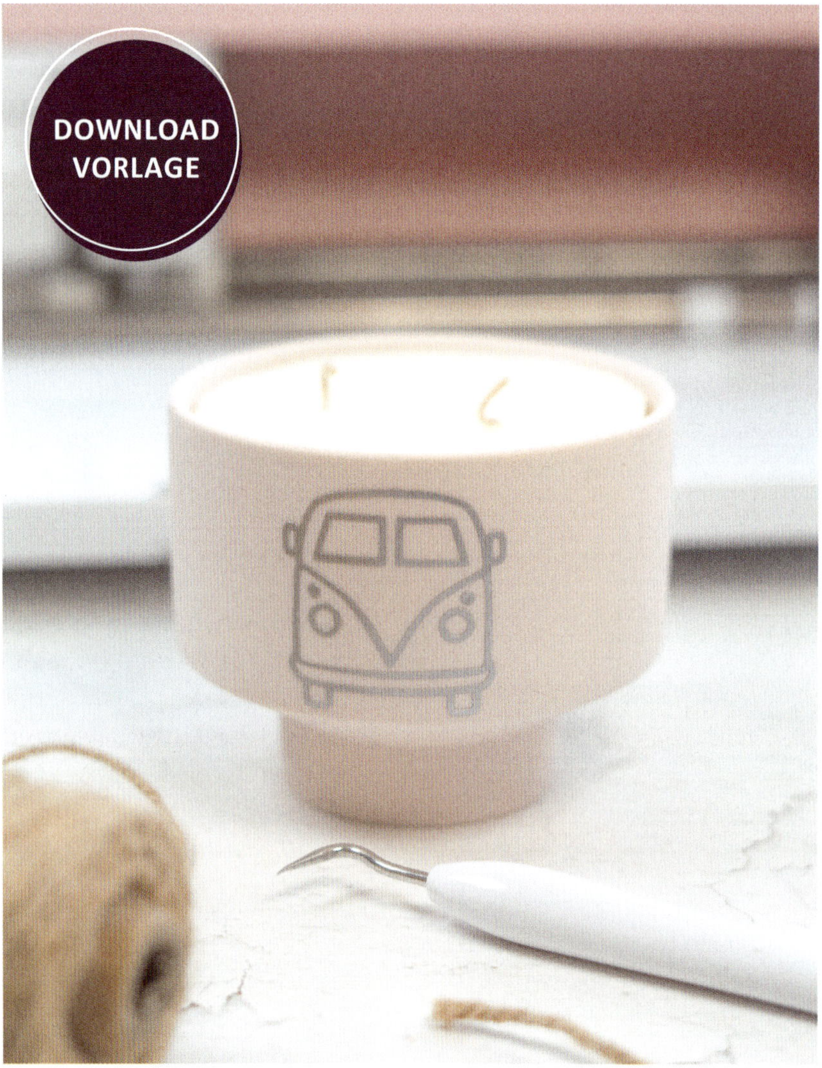

MATERIA L & WERKZEUG

- Gerät: Joy, Explore, Maker
- Citronellakerze
- Vinylfolie in Silber
- Transferfolie
- Rakel oder Lineal
- Entgitterwerkzeug
- Schneidematte LightGrip

HINWEIS:
Neben normaler Vinylfolie wäre für die Kerze auch eine Glow-in-the-Dark-Vinylfolie eine tolle Möglichkeit.

SO GEHT´S

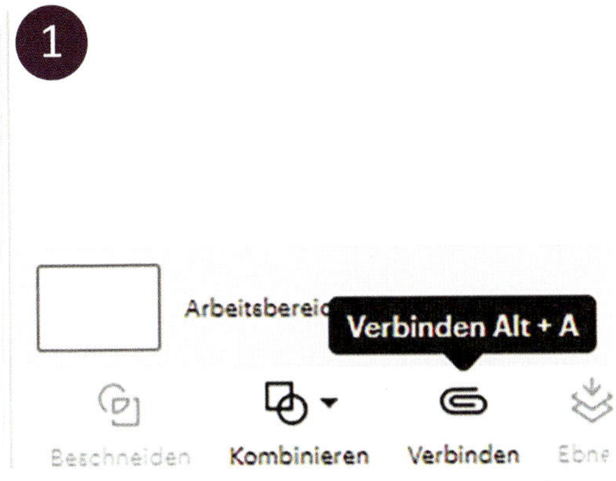

1. Die Downloaddatei kannst du ins Design Space einfügen. Wähle das komplette Motiv aus und klicke ganz unten in der rechten Leiste auf verbinden.

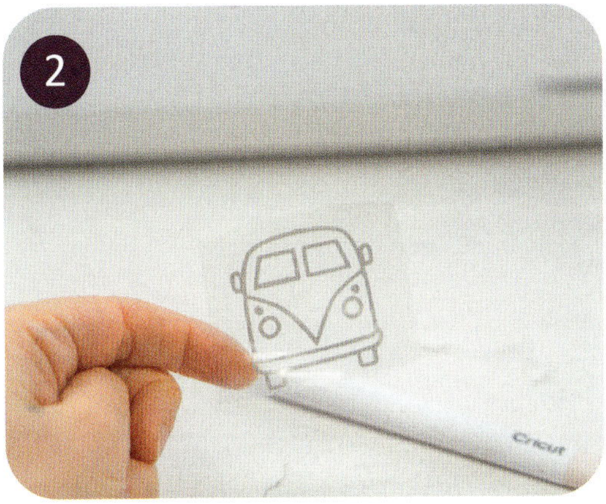

2. Bringe die Vinylfolie auf die Schneidematte auf. Starte den Schneidevorgang deines Geräts. Nach dem Schnitt kann das komplette Motiv entgittert werden.

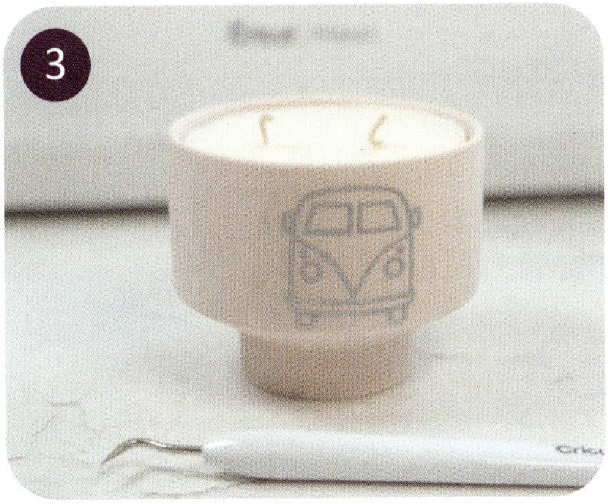

3. Lege auf die Vinylfolie eine Transferfolie und streife diese mit einer Rakel oder Lineal gut fest. Ziehe beides vom Trägerpapier ab und klebe die Vinylfolie auf die Kerze auf. Die Rakel und ein Entgitterwerkzeug können dir beim Übertragen helfen.

Spiegelbeschriftung

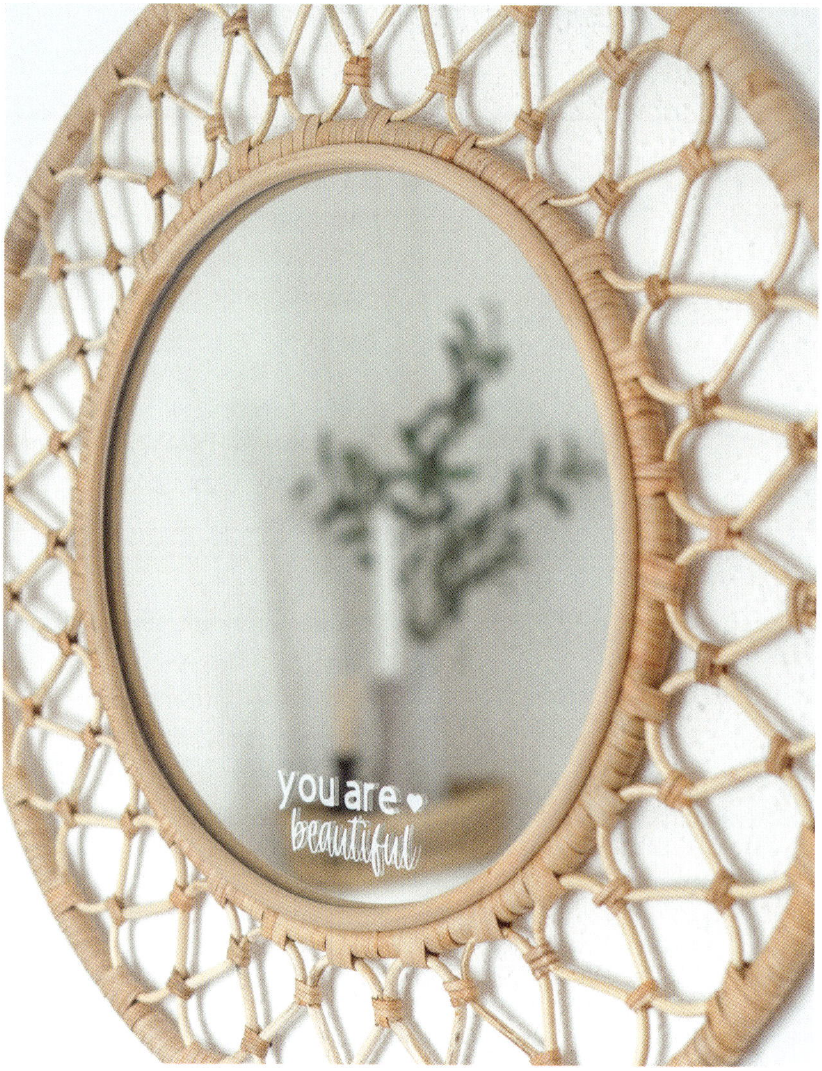

MATERIAL & WERKZEUG

- Gerät: Joy, Explore, Maker
- Vinylfolie in Weiß
- Transferfolie
- Spiegel
- Rakel/Lineal
- Entgitterwerkzeug
- Schneidematte LightGrip
- Schrift: Cricut Sans und Augustine

HINWEIS:
Der Spiegel sollte im Vorfeld unbedingt gut gereinigt werden und muss gründlich trocknen, damit dir die Übertragung der Folie leichter fällt.

SO GEHT´S

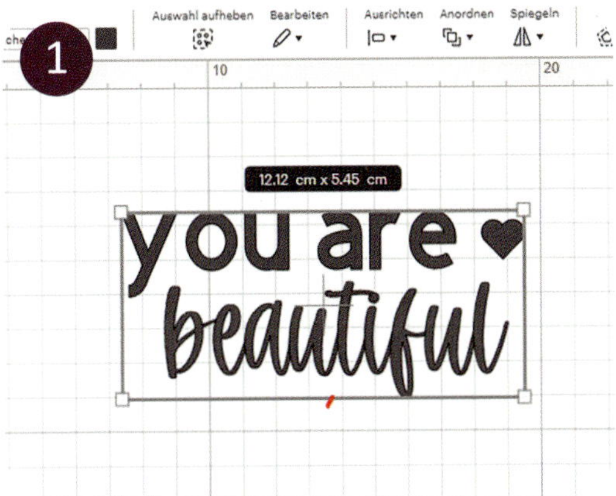

1. Füge über die linke Leiste zwei Textfelder und eine Form ein. Schreibe in das erste Textfeld »you are« und passe die Schriftart in der oberen Zeile und die Größe an. Gleiches machst du für das zweite Textfeld mit »beautiful«. Positioniere die beiden Felder übereinander. Die Herzform kannst du etwas kleiner ziehen und in Position ziehen. Markiere das komplette Motiv und klicke auf verbinden.

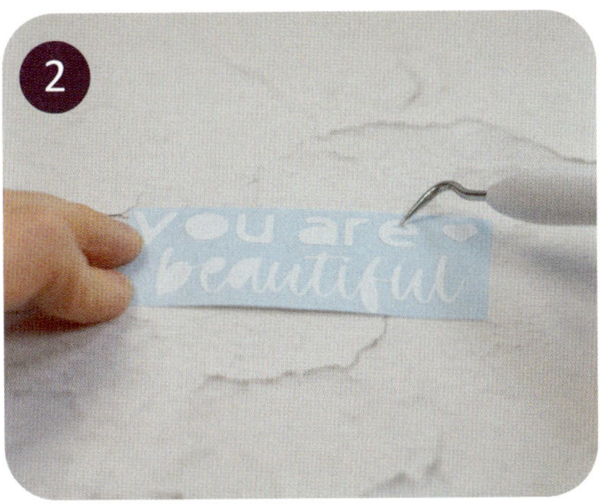

2. Starte den Herstellungsvorgang im Design Space und wähle das Bearbeitungsmaterial aus. In meinem Fall wähle ich Premium Vinyl. Der Schnitt wird gestartet und das Motiv anschließend mit dem Entgitterwerkzeug von überschüssiger Folie befreit.

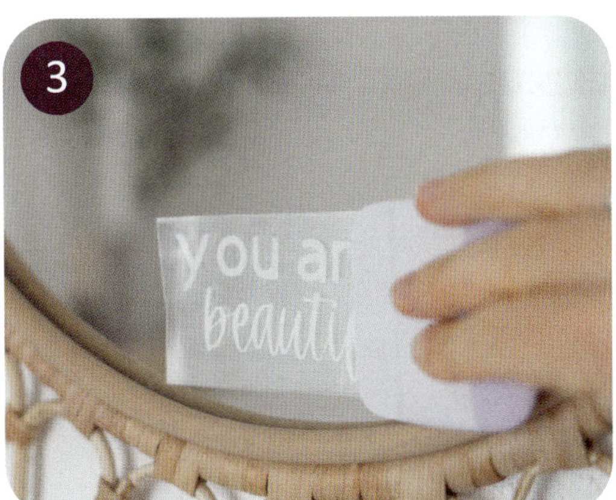

3. Nimm ein Stück Tranferfolie. Bei der Transferfolie solltest du darauf achten, dass sie das komplette Motiv bedeckt. Mit einer Rakel oder Lineal kannst du die Transferfolie auf dem Trägerpapier feststreifen und das Motiv anschließend auf den Spiegel übertragen.

Süße Geister als Fensterdeko

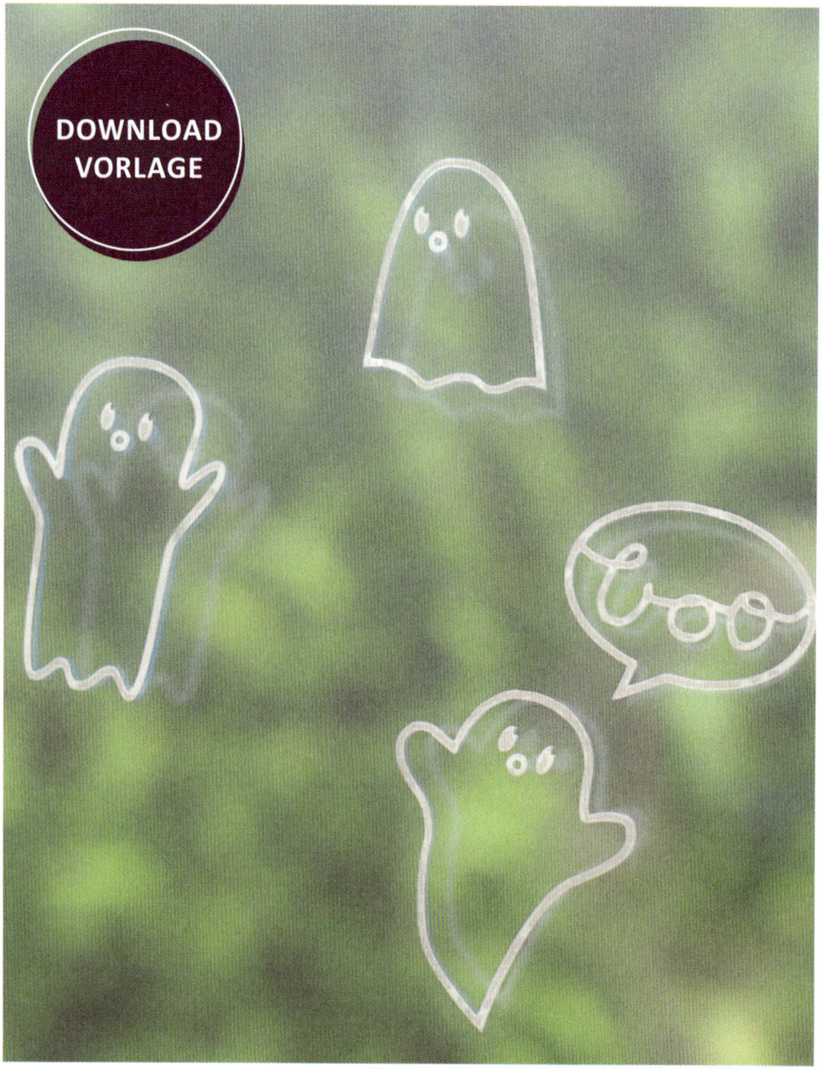

MATERIAL & WERKZEUG

- Gerät: Joy, Explore, Maker
- Vinylfolie in Weiß
- Transferfolie
- Rakel/Lineal
- Entgitterwerkzeug
- Schneidematte LightGrip

HINWEIS:
Folien, die auf Fensterscheiben deines Zuhauses geklebt werden, sollten ablösbar sein und nicht permanent kleben. Die Entfernung fällt dir so leichter.

SO GEHT´S

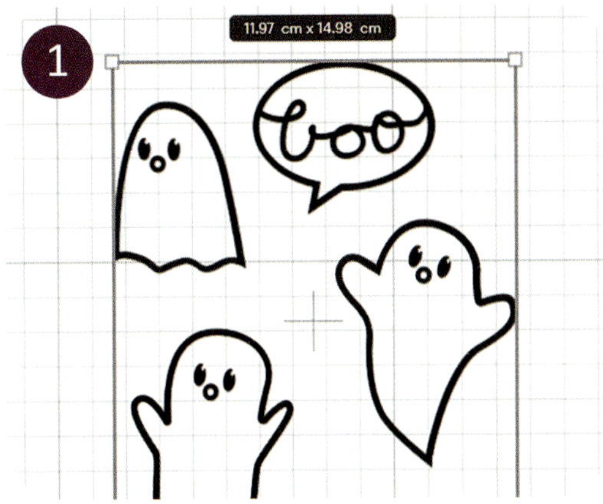

1. Miss deine Fensterscheibe aus und passe die Größe der kleinen Geister im Design Space entsprechend an. Alle Geister können aus einer Folie geschnitten werden oder aus unterschiedlichen Farben. Wenn du die Datei in ihre Einzelteile zerlegen magst, musst du das Motiv auswählen und mit einem Rechtsklick trennen.

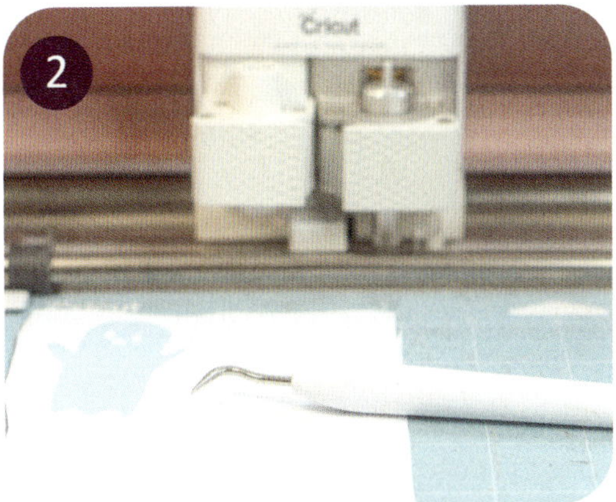

2. Starte den Herstellungsvorgang und lass die Geister vom Gerät ausschneiden. Es handelt sich hierbei um eine filigranere Datei. Einsteiger*innen können diese gegebenenfalls etwas größer ziehen, um die Bearbeitung zu vereinfachen. Mit dem Engitterwerkzeug kannst du die überschüssige Folie vom Motiv entfernen.

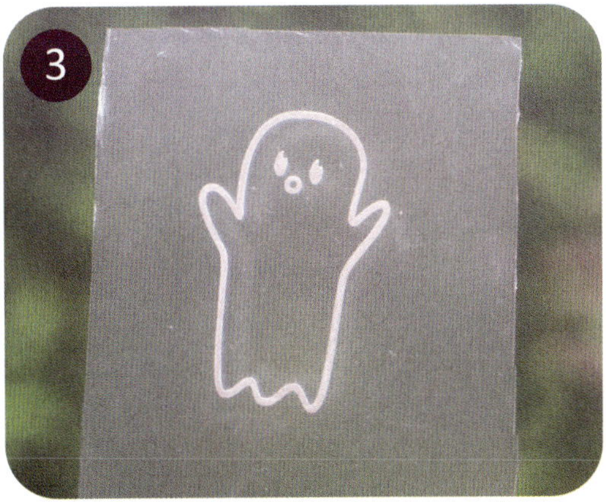

3. Reinige die Fensterscheibe und lass diese trocknen. Schneide ein Rechteck aus Transferfolie. Dieses sollte mindestens so groß sein, dass es einen Geist komplett bedecken kann. Klebe diese auf den ersten Geist und übertrage ihn mit einer Rakel oder Lineal auf die Scheibe. Das Stück Transferfolie kann für alle Geister verwendet werden.

Halloween-Girlande

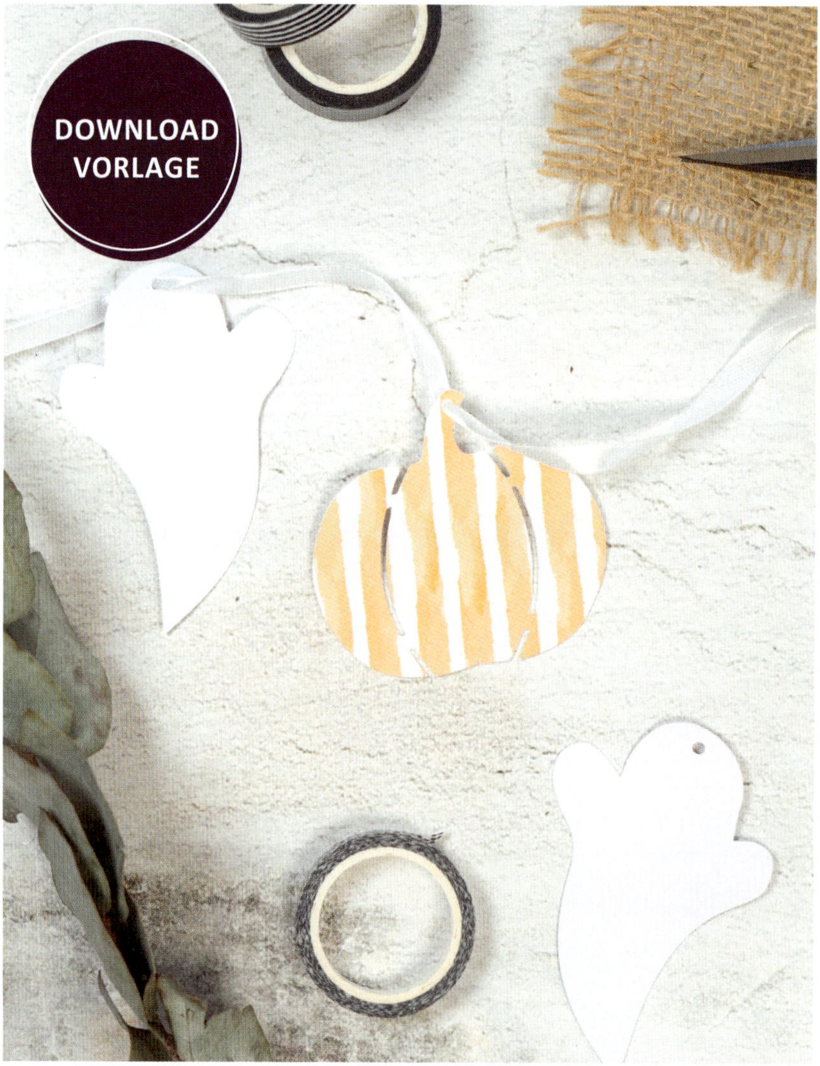

MATERIAL & WERKZEUG

- Gerät: Joy, Explore, Maker
- Papier in Weiß 300 g/m²
- Designpapier 300 g/m²
- Schmuckband
- Schere
- Entgitterwerkzeug
- Schneidematte LightGrip

HINWEIS:
Entferne immer die Matte vom Papier, um Wellungen und Beschädigungen des Papiers zu vermeiden.

SO GEHT´S

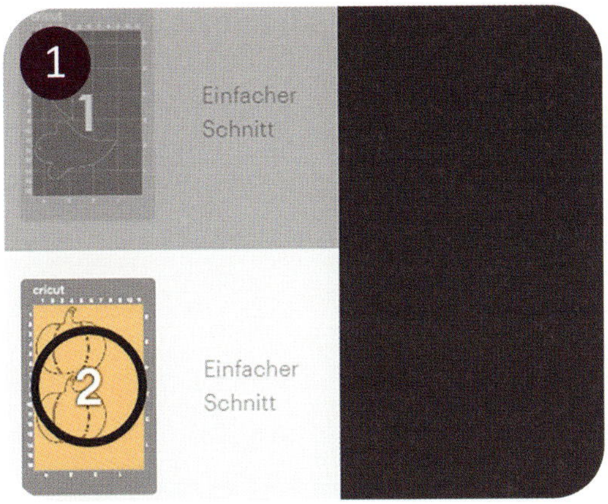

1. Kopiere die Geister und Kürbisse im Arbeitsbereich mehrfach. Je nachdem, wie lang deine Girlande werden soll, kann diese Zahl variieren. Wenn die Geister und Kürbisse aus unterschiedlichen Papieren geschnitten werden sollen, muss du die Datei auswählen und diese oben in der rechten Leiste trennen. Nun können die Bearbeitungsfarben in der oberen Leiste eingestellt werden.

2. Passe die Größe der Geister und Kürbisse auf deine Wunschgröße an, lege das Papier auf die Schneidematte und starte den Herstellungsprozess. Entferne die Matte vom Papier. Kleinteile kannst du gegebenenfalls mit dem Entgitterwerkzeug vom ausgeschnittenen Papier entfernen.

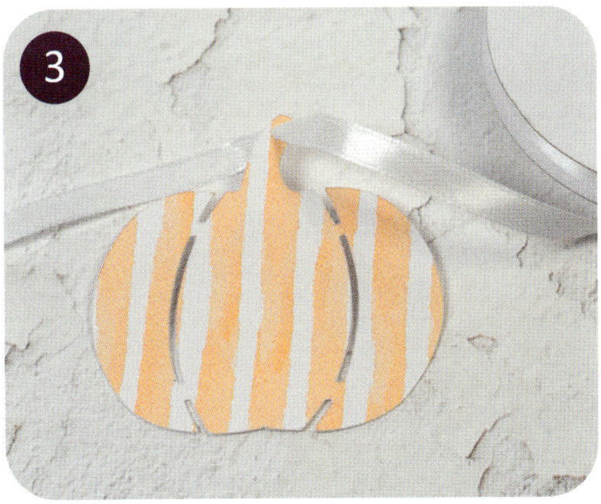

3. Fädele eine Schnur oben durch die kleinen Kreise der Motive und befestige deine Girlande zum Beispiel an einem Fenster oder Spiegel.

Dekoast mit Fledermäusen

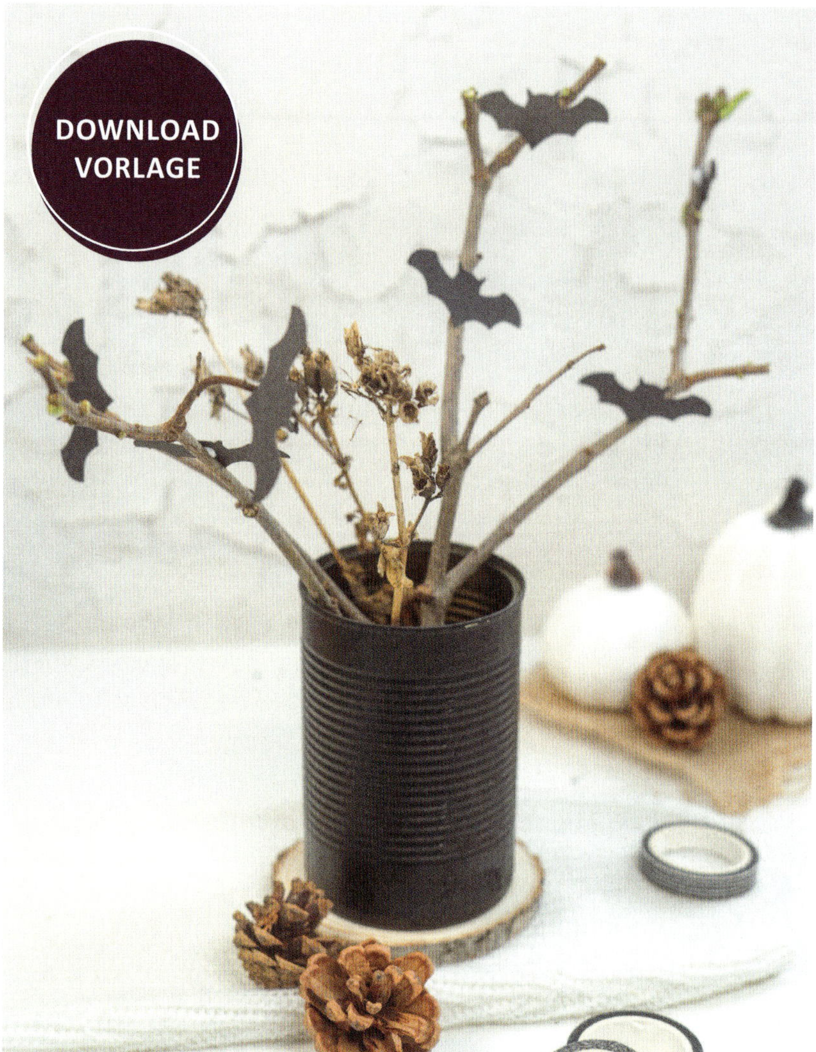

MATERIAL & WERKZEUG

- Gerät: Joy, Explore, Maker
- Papier in Weiß 300 g/m^2
- Äste
- Dose
- Kleber
- Entgitterwerkzeug
- Schneidematte LightGrip

HINWEIS:
Je nachdem, wie groß dein Dekoast werden soll, kannst du die Fledermäuse in der Größe anpassen oder auch unterschiedlich groß gestalten.

SO GEHT´S

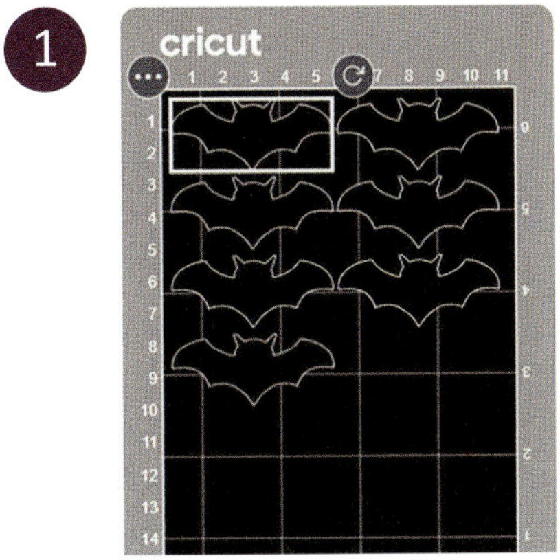

1. Füge die Datei ins Design Space über die linke Leiste ein. Markiere die Fledermaus und kopiere diese mehrmals, je nachdem, wie viele Fledermäuse du schneiden möchtest. Passe die Größe der Datei an und starte den Herstellungsprozess.

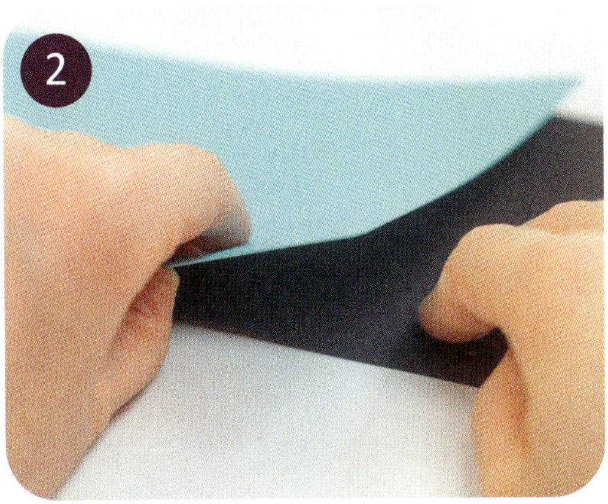

2. Entferne die Schneidematte nach dem Schnitt vorsichtig von den Fledermäusen und sammle diese anschließend.

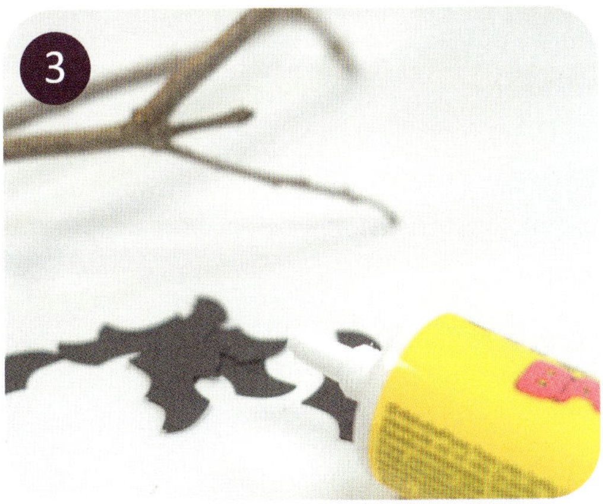

3. Mit kleinen Tropfen Flüssigkleber können die Fledermäuse nun an einem Dekoast befestigt werden. Der Ast kann wahlweise in eine besprühte Dose oder eine Vase gestellt werden.

Kleine Herbstlaterne

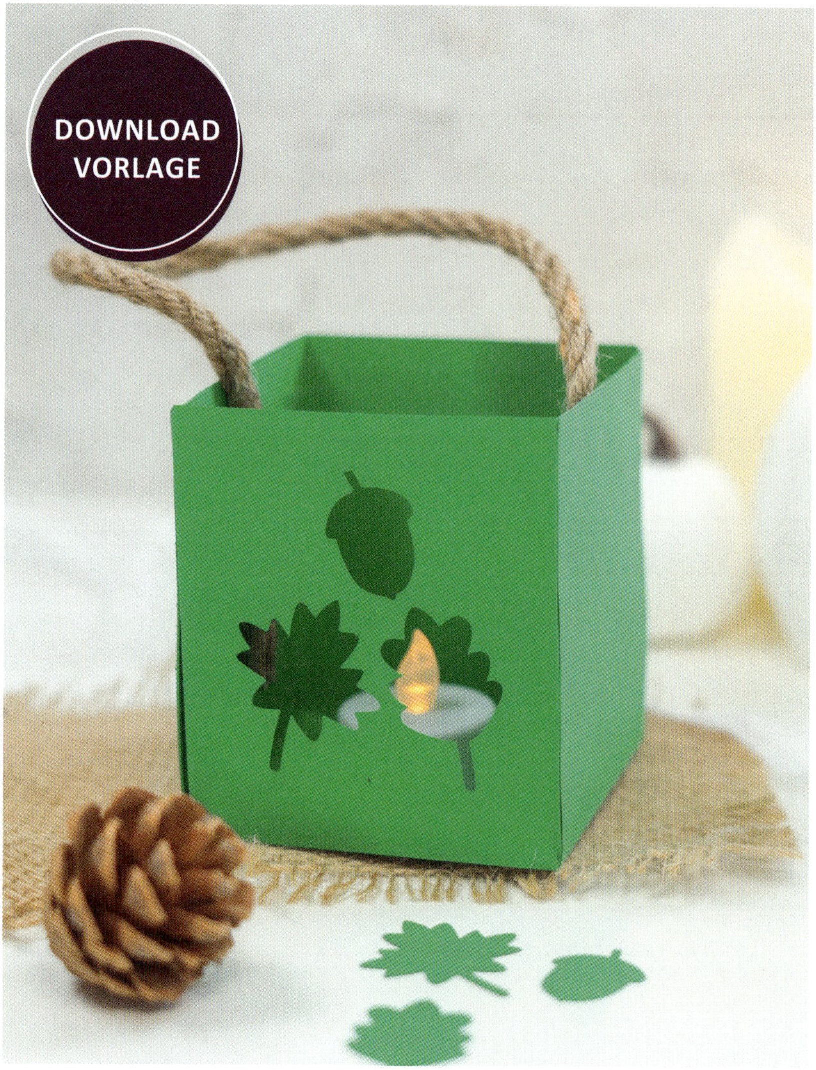

MATERIAL & WERKZEUG

- Gerät: Joy, Explore, Maker
- Papier in Grün 300 g/m^2
- Klebestift
- Dickes Juteband
- LED-Kerze
- Holzklammern
- Rakel/Lineal
- Heißkleber
- Entgitterwerkzeug
- Schneidematte LightGrip

HINWEIS:
Verteile den Kleber auf den Laschen und fixiere diese bis zum Trocknen einfach mit Wäscheklammern.

SO GEHT´S

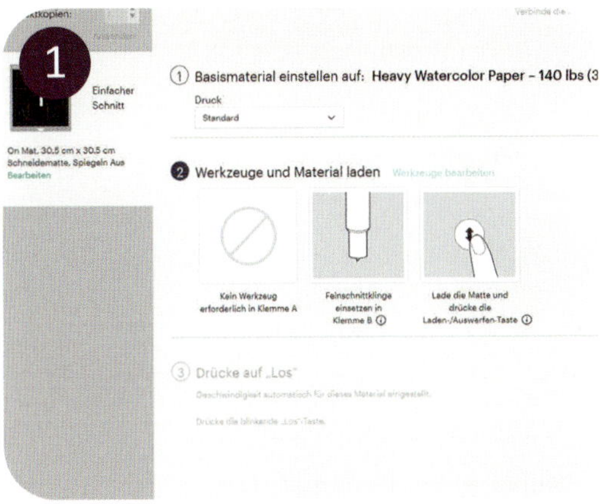

1. Füge die Datei ins Design Space über die linke Leiste ein. Markiere die Falzlinien. Der Betrieb kann entweder umgestellt oder die Linien einfach in der rechten Leiste ausgeblendet werden. Hinweis: Nicht jedes Gerät kann falzen.

   Markiere das komplette Motiv und verbinde es.

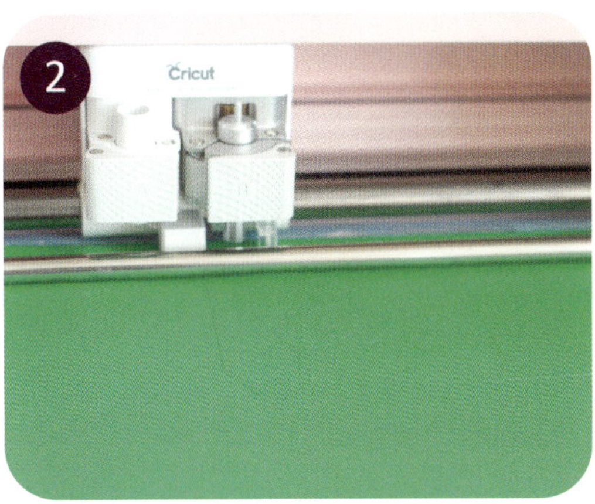

2. Wähle die Schneideeinstellungen für das Material aus und starte den Schnitt. Wenn du die Falzlinien manuell erstellst und nicht vom Gerät, kannst du diese nach dem Schnitt einfach umknicken und mit einer Rakel oder Lineal die Kante noch mal glatt streifen.

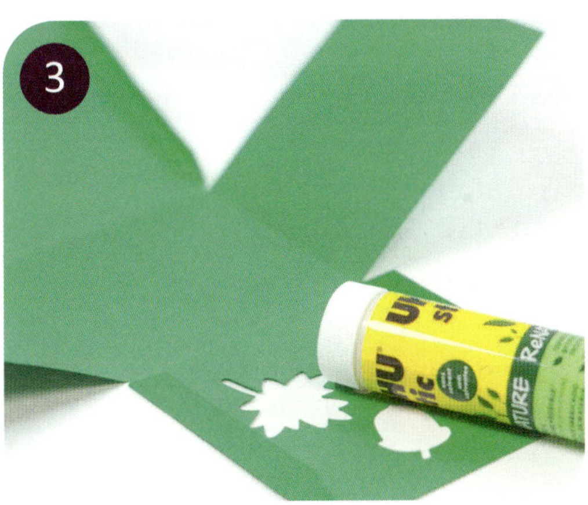

3. Verteile den Kleber auf den Laschen und klebe die Laterne zusammen. Das Juteband kann anschließend mit etwas Heißkleber an der Innenseite der Laterne befestigt und eine LED-Kerze hineingestellt werden.

Vase mit Milchglasspray

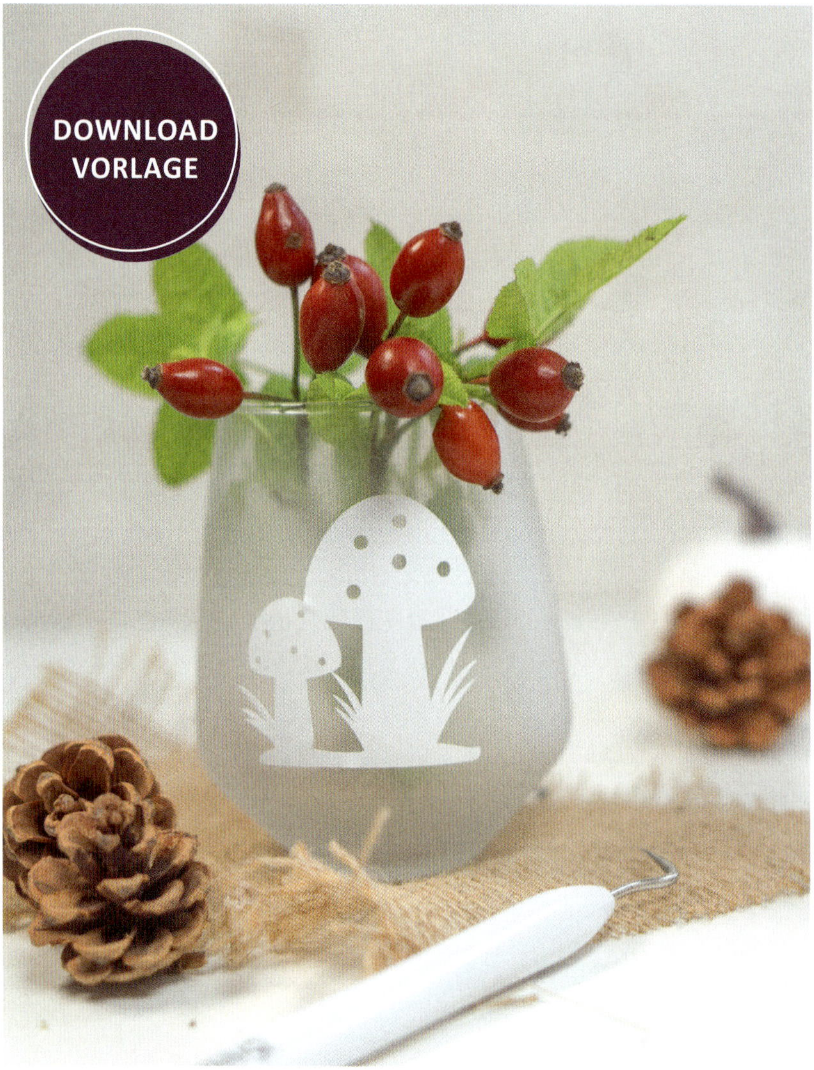

MATERIAL & WERKZEUG

- Gerät: Joy, Explore, Maker
- Vinylfolie in Weiß
- (Transferfolie)
- Glas
- Milchglasspray
- Entgitterwerkzeug
- Schneidematte LightGrip

HINWEIS:
Das Pilzmotiv kannst du ohne Transferfolie übertragen. Wenn es für dich mit Transferfolie angenehmer ist, musst du das Spray vorher zwingend gut trocknen lassen.

SO GEHT´S

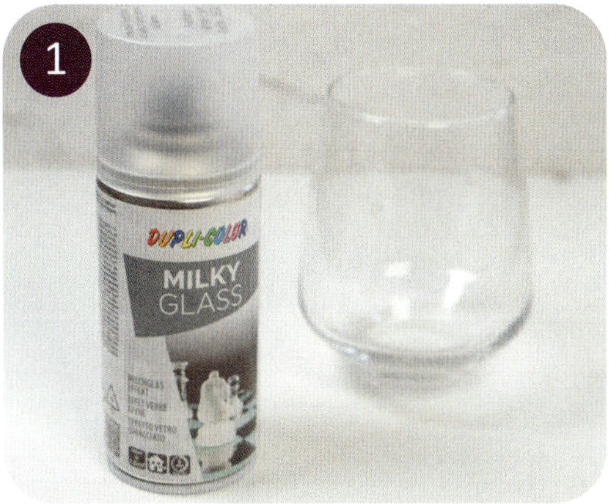

1. Sprühe das Milchglasspray auf das untere Drittel mit einer Verlaufskante nach oben auf das Glas. Lass das Spray trocknen. Miss das Glas aus und finde die passende Größe für dein Motiv.

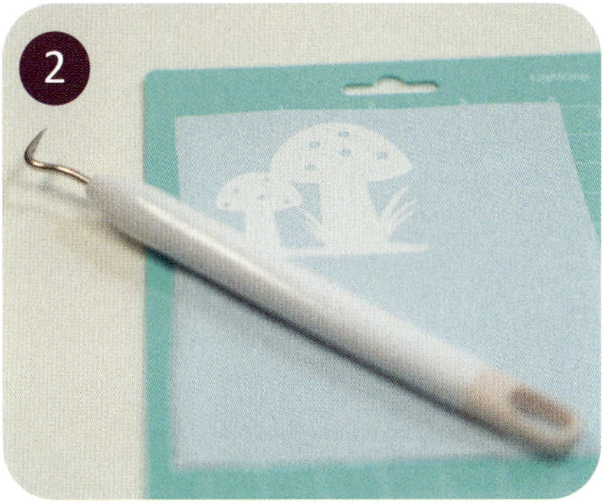

2. Lass die Vinylfolie vom Gerät schneiden. Entgittere alle Teile, die nicht gebraucht werden, mit einem Entgitterwerkzeug.

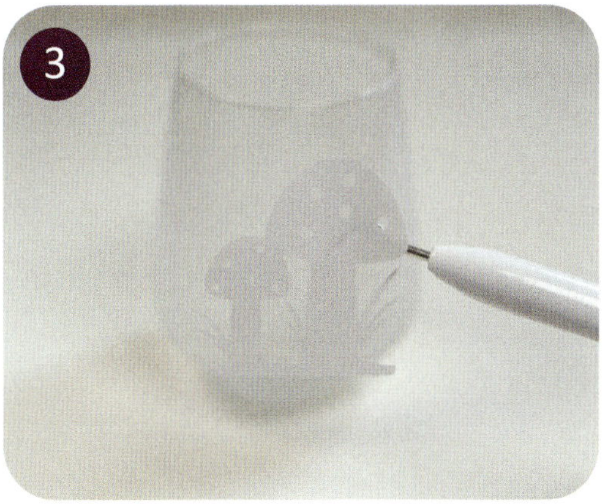

3. Übertrage deinen Sticker auf das Glas. Du kannst hierzu entweder das Entgitterwerkzeug zur Hilfe nehmen oder die Pilze einfach mit der Hand aufkleben.

Weihnachtlicher Anhänger

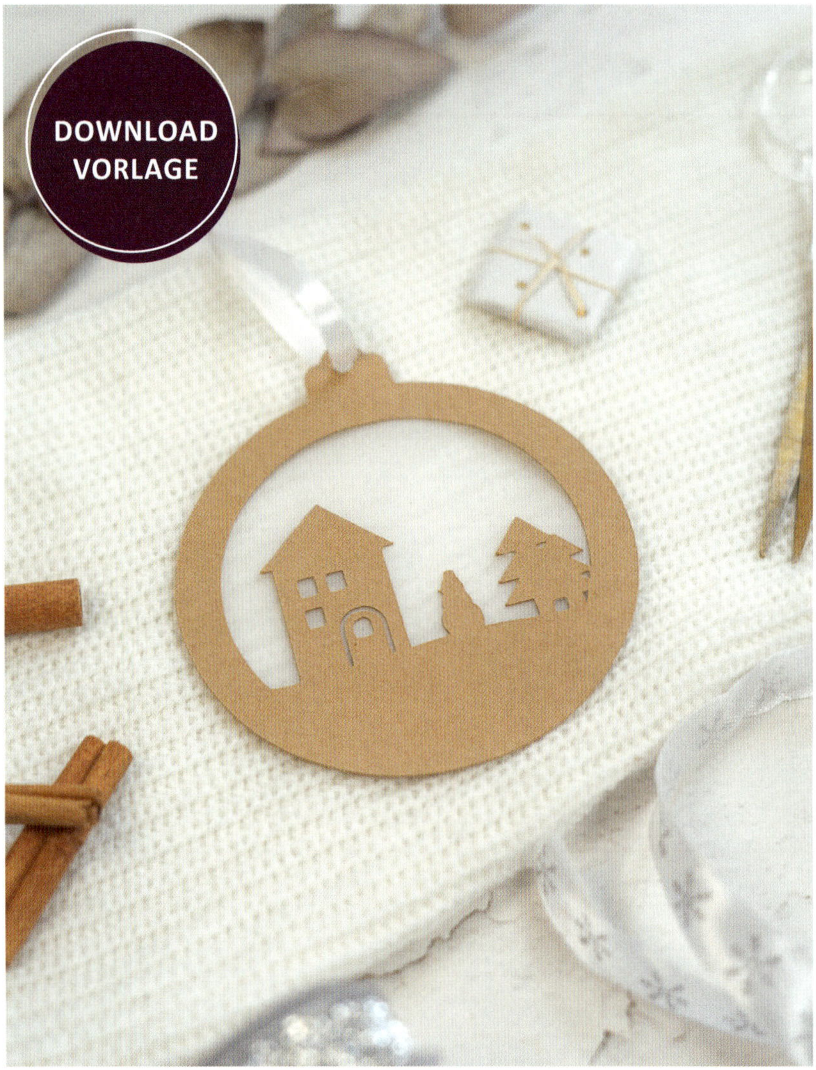

MATERIAL & WERKZEUG

- Gerät: Joy, Explore, Maker
- Kraftpapier 300 g/m²
- Transparentpapier
- Schmuckband
- Klebestift
- Schere
- Entgitterwerkzeug
- Schneidematte LightGrip

HINWEIS:
Der Anhänger kann auch super als Fensterdeko verwendet werden. Schneide hierzu den Teil aus Kraftpapier zweimal. Einmal gespiegelt.

SO GEHT´S

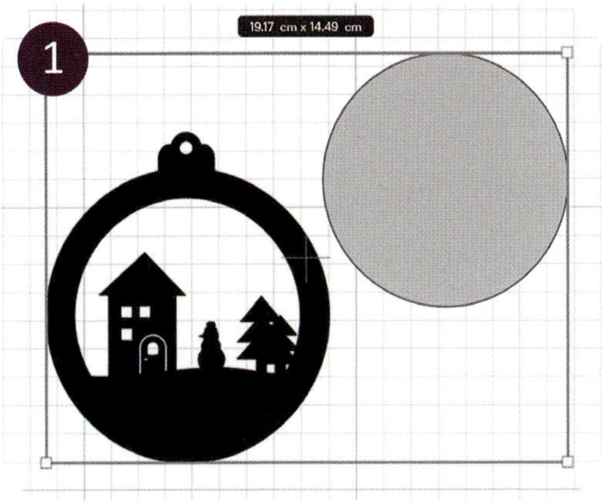

1. Füge die Datei ins Design Space ein und passe die Größe an. Es gibt viele filigrane Teile bei diesem Schnitt. Einsteiger*innen können die Datei ein wenig größer ziehen und sich so an die kleinen Teile herantasten.

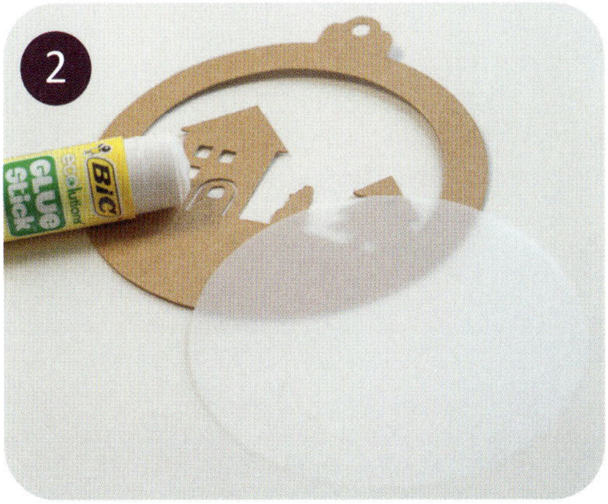

2. Lass beide Teile vom Gerät schneiden und klebe diese anschließend aneinander. Einzelne Kleinteile werden vermutlich an der Matte hängen bleiben. Die restlichen kannst du wahlweise mit einem Entgitterwerkzeug vorsichtig entfernen. Denke daran, die Matte von den Kleinteilen zu säubern, um das nächste Projekt direkt starten zu können.

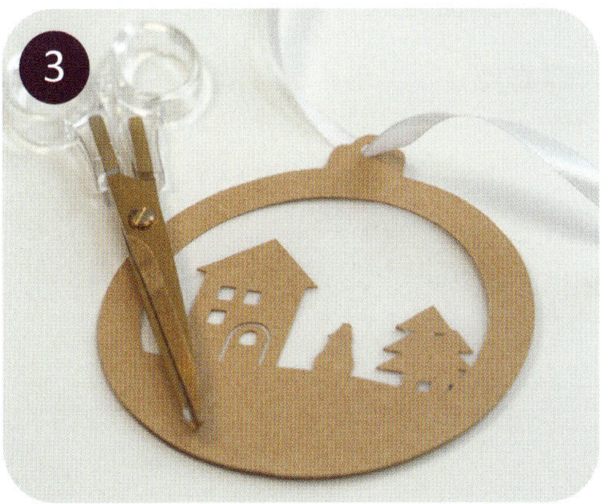

3. Fädele ein Schmuckband durch das kleine Loch, fixiere es mit einem Knoten und schneide es ab. Der Anhänger kann sowohl als Geschenkanhänger, Tannenbaumschmuck oder Fensterdeko verwendet werden. Wahlweise kannst du ihn mit einem geschriebenen Text noch personalisieren.

Winterlandschaft fürs Fenster

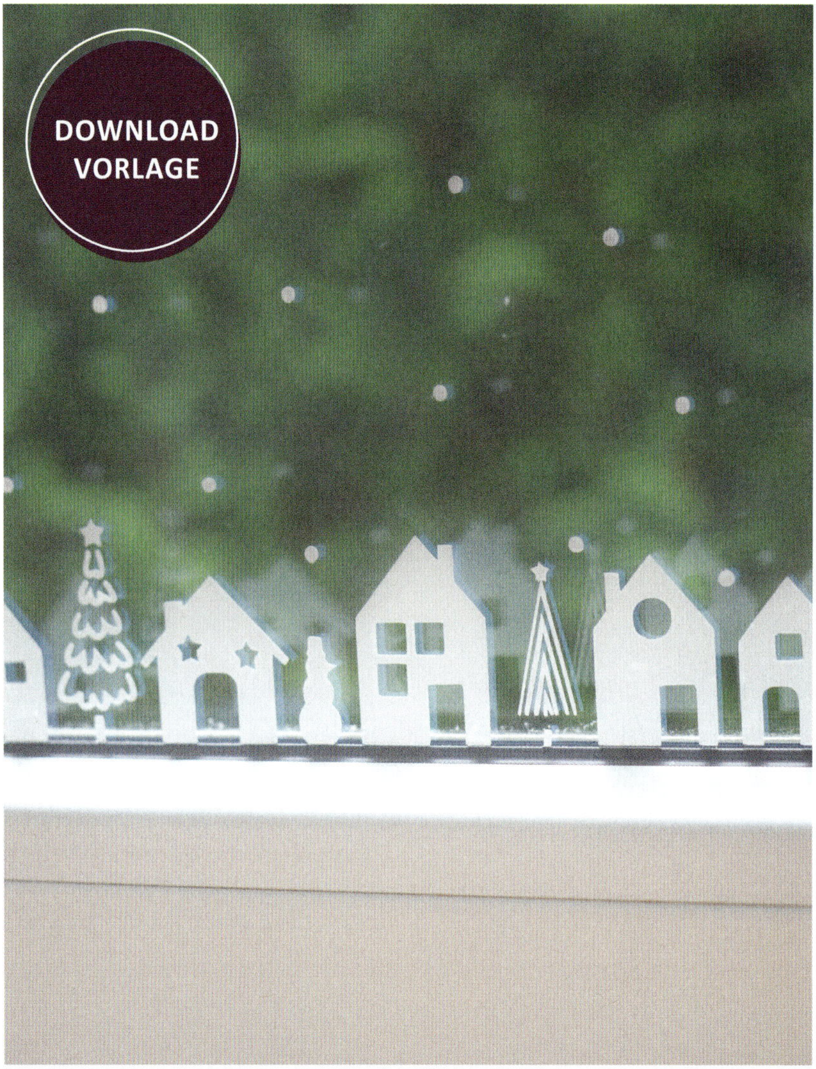

MATERIAL & WERKZEUG

- Gerät: Joy, Explore, Maker
- Vinylfolie in Weiß
- Transferfolie
- Rakel/Lineal
- Entgitterwerkzeug
- Schneidematte LightGrip

HINWEIS:
Die Größe des Motivs kannst du je nach Gerät anpassen. Bei dem Joy kannst du das Motiv auch zerteilen und die Häuser einzeln größer schneiden.

SO GEHT´S

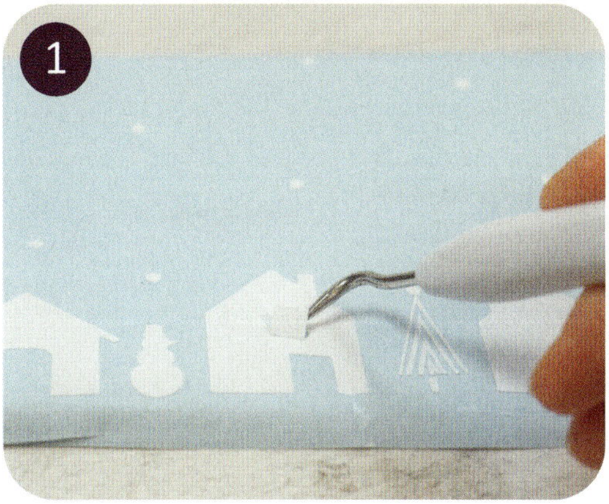

1. Miss dein Fenster aus und passe die Größe im Design Space an. Markiere alles und verbinde es. Lass das Motiv vom Gerät schneiden und entgittere die Folie anschließend. Achte dabei darauf, dass alle kleinen Schneeflöckchen auf dem Papier bleiben und beim Entgittern nicht mit abgezogen werden.

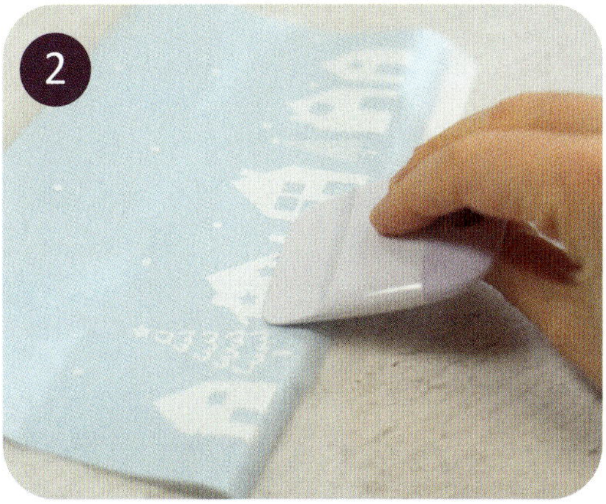

2. Schneide ein großes Stück Transferfolie zurecht und klebe es auf das ausgeschnittene Motiv. Mit einer Rakel oder Lineal kannst du die Transferfolie noch mal festdrücken. Somit kann die Transferfolie inklusive Vinylfolie leichter vom Papier gelöst werden.

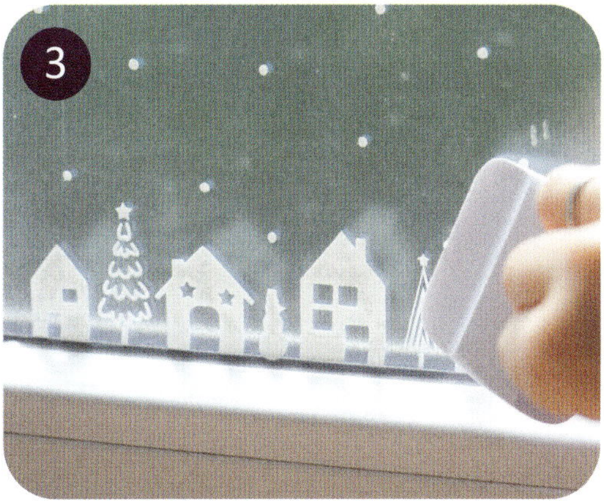

3. Reinige die Fensterscheibe und lass sie gut trocknen. Lege die Transferfolie mit der Vinylfolie auf die Fensterscheibe und streife beides gut mit einer Rakel oder Lineal fest. Ziehe die Transferfolie vorsichtig ab. Wenn einzelne kleine Teile von der Transferfolie mitabgelöst werden, kann eine Rakel noch mal helfen.

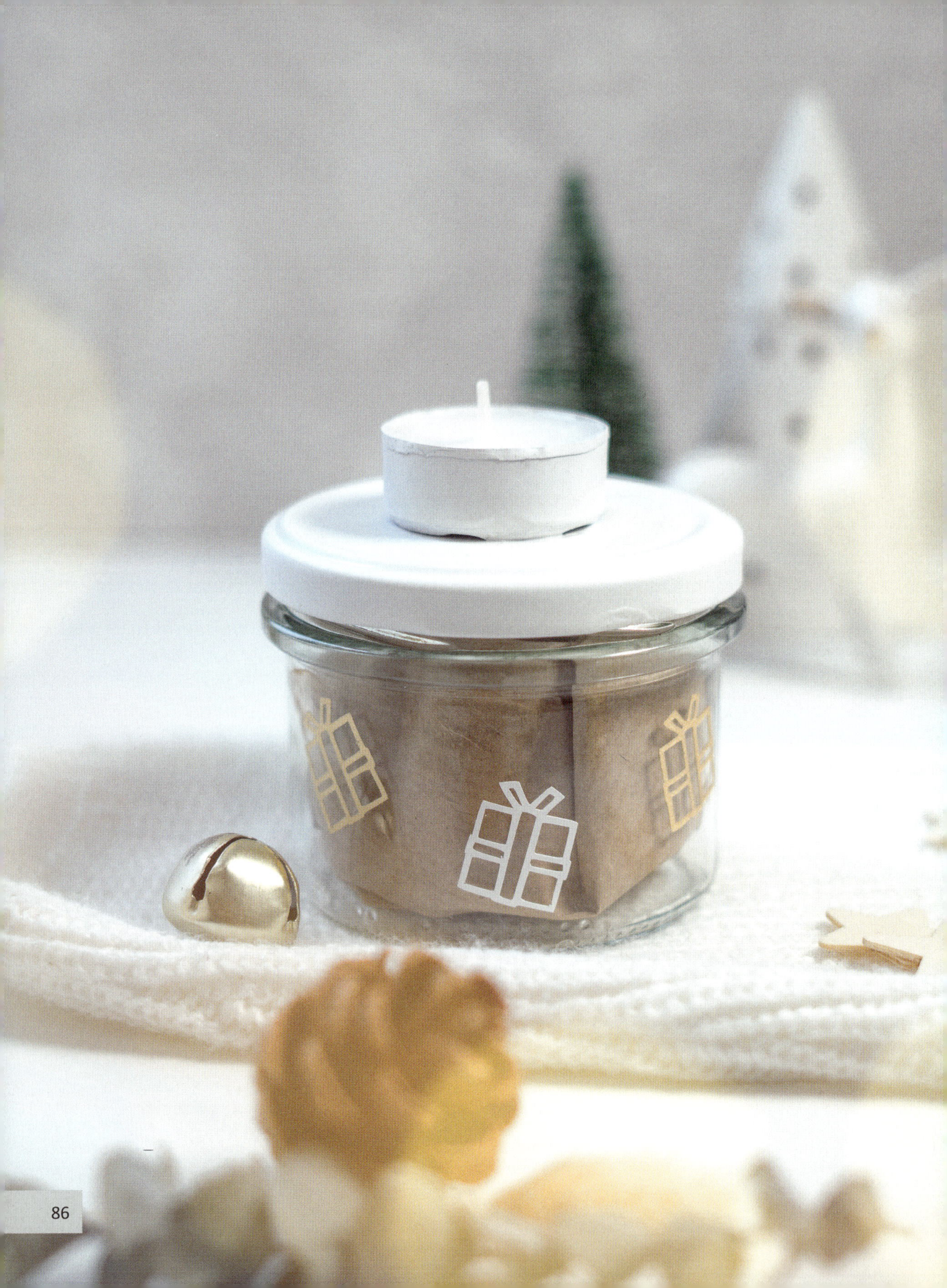

Geschenke für jeden Anlass

Geburtstag, Ostern, Weihnachten, Verpackung, Muttertag, Acrylanhänger, JGA, Oktoberfest

Reisebegleiter-Notizbuch

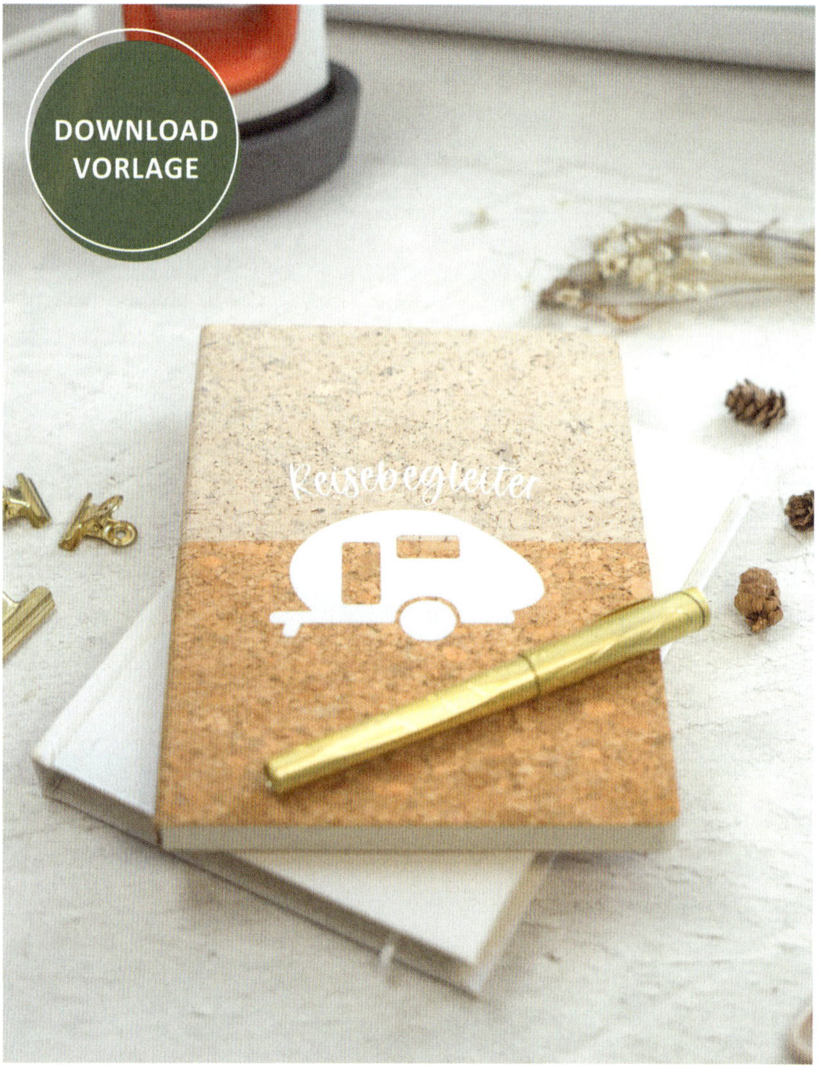

MATERIAL & WERKZEUG

- Gerät: Joy, Explore, Maker
- Notizbuch aus Kork
- Flexfolie in Weiß
- Transferpresse
- Entgitterwerkzeug
- Hitzeschutzmatte
- Schneidematte LightGrip
- Schrift: Augustine

HINWEIS:
Untergründe aus Kork können super mit Flexfolie und Wärme für ein lange anhaltendes Ergebnis bearbeitet werden.

SO GEHT´S

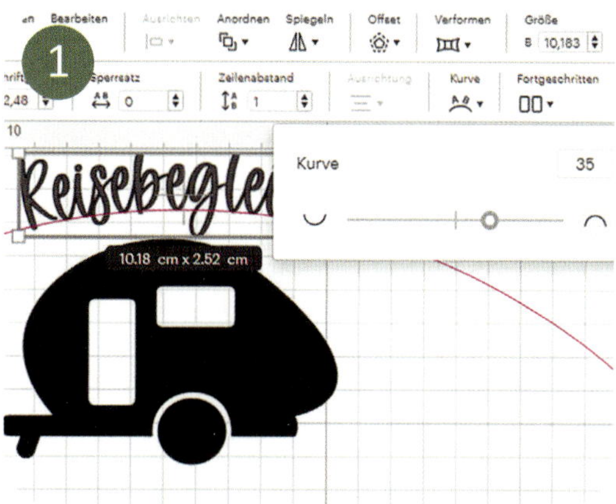

1. Füge ein Textfeld und die Datei über die linke Bearbeitungsleiste ein. Passe die Schriftart und -formatierung über die obere Leiste an. Wähle die Schrift aus und klicke in der oberen Leiste auf Kurve. Nun kannst du den Text krümmen. Markiere die Schrift und den Anhänger und verbinde diese.

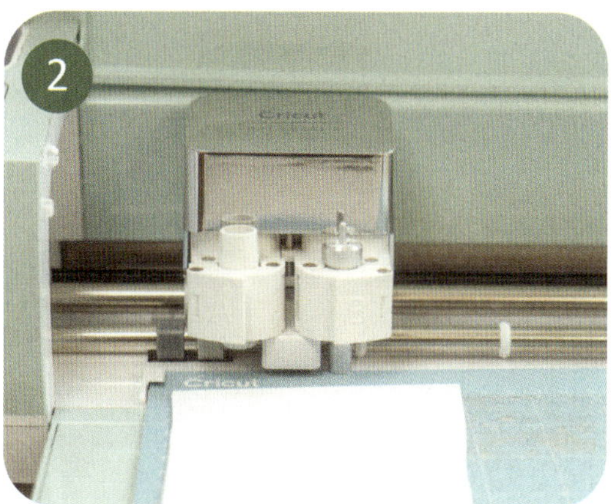

2. Lege die Flexfolie auf die Schneidematte und starte den Herstellungsprozess. Denke bei Flexfolie unbedingt an die Spiegelung des Motivs vor dem Schnitt. Mit dem Entgitterwerkzeug können nun alle Teile der Folie entfernt werden, die nicht benötigt werden.

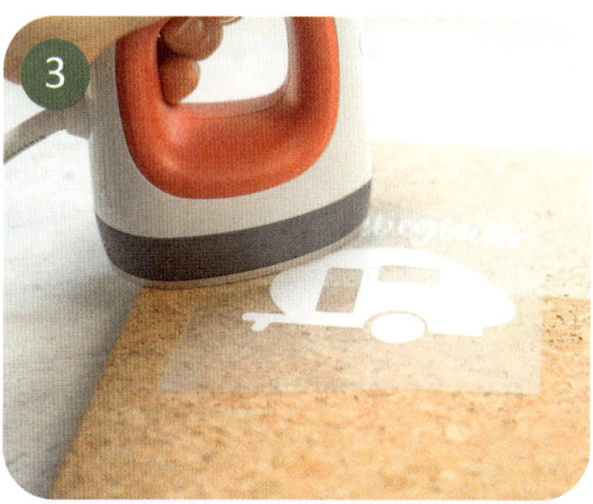

3. Lege das Trägermaterial inklusive Flexfolie auf das Notizbuch und übertrage es mit der Transferpresse. Angaben zur Pressdauer und -hitze findest du beim Folienhersteller. Nach dem Pressen kann das noch warme Trägermaterial vorsichtig entfernt werden.

Musikalisches Geschenk

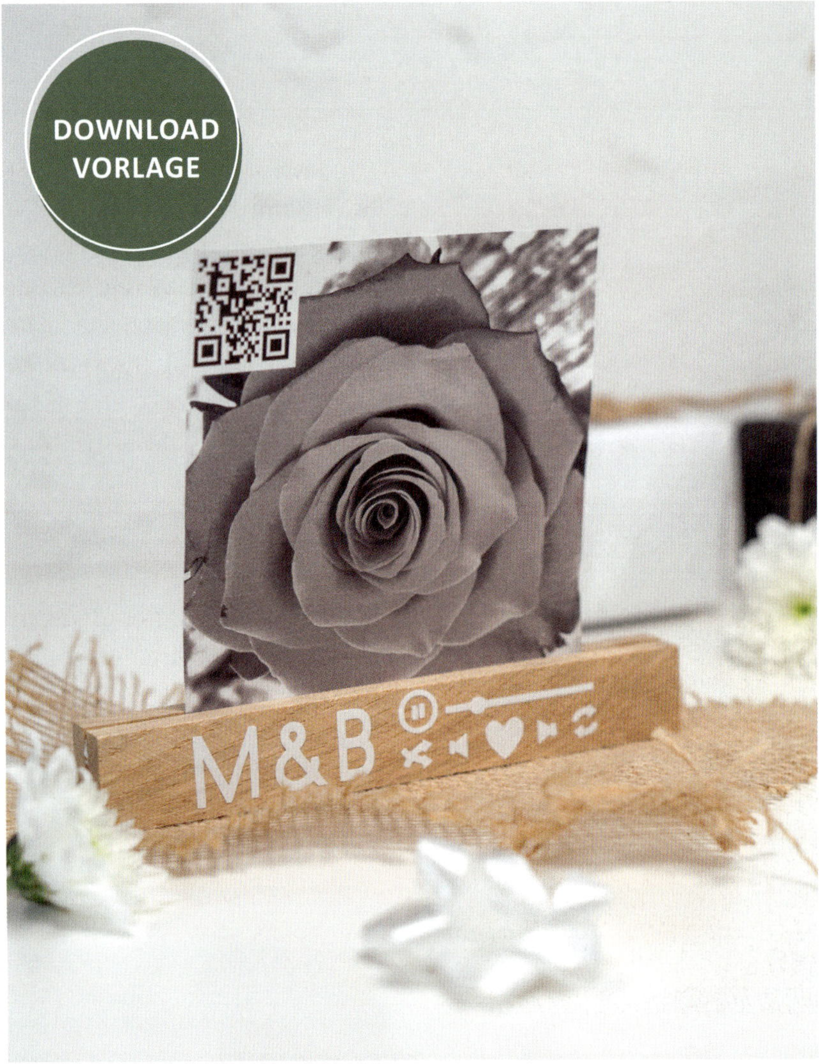

MATERIAL & WERKZEUG

- Gerät: Joy, Explore, Maker
- Holzklötzchen
- Flexfolie in Weiß
- Transferpresse
- Druckerpapier 400 g/m^2
- Drucker
- Entgitterwerkzeug
- Schneidematte LightGrip
- Schrift: Cricut Sans

HINWEIS:
Auf das Foto deiner Wahl kannst du einfach einen QR-Code zum Lieblingssong drucken lassen. QR-Code-Generatoren gibt es kostenlos im Internet.

SO GEHT´S

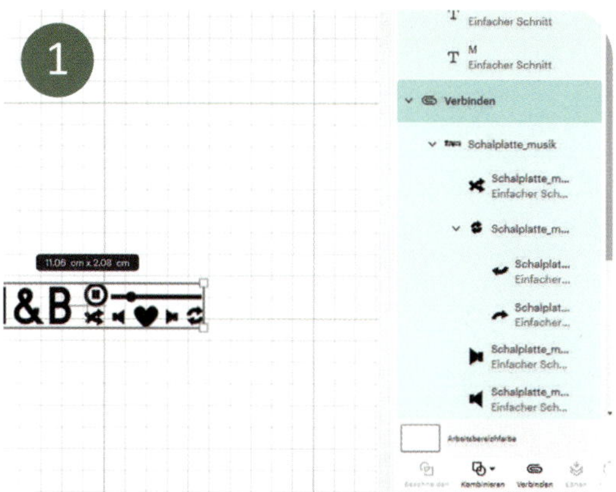

1. Die Downloaddatei wird zusätzlich noch mit einem personalisierten Text ergänzt. Diese wird über die linke Leiste eingefügt und über die obere Leiste angepasst. Positioniere die Datei und die Schrift zueinander, markiere alles und verbinde das komplette Motiv.

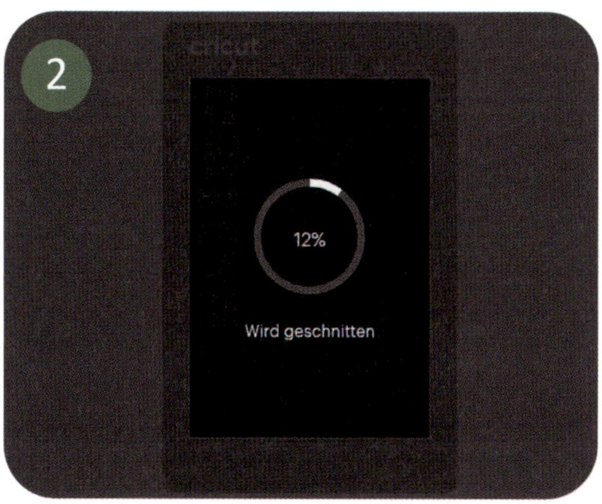

2. Starte den Herstellungsprozess und lass das komplette Motiv vom Gerät schneiden. Nach dem Schnitt wird alles entgittert und mit der Transferpresse auf das Holz übertragen.

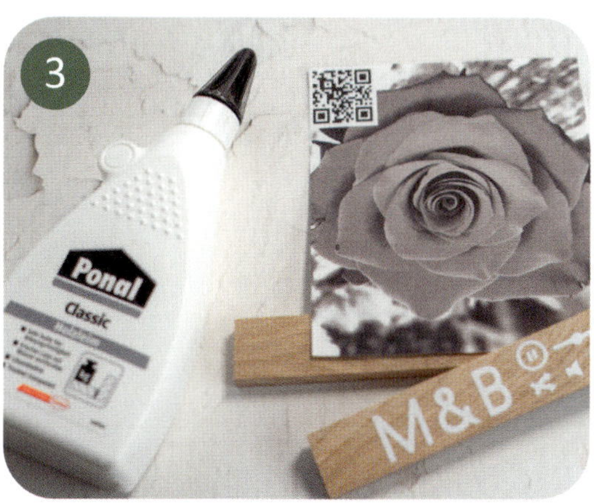

3. Drucke dein persönliches Foto auf ein Druckerpapier mit mindestens 400 g/m^2 oder einem Fotopapier mit dem QR-Code aus. Das ist notwendig, um anschließend ein stabiles Foto zu haben, das nicht umfällt. Klebe zwei Klötzchen am Rand links und rechts zusammen und schiebe das Foto oben in die Öffnung.

Geschenktüte mit Katze

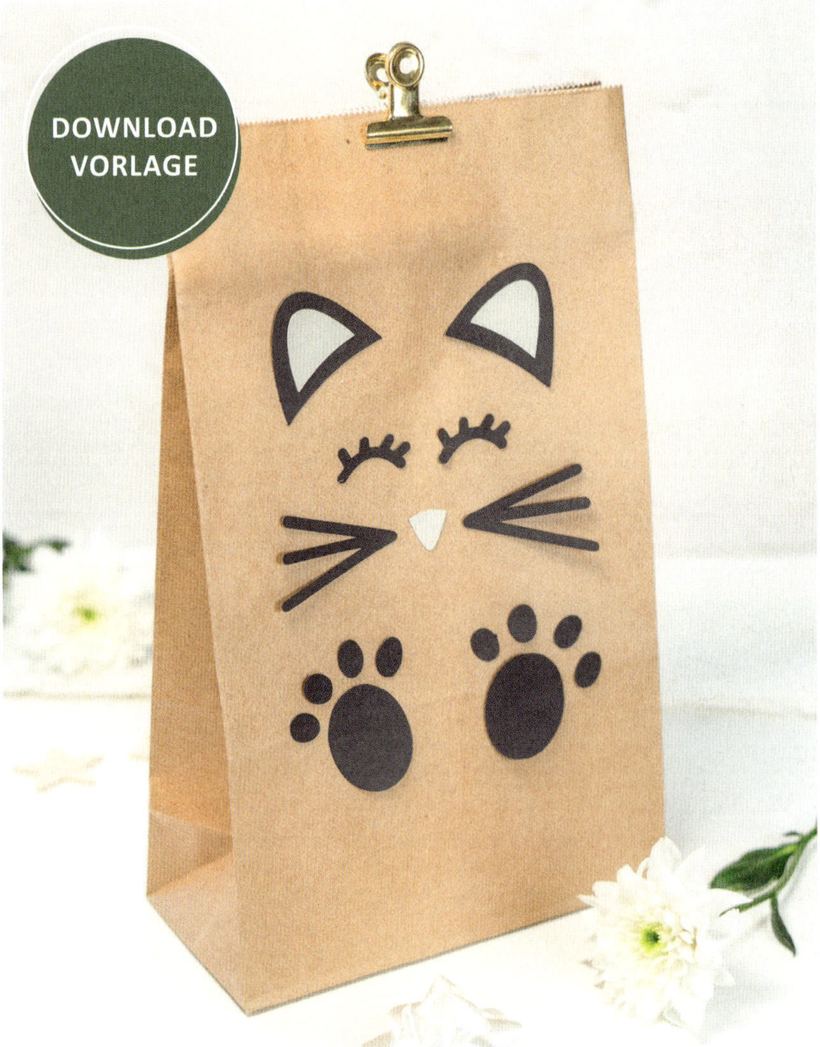

MATERIAL & WERKZEUG

- Gerät: Joy, Explore, Maker
- Papiertüte
- Papier in Schwarz und Weiß 300 g/m²
- Klebestift
- Lineal
- Entgitterwerkzeug
- Schneidematte LightGrip

HINWEIS:
Die Geschenktüte ist eine tolle Möglichkeit für Kinder, Katzenfreunde oder für Halloween, um Geschenke toll zu verpacken.

SO GEHT´S

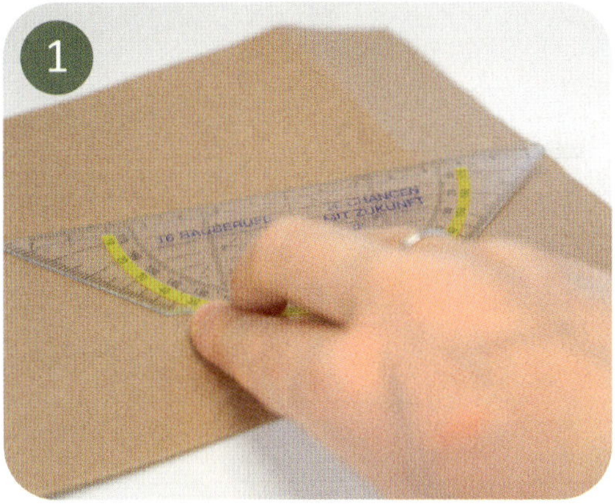

1. Miss deine Papiertüte zu Beginn mit einem Lineal aus und ermittle somit die passende Größe der Datei.

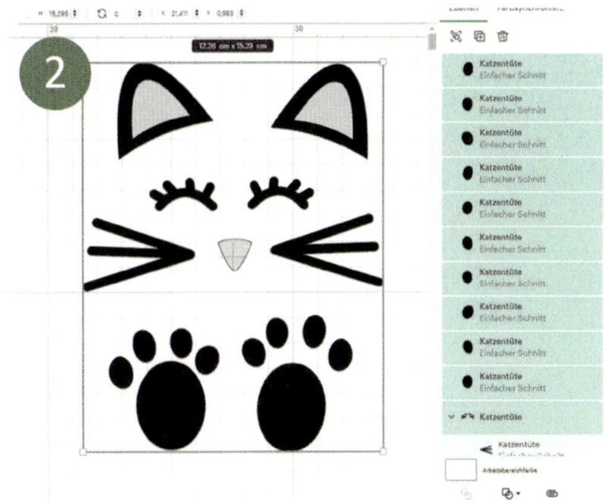

2. Die Downloaddatei wird über die linke Arbeitsleiste im Arbeitsbereich eingefügt. Markiere das komplette Motiv und passe es in der Größe an. Starte anschließend den Herstellungsprozess.

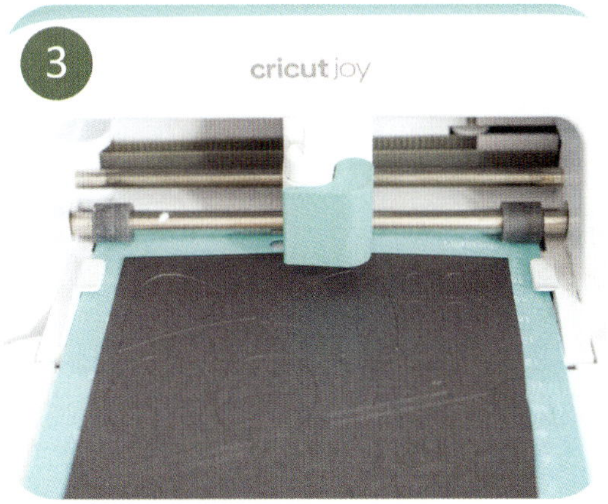

3. Lass alle Teile aus dem Papier ausschneiden. Das Design Space ordnet die Teile übrigens von selbst platzsparend auf der Schneidematte aus, wenn das Motiv nicht verbunden wurde. Anschließend werden alle Teile einzeln auf die Tüte mit einem Klebestift geklebt. Lass die Schnurhaare seitlich etwas abstehen.

Shirts für Junggesellinnenabschied

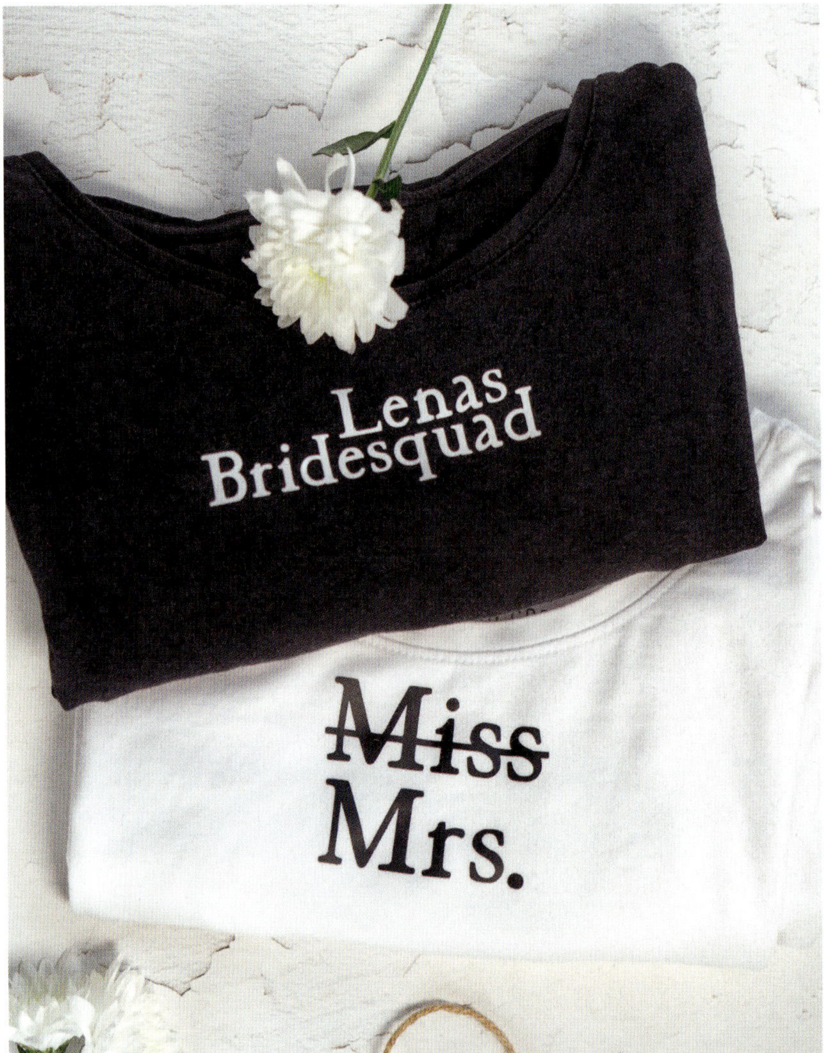

MATERIAL & WERKZEUG

- Gerät: Joy, Explore, Maker
- Shirts in Weiß und Schwarz
- Flexfolie in Weiß und Schwarz
- Transferpresse
- Entgitterwerkzeug
- Hitzeschutzmatte
- Schneidematte LightGrip
- Schrift: Cricut Classic

HINWEIS:
Shirts für einen Junggesellinenabschied kannst du ganz einfach selbst gestalten und diese mit Flexfolie auch noch personalisieren.

SO GEHT´S

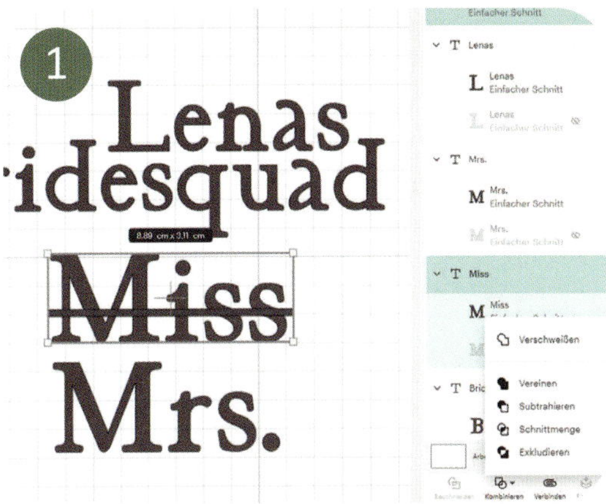

1. Füge drei Textfelder über die linke Arbeitsleiste ein. Schreibe deinen Text und passe den Sperrsatz sowie die Position der Texte an. Füge zudem ein einfaches Rechteck ein und ziehe es schmaler. Ziehe das Rechteck über den Text »Miss«. Markiere beides und vereine diese mit einem Rechtsklick. Markiere die jeweils zusammengehörigen Texte und verbinde diese.

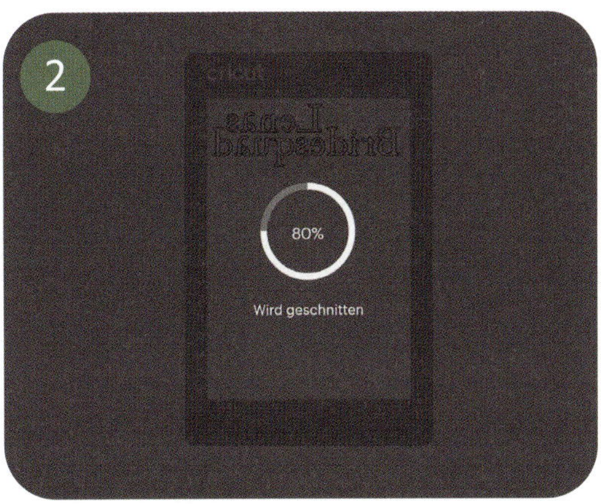

2. Wähle für die beiden Textbündel unterschiedliche Farben im Arbeitsbereich, um sie anschließend im Herstellungsprozess auf unterschiedlichen Schneidematten zu haben. Miss deine Shirts aus und passe die Motivgröße an. Das Motiv muss noch gespiegelt werden und wird dann vom Gerät geschnitten.

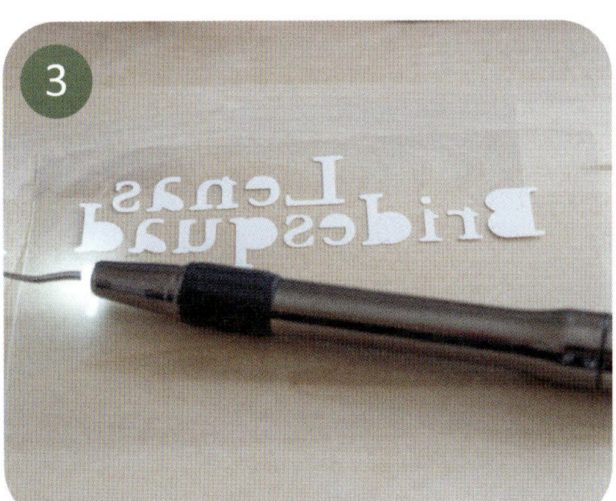

3. Entgittere die Schriften und übertrage diese mit der Transferpresse auf die Shirts.

Armbänder für Junggesellinnenabschied

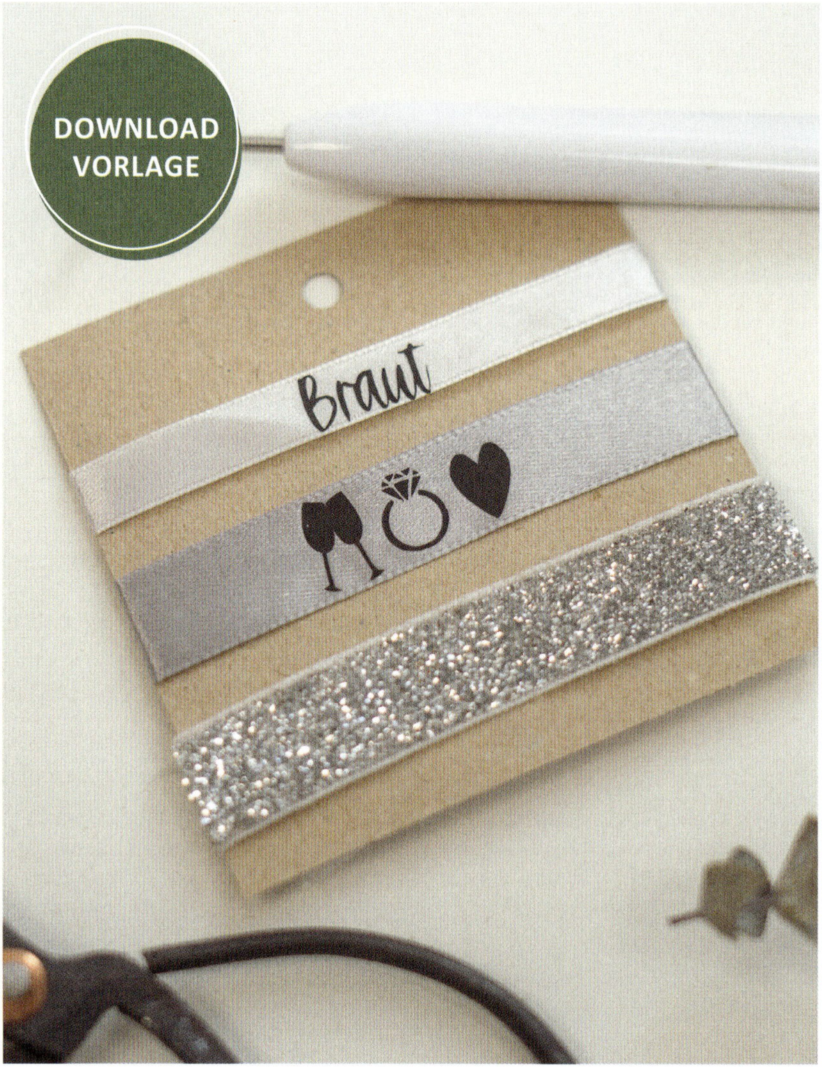

MATERIAL & WERKZEUG

- Gerät: Joy, Explore, Maker
- Festivalbänder
- Flexfolie in Schwarz
- Transferpresse
- Papier 300 g/m²
- Lineal
- Entgitterwerkzeug
- Hitzeschutzmatte
- Schneidematte LightGrip
- Schrift: Augustine

HINWEIS:
Festivalbänder gibt es fertig zu kaufen. Zum Beispiel online findest du eine große Auswahl. Du kannst sie auch aus einfachen Geschenkbändern selbst gestalten.

SO GEHT´S

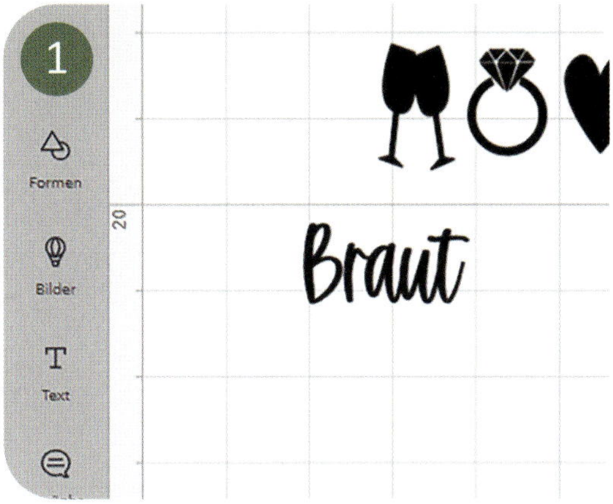

1. Die Datei und ein Textfeld werden über die linke Leiste eingefügt. Die Bänder können unterschiedliche Dicken haben, deshalb musst du diese unbedingt ausmessen und die Schrift sowie die Datei im Design Space anpassen.

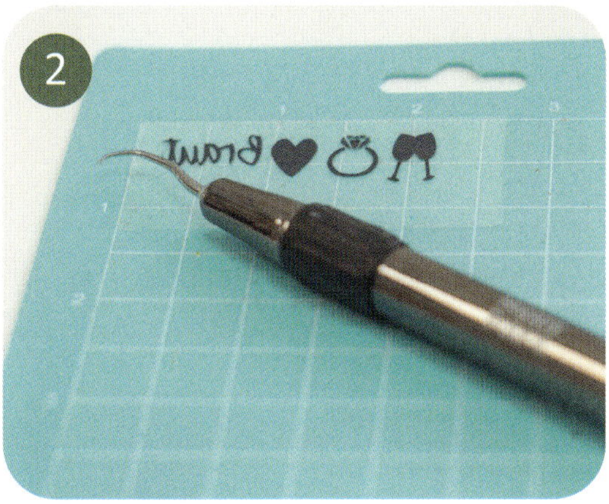

2. Das Motiv wird gespiegelt, und anschließend wird der Schnitt gestartet. Nach dem Schneiden wird das Motiv mit dem Entgitterwerkzeug von nicht notwendigen Teilen befreit.

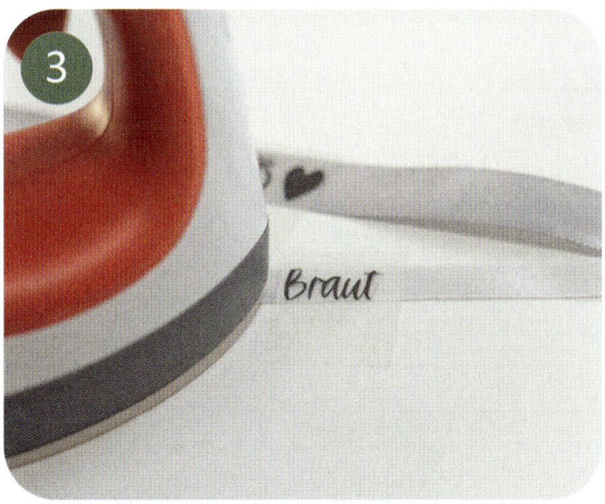

3. Übertrage die Flexfolie mit der Transferpresse vorsichtig auf die Bänder. Benutze hierfür unbedingt eine Hitzeschutzmatte als Untergrund.

Acrylschlüsselanhänger

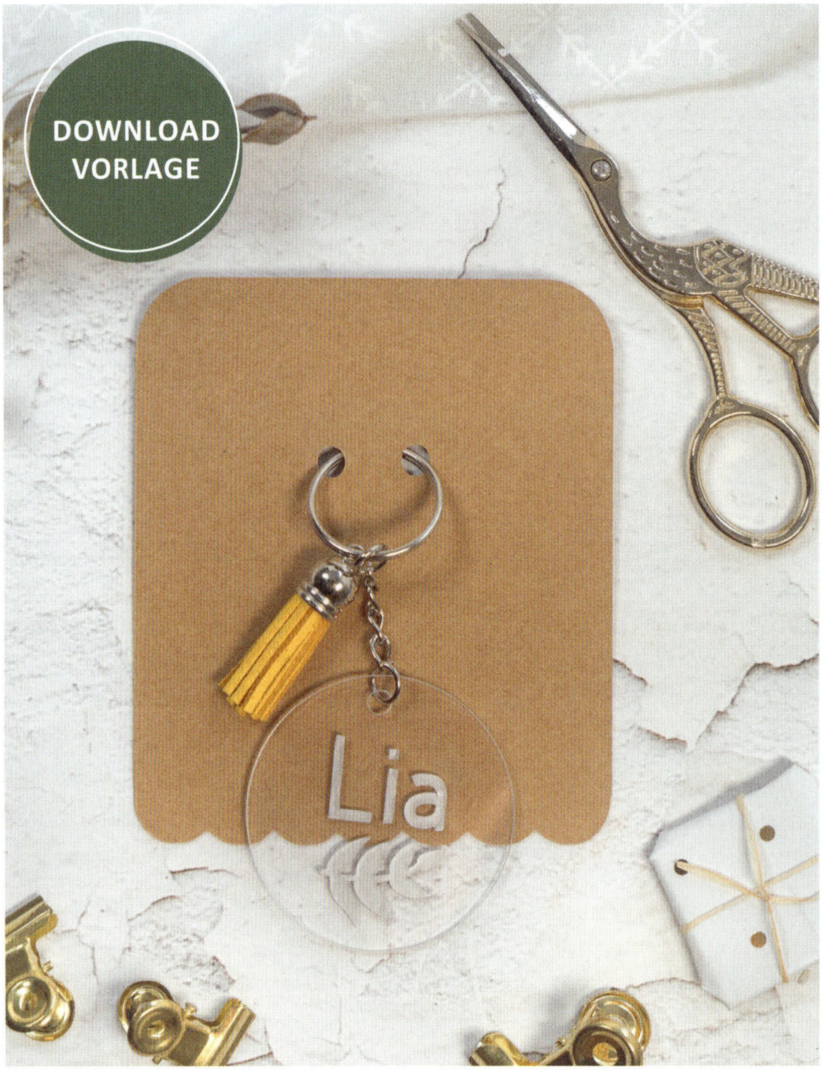

MATERIAL & WERKZEUG

- Gerät: Joy, Explore, Maker
- Acrylanhänger
- Vinylfolie in Silber
- Transferfolie
- Kraftpapier 300 g/m^2
- Schlüsselring
- Quaste
- Entgitterwerkzeug
- Schneidematte LightGrip
- Schrift: Cricut Sans

HINWEIS:
Der Rückseite des Acrylanhängers kannst du mit ein paar Pinselstrichen Acrylfarbe noch mal zu einem richtigen Hingucker verhelfen und ihn farblich noch mal aufpeppen.

SO GEHT´S

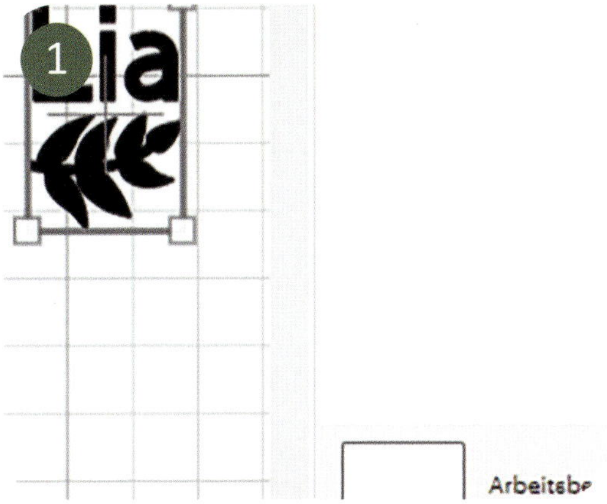

1. Als Datei erhälst du für dieses Projekt die Ranke und die Anbringung aus Papier. Den Text fügst du über die linke Bearbeitungsleiste im Design Space separat ein und personalisierst den Anhänger somit. Gegebenfalls musst du die Dateien noch in der Größe anpassen. Markiere die Schrift und die Ranke und verbinde diese miteinander.

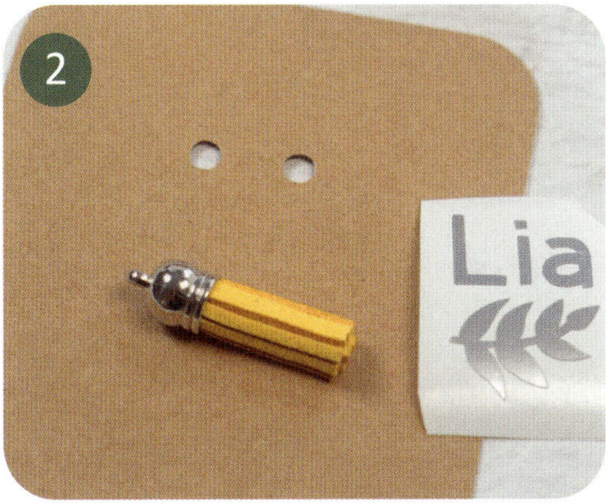

2. Starte den Herstellungsprozess und schneide das Papier und die Vinylfolie aus. Anschließend werden beide Objekte entgittert.

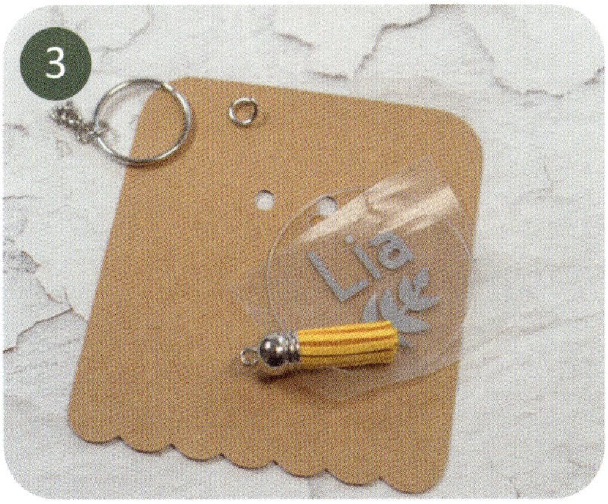

3. Lege auf die Vinylfolie nun eine Transferfolie und streife diese gegebenfalls noch mit einer Rakel oder Lineal fest. Das Transfermaterial und das Vinyl wird nun auf den Acrylanhänger gelegt und somit übertragen. Bau anschließend den kompletten Anhänger inkl. Schlüsselring und Quaste zusammen und befestige den Anhänger am Papieranbringer.

Muttertagsshirt

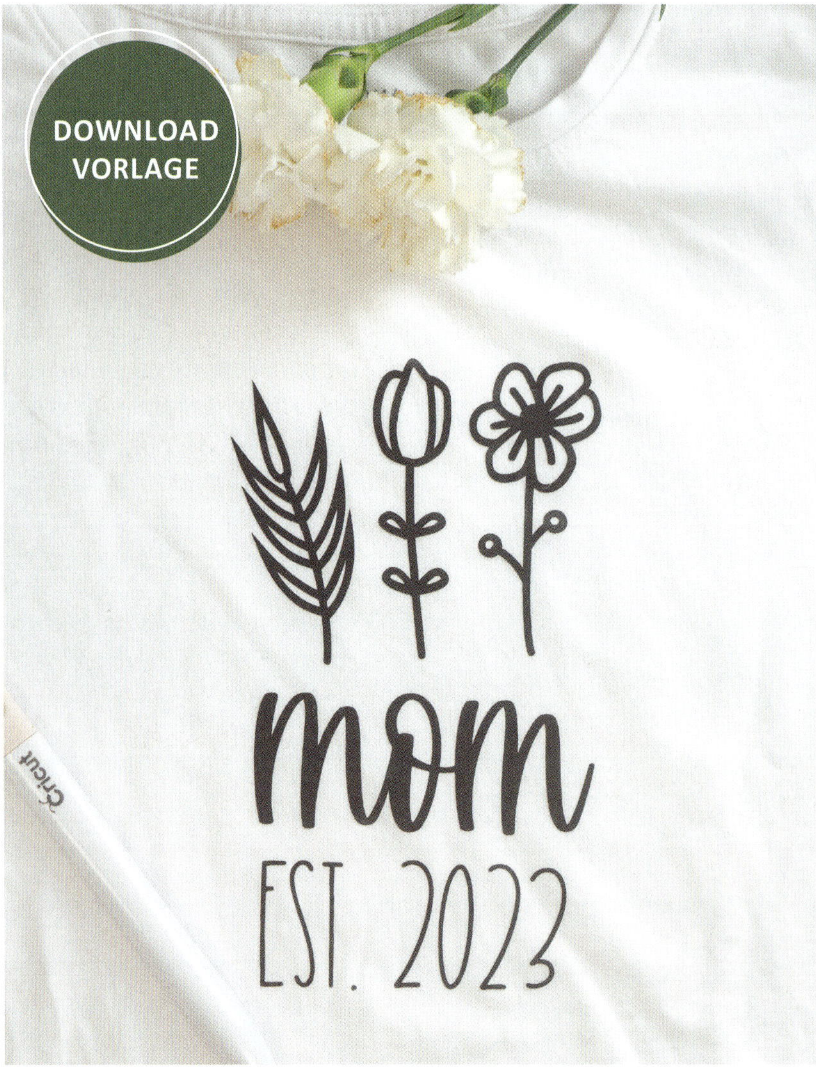

MATERIAL & WERKZEUG

- Gerät: Joy, Explore, Maker
- Shirt in Weiß
- Flexfolie in Schwarz
- Transferpresse
- Entgitterwerkzeug
- Hitzeschutzmatte
- Schneidematte LightGrip
- Schrift: Augustine und Apple Butter

HINWEIS:
Das Muttertagsshirt ist auch eine schöne Geschenkidee zur Geburt für eine Neumama. Nach Wunsch kannst du es auch mit Kindernamen personalisieren.

SO GEHT´S

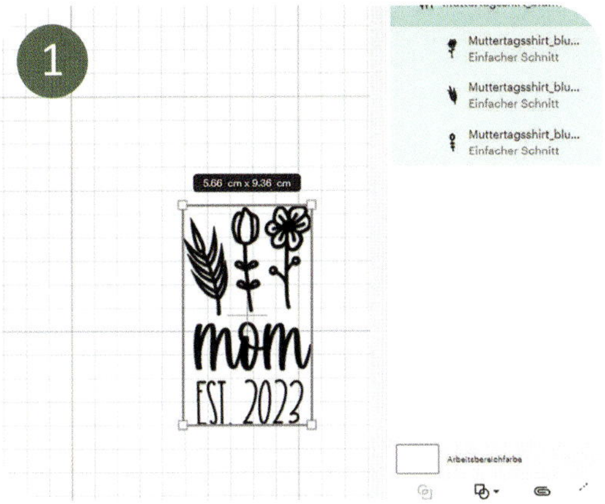

1. Die Blumen werden auf die Arbeitsfläche eingefügt. Füge zudem zwei Textfelder ein und passe diese jeweils an. Miss dein Shirt aus und passe die Größe im Programm an. Das komplette Motiv muss markiert werden und über einen Rechtsklick oder die rechte Bearbeitungsleiste verbunden werden.

2. Das Motiv wird nun noch gespiegelt. Starte den Herstellungsprozess und lass die Aufbügelfolie vom Gerät schneiden. Anschließend wird alles entgittert.

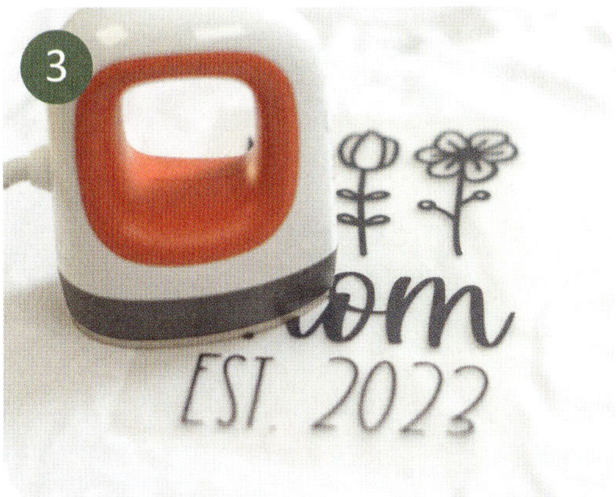

3. Lege das Shirt auf eine Hitzeschutzmatte. Positioniere das Motiv auf dem Stoff und übertrage es mit der Transferpresse. Es kann sowohl die EasyPress Mini als auch die große EasyPress verwendet werden. Achte für ein optimales Ergebnis darauf, dass die Presse lediglich aufgelegt und nicht wie ein Bügeleisen über den Stoff geschoben wird.

Shirt mit kleinen Weingläsern

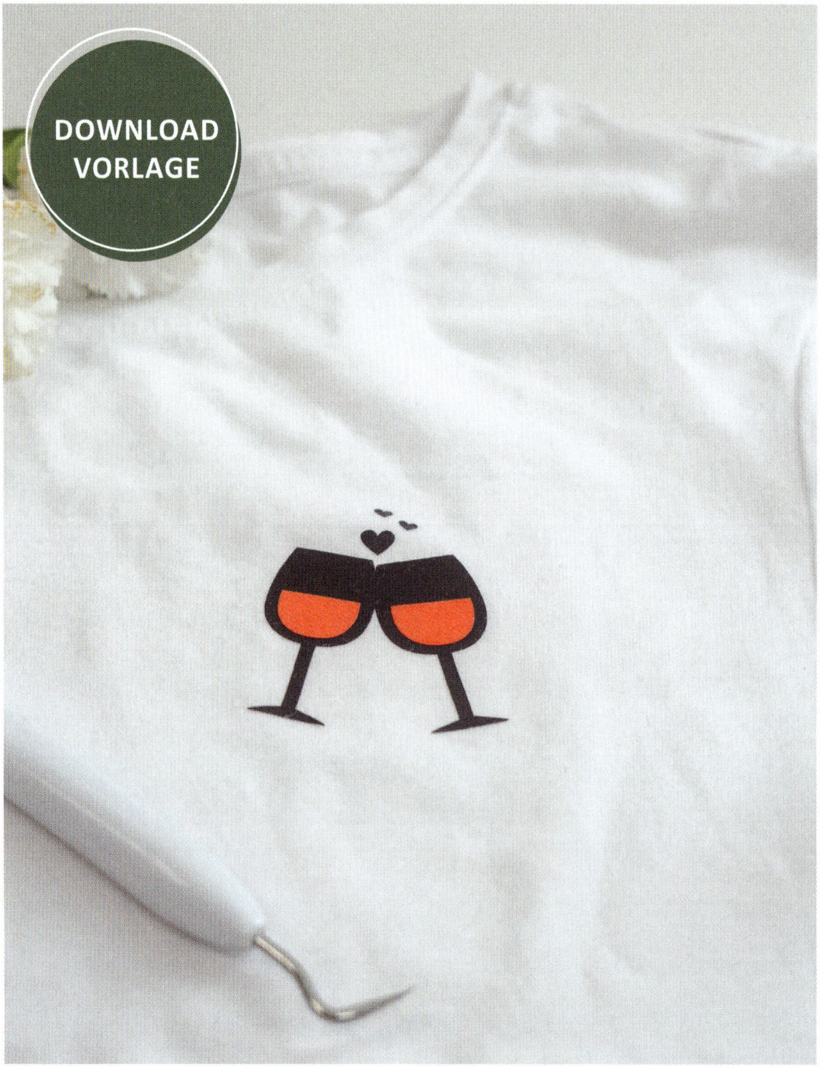

MATERIAL & WERKZEUG

- Gerät: Joy, Explore, Maker
- Shirt in Weiß
- Flexfolie in Schwarz und Rot
- Transferpresse
- Entgitterwerkzeug
- Hitzeschutzmatte
- Schneidematte LightGrip

HINWEIS:
Das Shirt ist eine tolle Geschenkidee für wahre Weinfans. Mit der Datei kannst du zum Beispiel auch eine Geschenkkarte oder einen Anhänger für eine Weinflasche zaubern.

SO GEHT´S

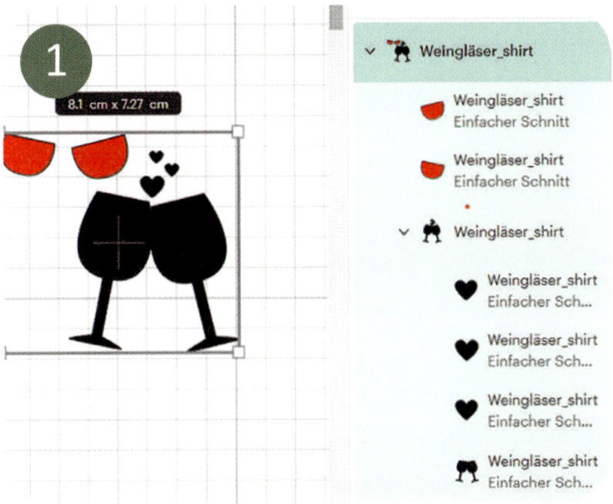

1. Füge die Downloaddatei ein, miss die gewünschte Größe auf dem Shirt aus und passe die Größe im Design Space nach Belieben an. Markiere die Gläser und die Herzen und klicke auf verbinden.

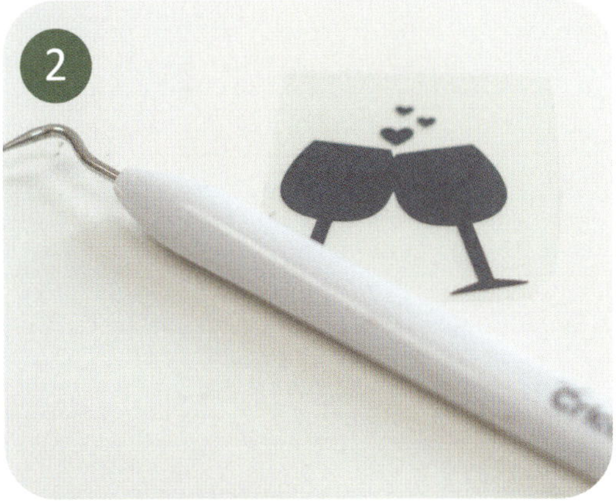

2. Das Motiv wird nun gespiegelt, geschnitten und anschließend mit dem Entgitterwerkzeug entgittert.

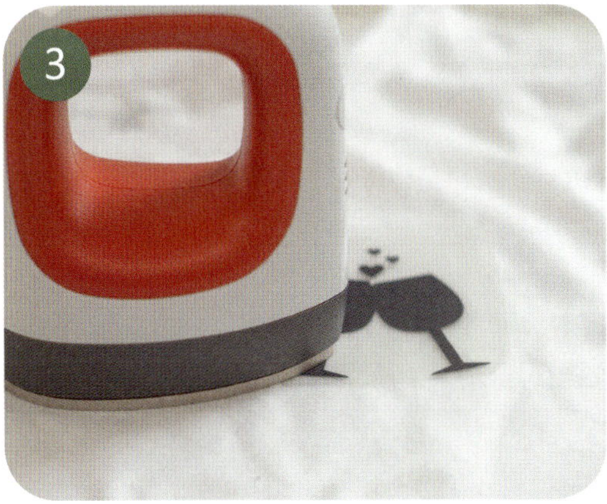

3. Lege das Shirt auf eine Hitzeschutzmatte und übertrage zuerst die schwarze Flexfolie. Hierbei reicht es, wenn die Folie erst einmal leicht auf dem Shirt hält. Entferne vorsichtig die Trägerfolie. Lege dann die rote Flexfolie auf und übertrage alles, bis es gut hält. Entferne die Trägerfolie vorsichtig.

Einladung in Dose

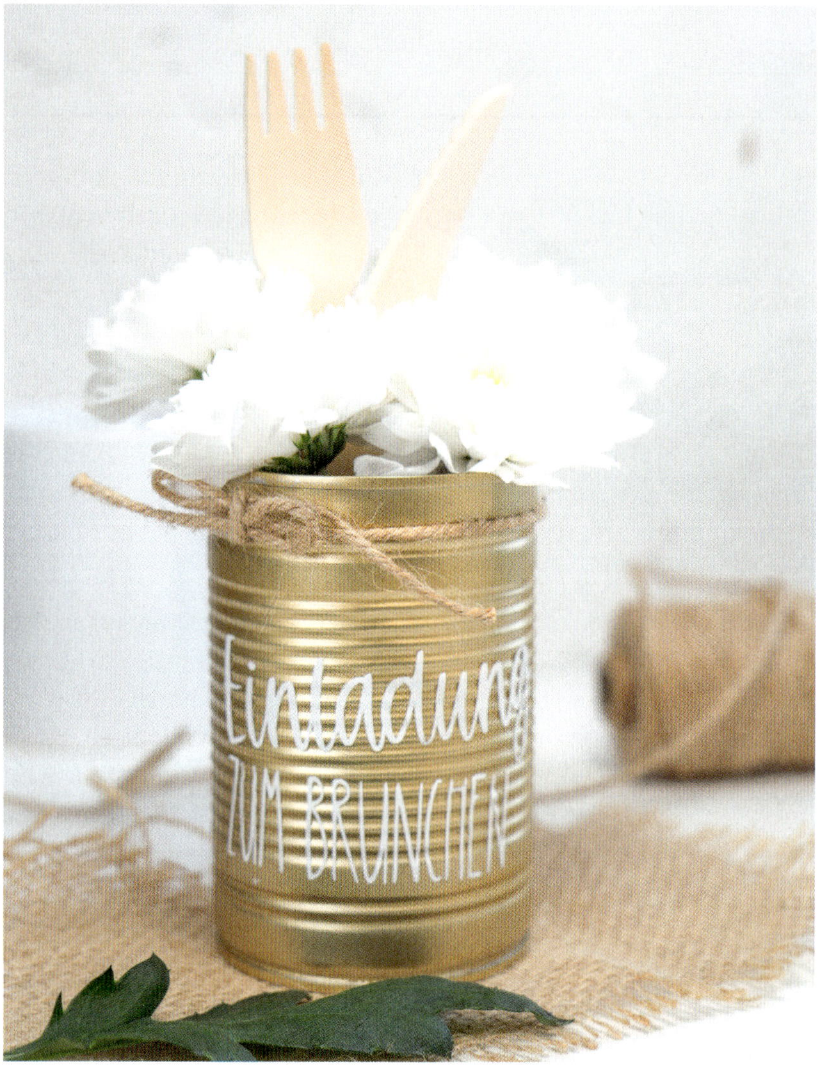

MATERIAL & WERKZEUG

- Gerät: Joy, Explore, Maker
- Dose
- Blumen
- Holzbesteck
- Schmuckband
- Sprühfarbe in Gold
- Vinylfolie in Weiß
- Transferfolie
- Entgitterwerkzeug
- Schneidematte LightGrip
- Schrift: Augustine und Apple Butter

HINWEIS:
Lass die Sprühfarbe unbedingt gut trocknen, bevor du die Transferfolie mit der Vinylfolie auflegst. Ansonsten können beim Abziehen Teile der Farbe abgehen.

SO GEHT´S

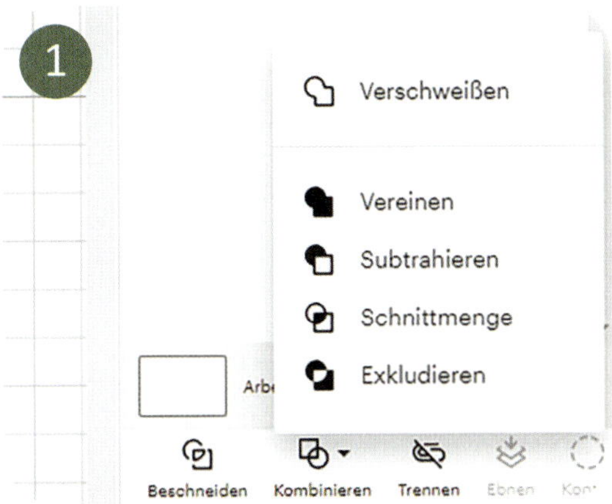

1. Füge im Design Space zwei Textfelder ein und passe diese über die obere Leiste an. Klicke die geschwungene Schrift »Einladung« an und vereine diese. Somit wird das komplette Wort in einem geschrieben und nicht die einzelnen Buchstaben. Markiere beide Textfelder und verbinde sie.

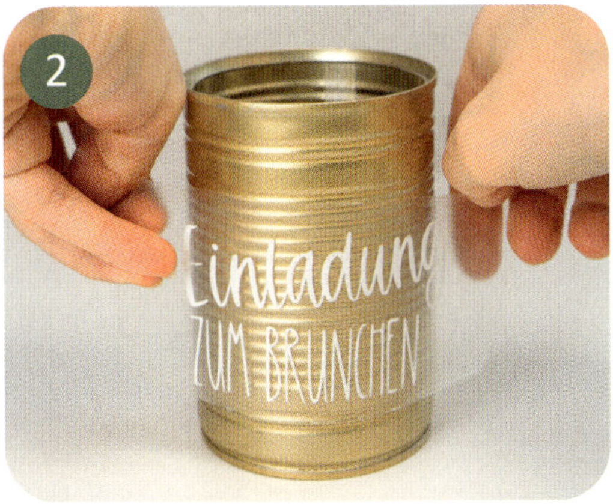

2. Besprühe die Dose mit Goldlack und lass diese gut trocknen. Starte den Herstellungsprozess und lass die Vinylfolie vom Gerät schneiden. Entgittere diese nach dem Schnitt und streife eine Transferfolie auf. Mit dieser kannst du die Schrift nun auf die Dose übertragen.

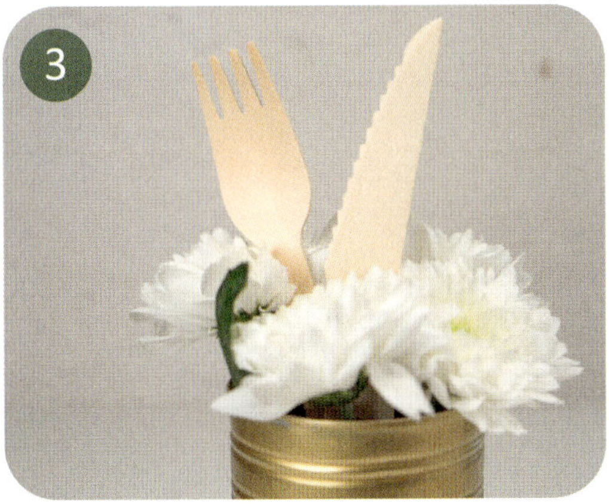

3. In die Dose werden nun noch ein paar Blumen gesteckt. Diese kannst du einfach mit der Wurzel und Erde einbauen. Anschließend wird mittig noch eine Holzgabel und ein Holzmesser gesteckt. Um die Dose kannst du noch ein Schmuckband wickeln und mit einer Schleife verschließen.

Glas für Zahnfee

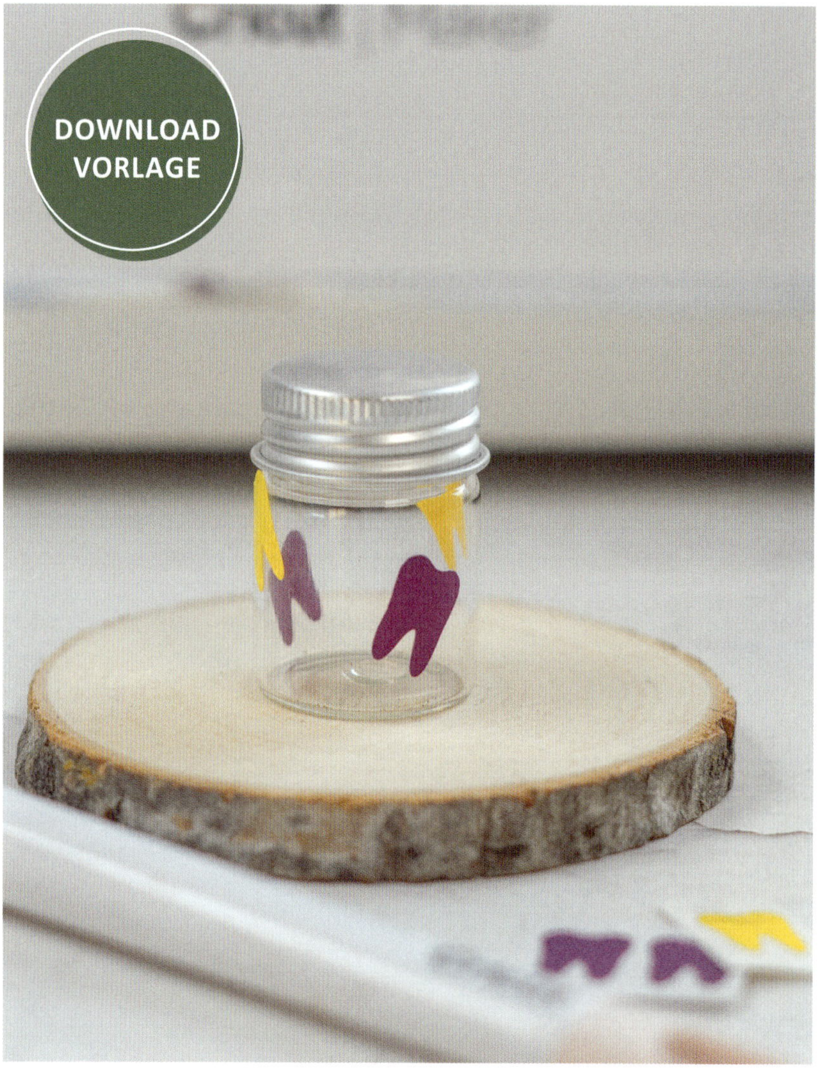

MATERIAL & WERKZEUG

- Gerät: Joy, Explore, Maker
- Kleines Glas mit Deckel
- Vinylfolie in Gelb und Lila
- Entgitterwerkzeug
- Schneidematte LightGrip

HINWEIS:
Die Milchzähne können der Zahnfee in einem kleinen Glas oder einem kleinen Beutel übergeben werden. Auf Stoff kannst du die Zähne mit Flexfolie aufpressen.

SO GEHT´S

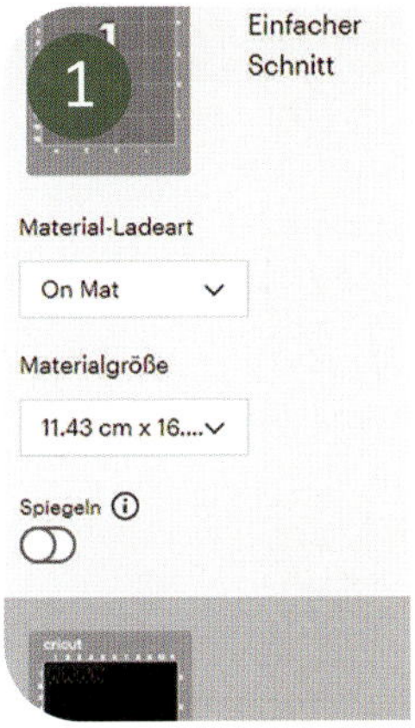

1. Füge die Downloadvorlage des Zahns ein und kopiere diese so oft, wie du sie übertragen möchtest. Klicke einzelne Zähne im Design Space an und passe die Farbe in der oberen Leiste an. Somit werden die Zähne auf unterschiedliche Schneidematten vom Programm gelegt.

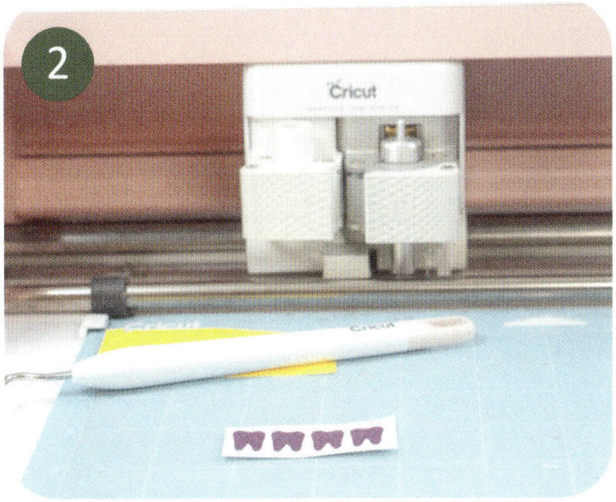

2. Schneide die Vinylfolie mit dem Gerät aus und entferne die überschüssige Folie mit einem Entgitterwerkzeug.

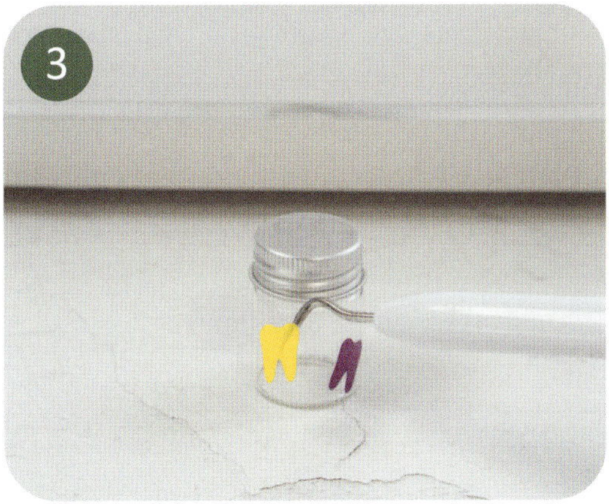

3. Klebe die Zahnsticker auf dein Glas auf. Das Entgitterwerkzeug kann dir hierbei helfen.

Kleines Dankeschön in der Tüte

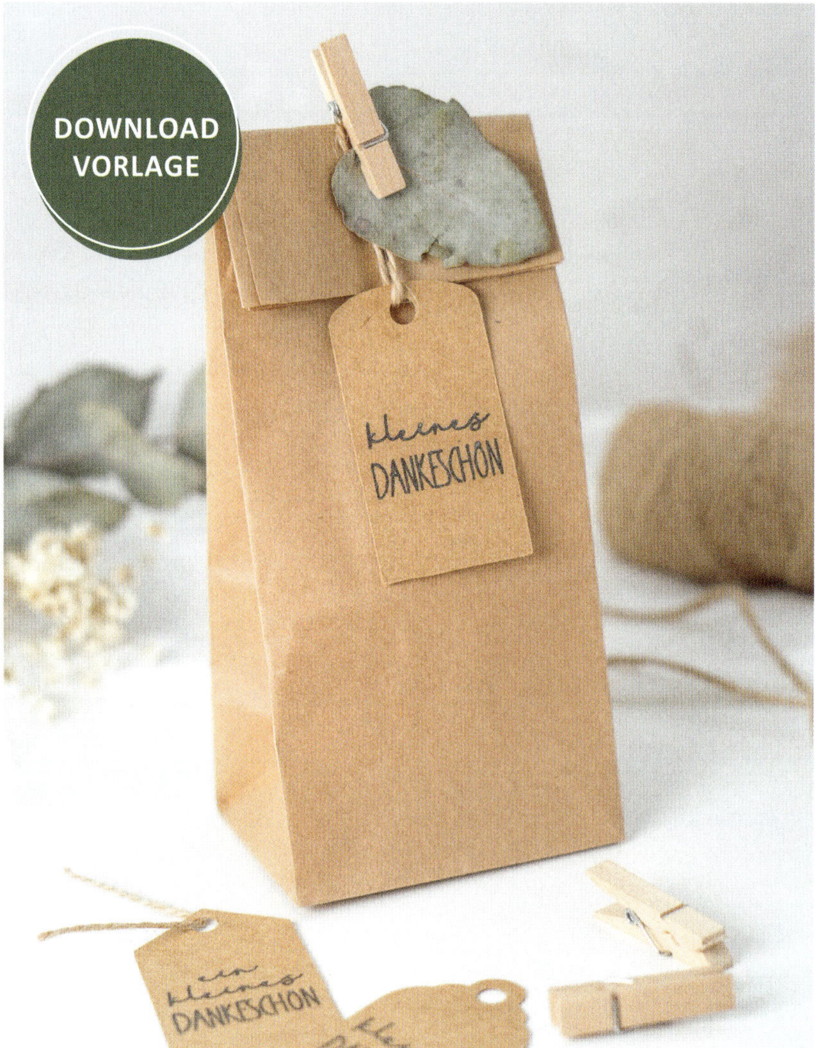

MATERIAL & WERKZEUG

- Gerät: Joy, Explore, Maker
- Papiertüte
- Eukalyptusblatt
- Klammer
- Kraftpapier 300 g/m^2
- Stift
- Schmuckband
- Schneidematte LightGrip
- Schrift: BFC Fancy Rudolph und Alyssa Stencil Script

HINWEIS:
Kleine Geschenkanhänger können gleich in größeren Mengen hergestellt werden. So bist du für den Fall der Fälle immer vorbereitet.

SO GEHT´S

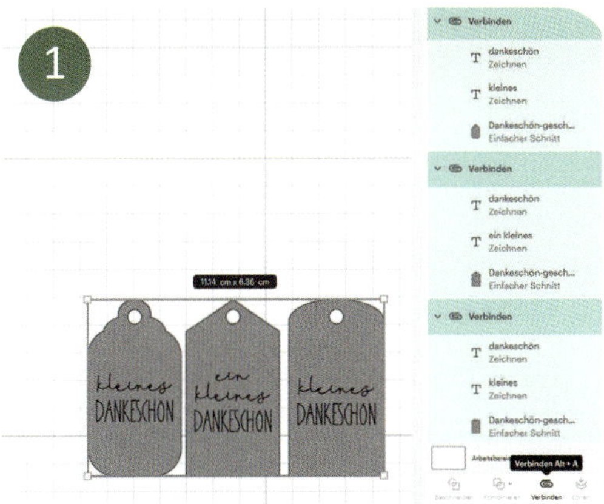

1. Füge die Anhängerdatei ins Design Space ein und erstelle zwei Textfelder. Passe den Sperrsatz, die Größe und die Positionierung der Schrift an. Markiere die einzelnen Anhänger inklusive Schrift und klicke auf verbinden.

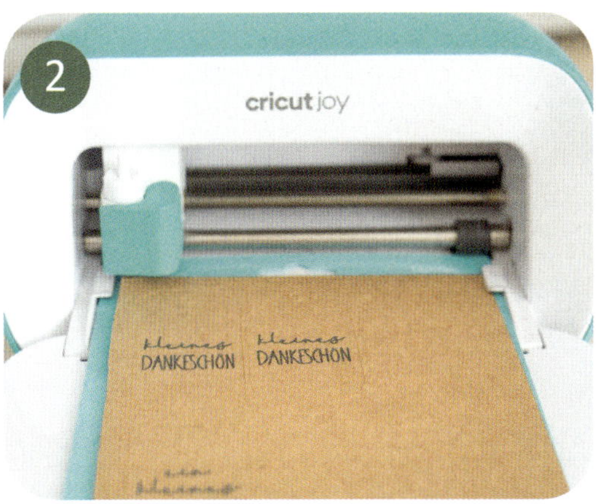

2. Lege das Papier auf die Schneidematte und starte den Herstellungsprozess. Lass die Anhänger vom Gerät schreiben und schneiden.

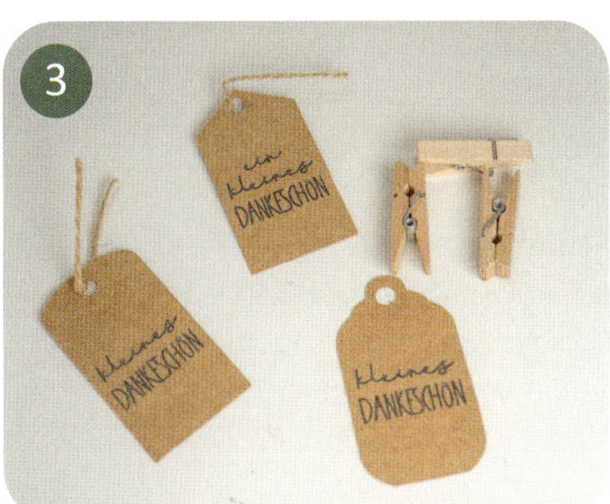

3. Das Schmuckband kann nun durch die Aufhängung gefädelt werden und der Anhänger inklusive einem getrockneten Eykalyptusblatt mit einer Holzklammer an der Tüte befestigt werden. Die Öffnung der Tüte kannst du vorher noch einmal umknicken, um den Inhalt vor dem Herausfallen zu schützen.

Armbänder Oktoberfest

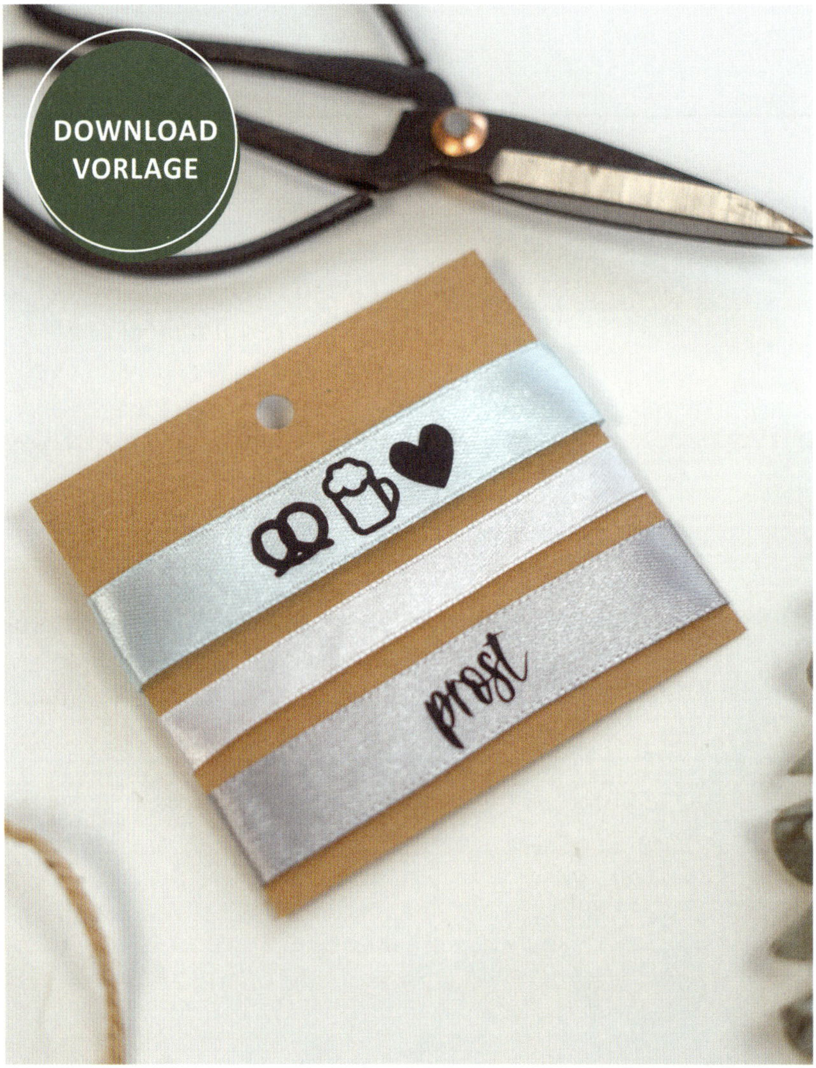

MATERIAL & WERKZEUG

- Gerät: Joy, Explore, Maker
- Festivalbänder
- Flexfolie in Schwarz
- Transferpresse
- Papier 300 g/m^2
- Entgitterwerkzeug
- Hitzeschutzmatte
- Schneidematte LightGrip
- Schrift: Augustine

HINWEIS:
Denke beim Schnitt von Aufbügelfolien immer an die Spiegelung des Motivs. Du kannst direkt im Arbeitsbereich oder im Herstellungsprozess spiegeln.

SO GEHT´S

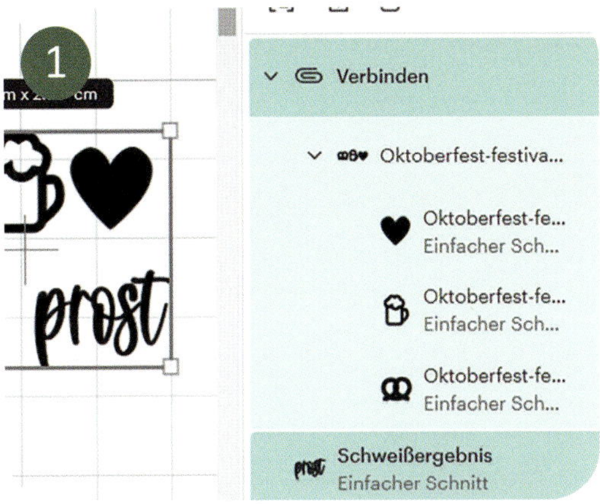

1. Miss die Festivalbänder ab, füge den Text und die Downloadvorlage ein und passe die Größe jeweils auf das Festivalband an. Klicke die Schrift an und wähle ganz unten vereinen in der rechten Bearbeitungsleiste. Die Brezel, die Maß und das Herz werden zusammen markiert und dann auf verbinden klicken.

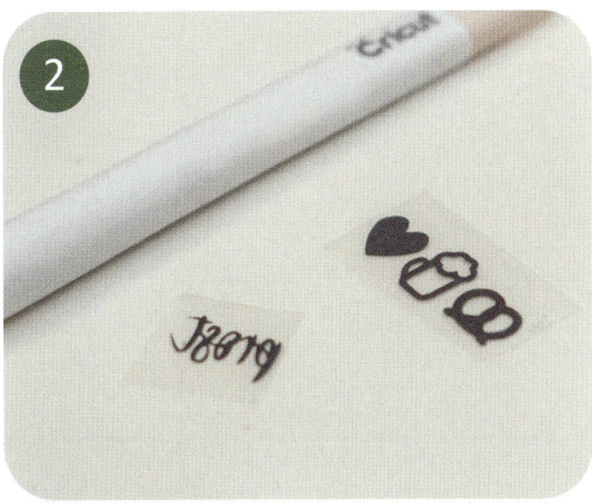

2. Das Motiv wird im Design Space nun gespiegelt. Starte den Schnitt und entgittere anschließend das Motiv mit einem Entgitterwerkzeug.

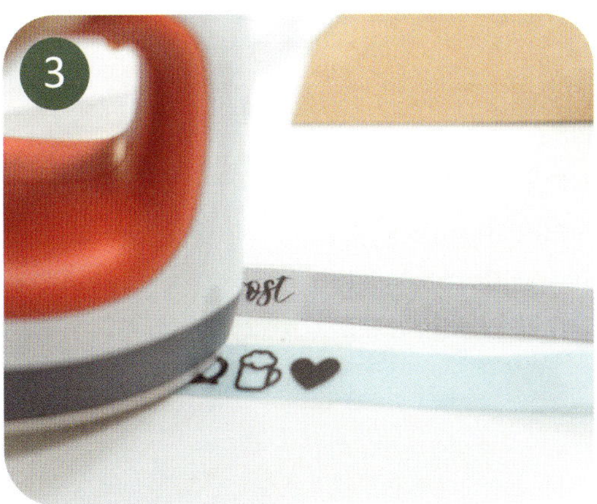

3. Lege die Bänder auf eine Hitzeschutzmatte und übertrage die Flexfolie vorsichtig. Entferne nach dem Übertragen vorsichtig die Trägerfolie.

Oktoberfest-Cupcake

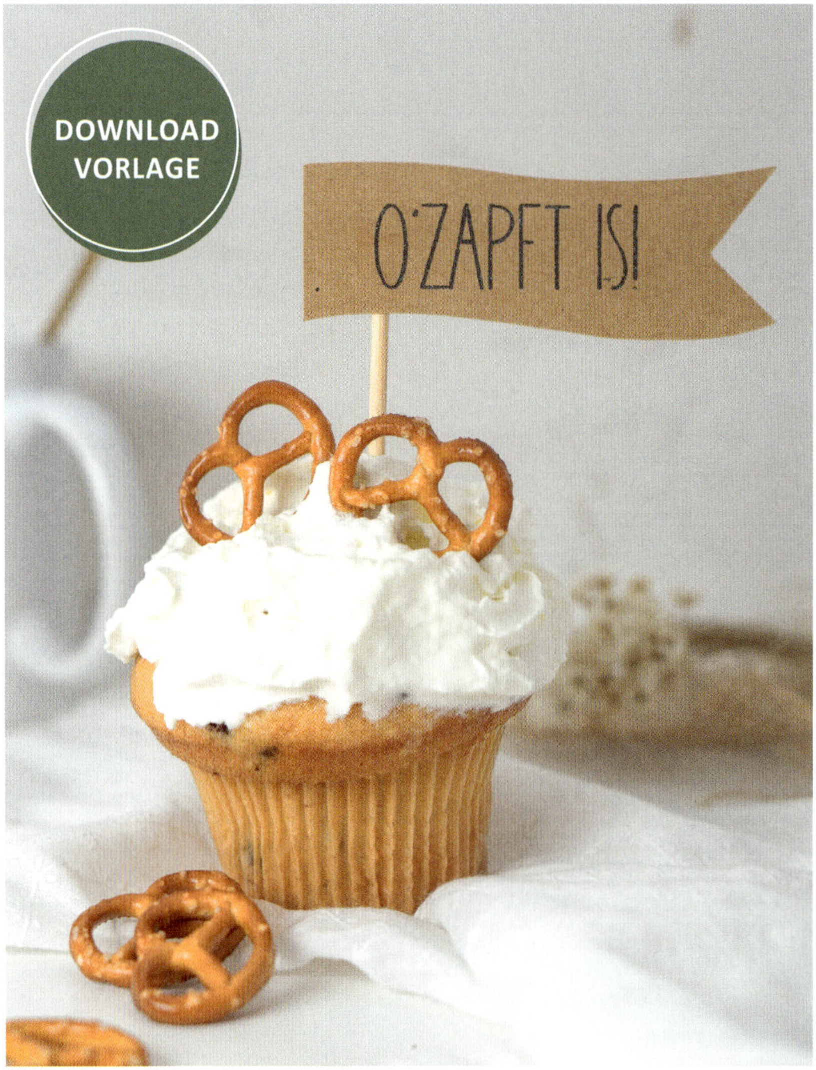

MATERIAL & WERKZEUG

- Gerät: Joy, Explore, Maker
- Cupcake
- Kraftpapier 300 g/m²
- Holzstäbchen
- Kleber
- Salzbrezeln
- Entgitterwerkzeug
- Schneidematte LightGrip
- Schrift: BFC Fancy Rudolph

HINWEIS:
Die Größe des Fähnchens kann nach Belieben variieren. Halte gerne einfach ein Lineal über den Muffin und ermittle so die passende Größe für dein Gebäck.

SO GEHT´S

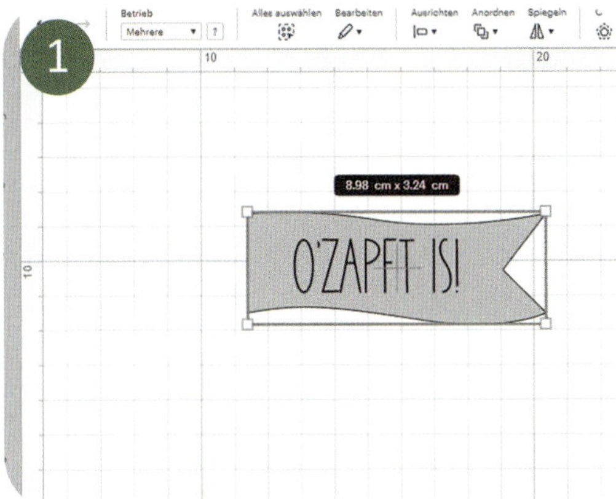

1. Füge die Fahne ins Design Space ein und passe die Größe an. Das eingefügte Textfeld wird auf die Fahne gezogen und der Text entsprechend angepasst. Klicke auf die Schrift und stelle den Betrieb auf Stift um. Wähle die Schrift inklusive Fahne aus und verbinde alles über den Rechtsklick.

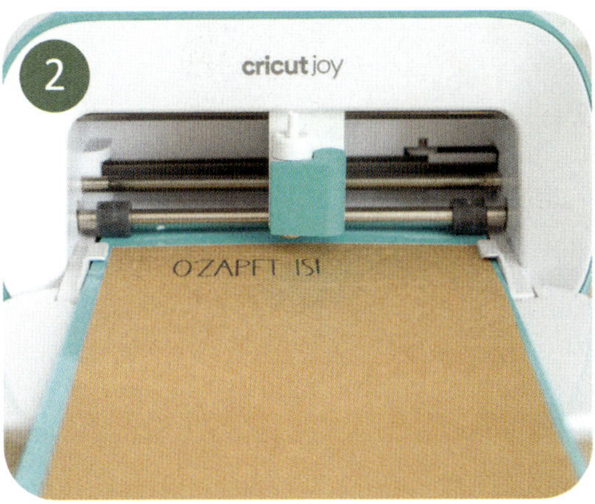

2. Lege das Papier auf die Schneidematte und starte das Gerät. Lass das Fähnchen vom Gerät schreiben und schneiden. Anschließend wird die Matte vorsichtig vom Papier entfernt, um Beschädigungen zu vermeiden.

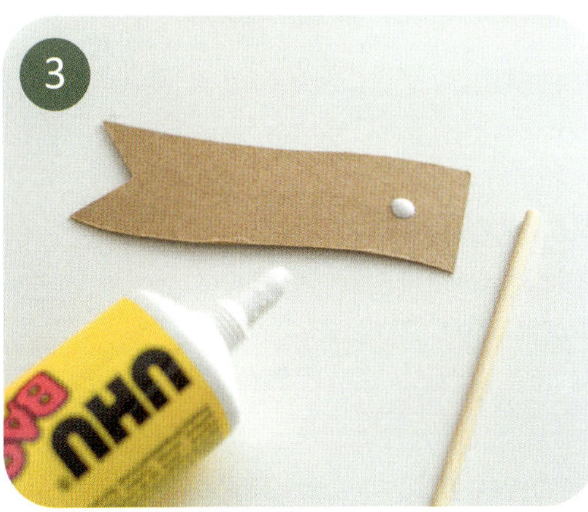

3. Nimm dir ein kleines Holzstäbchen und klebe das Fähnchen mit einem Klebepunkt auf. Der Holzstab mit der Fahne wird anschließend in den Muffin gesteckt.

Geschenktasche zur Rente

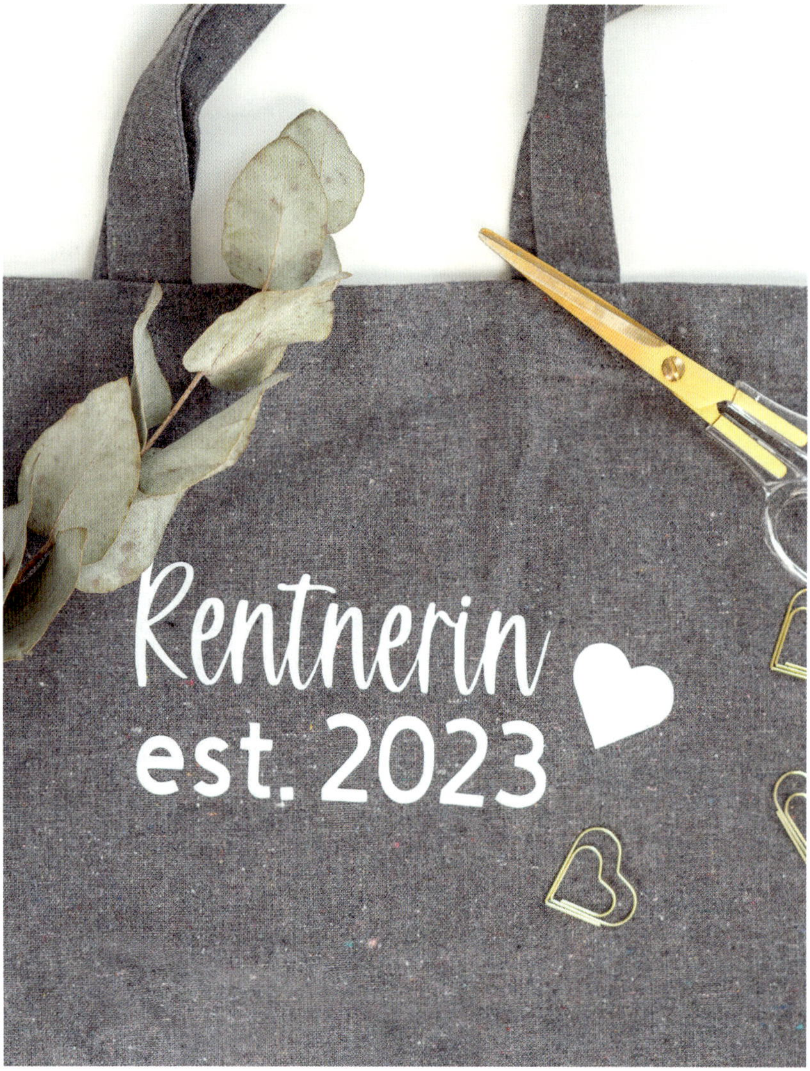

MATERIAL & WERKZEUG

- Gerät: Joy, Explore, Maker
- Tasche
- Flexfolie in Weiß
- Transferpresse
- Hitzeschutzmatte
- Entgitterwerkzeug
- Schneidematte LightGrip
- Schrift: Cricut Sans und Augustine

HINWEIS:
Mit einer Einkaufstasche ist man sicher gut gewappnet für die Rente. Gegebenenfalls kannst du die Schrift noch mit einem Namen oder Ähnlichem personalisieren.

SO GEHT´S

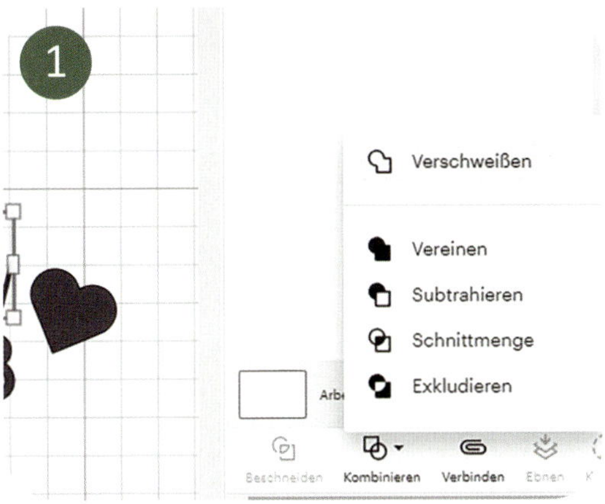

1. Füge über die rechte Bearbeitungsleiste zwei Textfelder ein und passe diese entsprechend an. Füge zudem ein Herz über den Formen ein. Markiere den geschwungenen Text »Renterin« und klicke in der rechten Leiste auf vereinen.

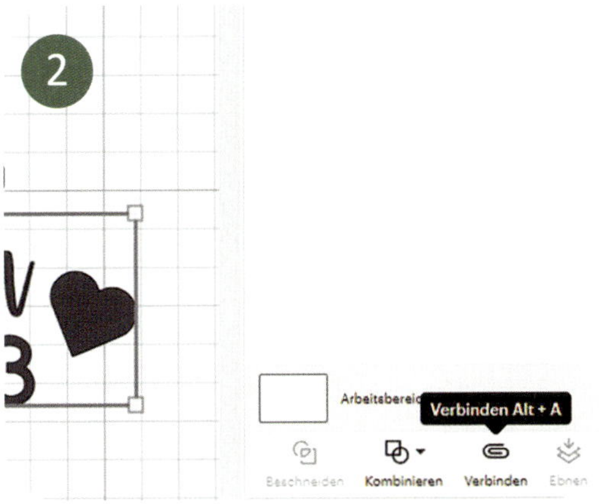

2. Wähle das komplette Motiv aus und klicke ganz unten in der rechten Leiste auf verbinden.

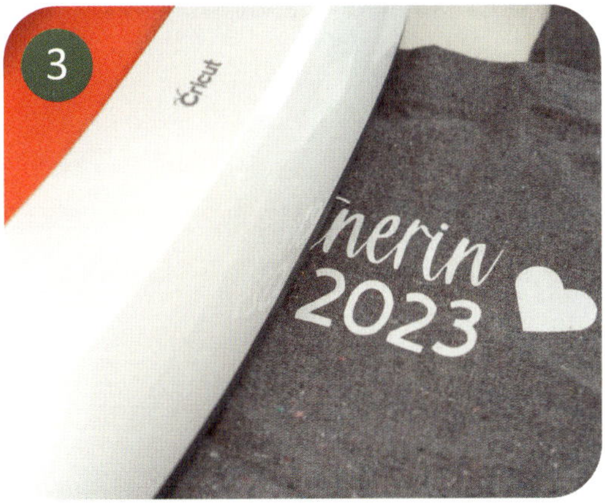

3. Das Motiv wird nun noch gespiegelt. Lege die Flexfolie auf die Matte und starte den Schnitt. Das Motiv wird anschließend entgittert und nach Herstellerangabe der Folie auf die Tasche übertragen.

Namensanhänger

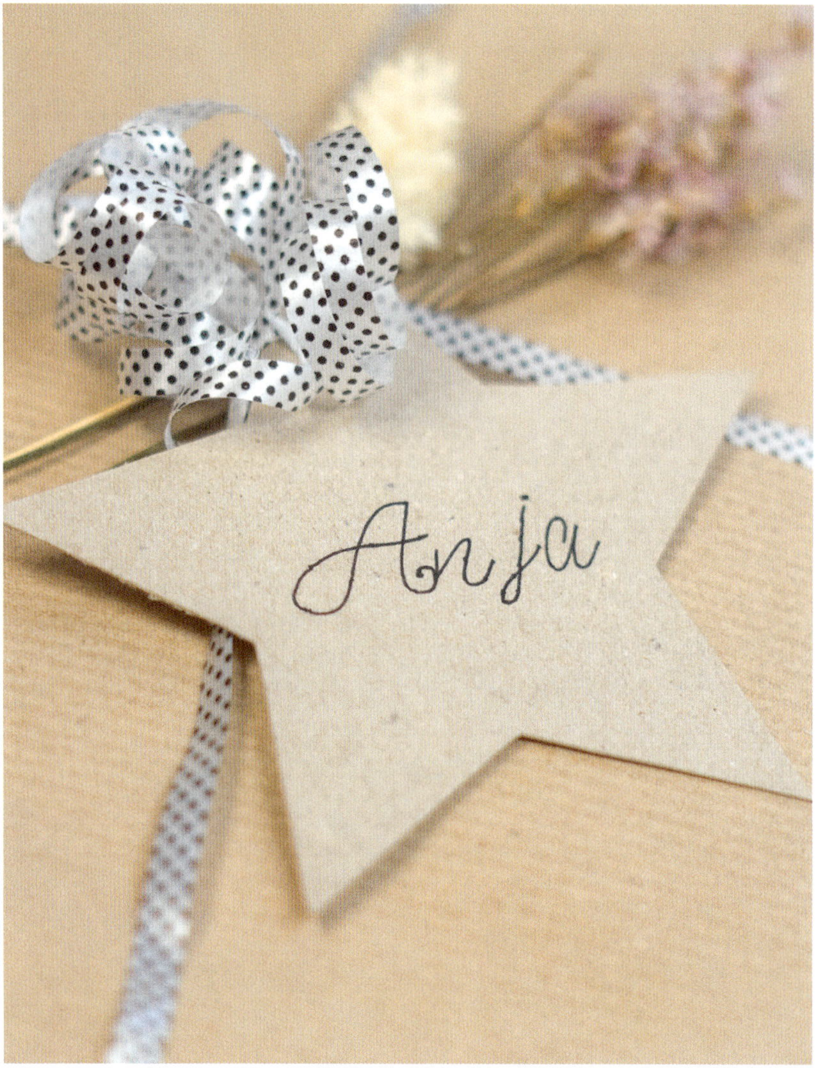

MATERIAL & WERKZEUG

- Gerät: Joy, Explore, Maker
- Recyclingpapier 300 g/m²
- Geschenkband
- Stift
- Entgitterwerkzeug
- Schneidematte LightGrip
- Schrift: Adalaide

HINWEIS:
Die Namensanhänger können in verschiedenen Formen umgesetzt werden. Teste dich hierbei einfach mit den Formen des Design Space durch.

SO GEHT´S

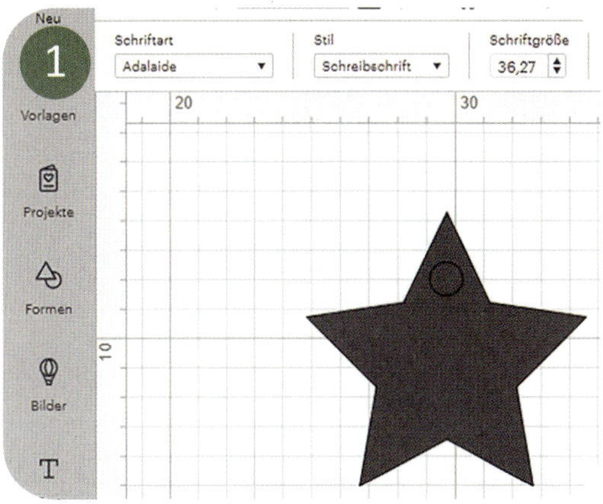

1. Füge über Formen einen Stern und einen Kreis ein. Passe die Größe und Position jeweils an. Markiere alles und klicke in der oberen Leiste unter Ausrichten auf horizontal zentrieren.

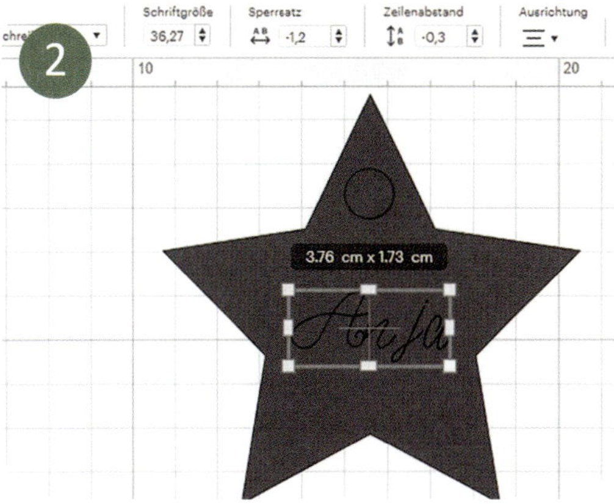

2. Füge ein Textfeld ein und passe den Text entsprechend an. Den Sperrsatz kannst du über die obere Bearbeitungsleiste verändern. Du könntest die Schrift außerdem über die linke Leiste zerlegen und die einzelnen Buchstaben so in Position ziehen. Klicke den Text an und wähle in der oberen Leiste unter Betrieb den Stift aus. Alles wird nun markiert und verbunden.

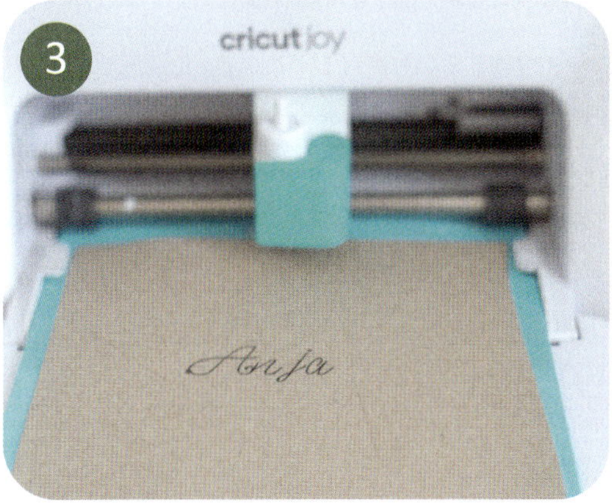

3. Starte das Gerät und lass das Papier beschreiben und schneiden. Mit einem Band kannst du den Anhänger am Geschenk befestigen.

Wir schenken uns nichts

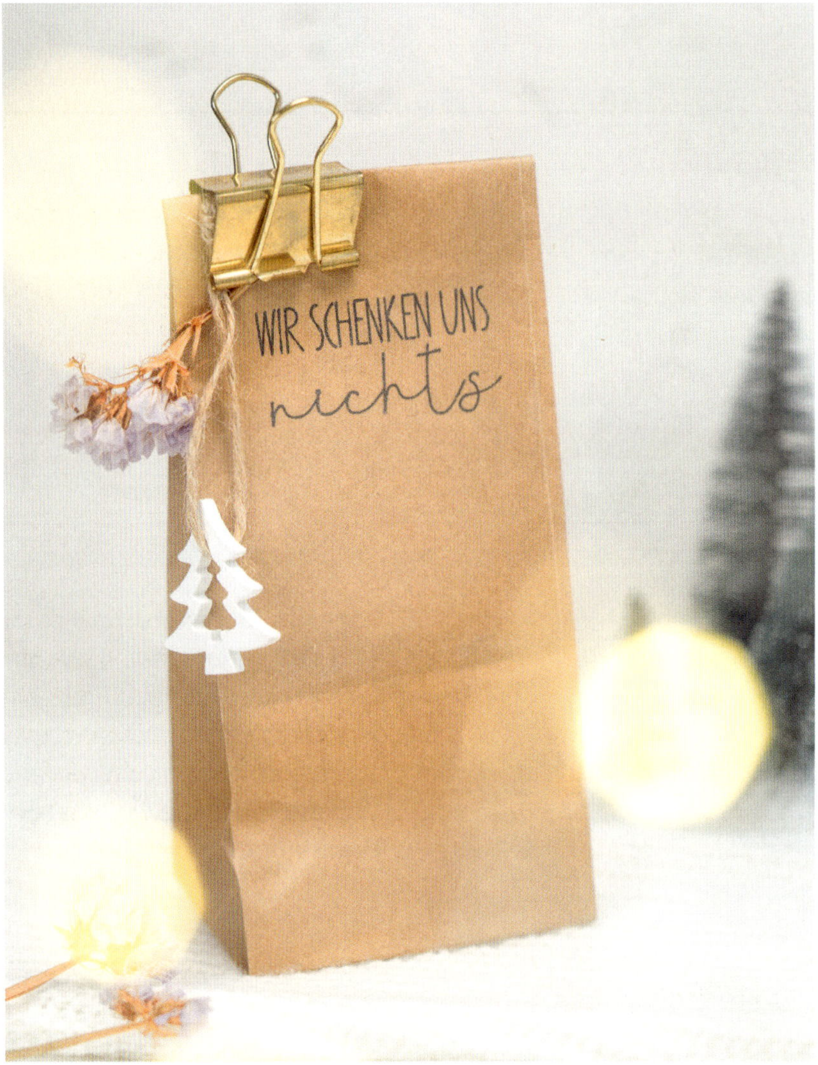

MATERIAL & WERKZEUG

- Gerät: Joy, Explore, Maker
- Papiertüte
- Trockenblume
- Klammer
- Kraftpapier 300 g/m²
- Stift
- Schmuckband
- Schneidematte LightGrip
- Schrift: BFC Fancy Rudolph und Alyssa Stencil Script

HINWEIS:
Du kannst Geschenktüten direkt auf die Schneidematte bringen. Am Rand kannst du diese noch mal mit Klebeband fixieren und so ein Verrutschen vermeiden.

SO GEHT´S

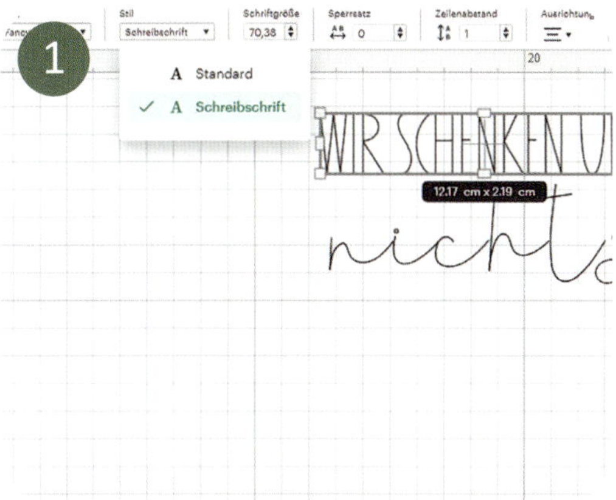

1. Miss die Tüte mit einem Lineal aus. Füge zwei Textfelder im Design Space ein und passe den Text an. Achte darauf, dass der Stil auf Schreibschrift umgestellt ist, und klicke unter Betrieb den Stift an. Wähle beide Textfelder aus und verbinde sie.

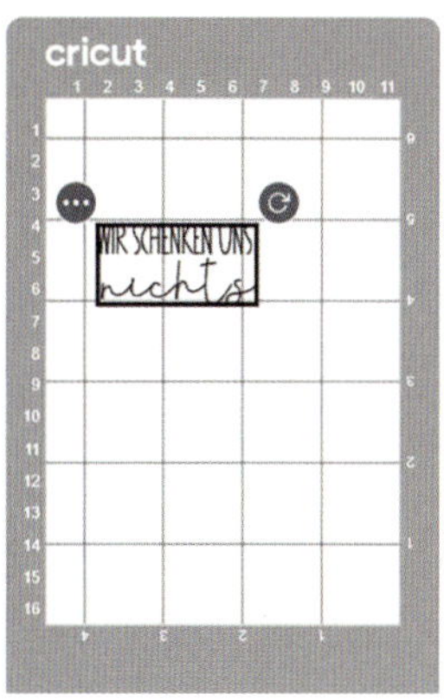

2. Lege deine Tüte auf die Schneidematte und verschiebe das Objekt manuell an die richtige Position. Die Lineale an den Rändern der Schneidematte können dir hierbei helfen. Gegebenenfalls kannst du dafür auch die SnapMat-Funktion verwenden.

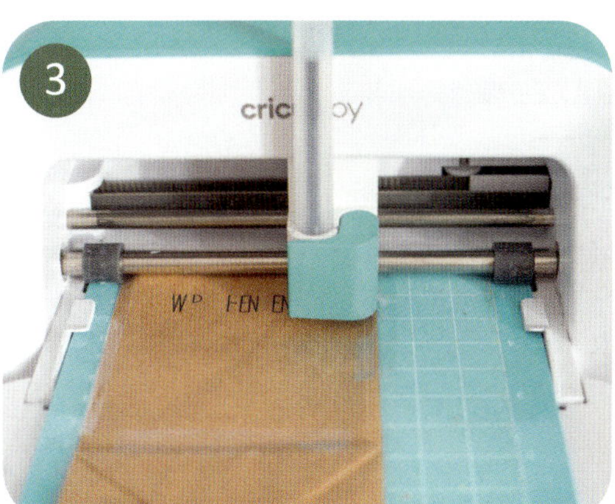

3. Bringe die Tüte auf die Schneidematte und starte das Schreiben. Entferne die Tüte vorsichtig von der Matte. Fülle die Tüte und knicke die Öffnung einmal nach hinten. Befestige eine Trockenblume und einen Anhänger mit einem Schmuckband an einer Klammer.

Acrylanhänger mit Bäumchen

DOWNLOAD VORLAGE

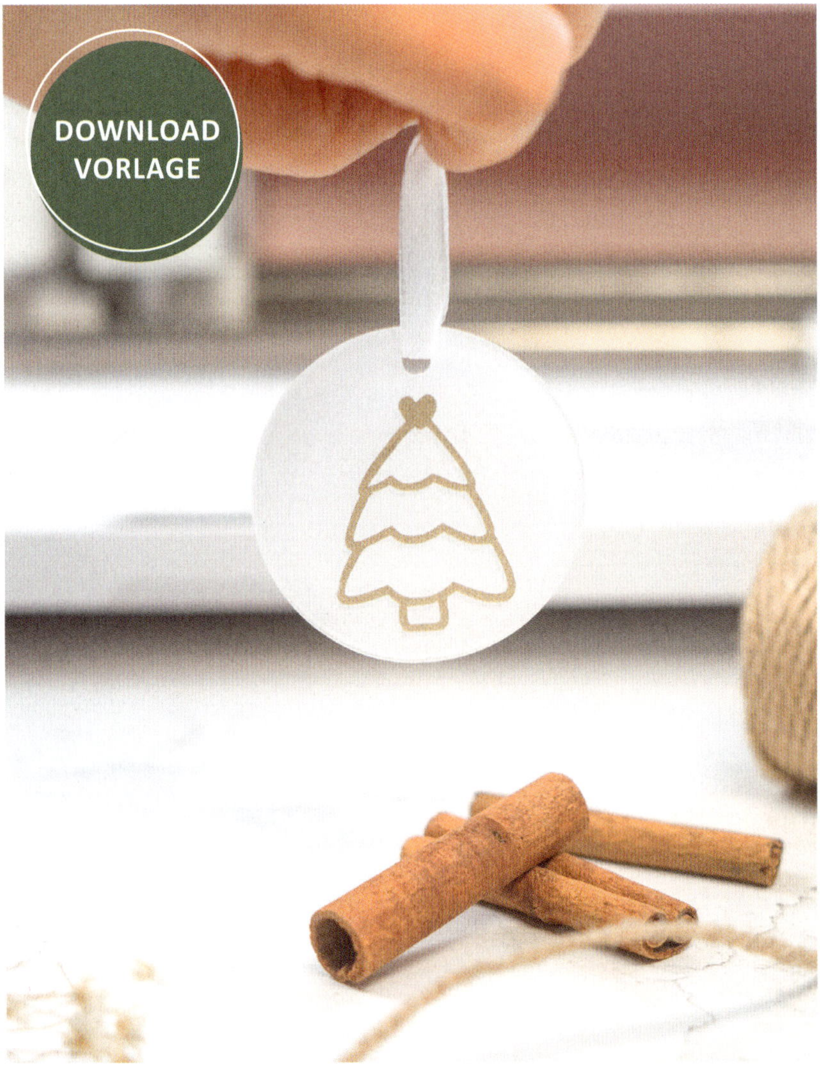

MATERIAL & WERKZEUG

- Gerät: Joy, Explore, Maker
- Acrylanhänger
- Vinylfolie in Gold
- Schmuckband
- Lineal
- Entgitterwerkzeug
- Schneidematte LightGrip

HINWEIS:
Den Acrylanhänger kannst du sowohl als Geschenkanhänger oder als Tannenbaumschmuck verwenden.

SO GEHT´S

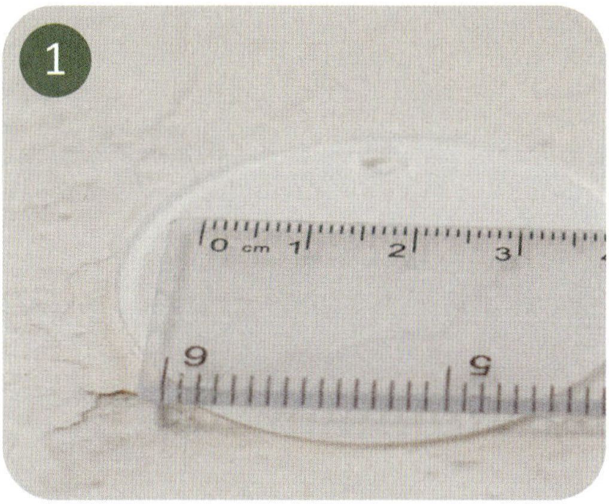

1. Nimm ein Lineal und miss deinen Acrylanhänger und die passende Größe des Bäumchens einmal aus. Füge die Datei ins Design Space ein und ändere die Größe entsprechend.

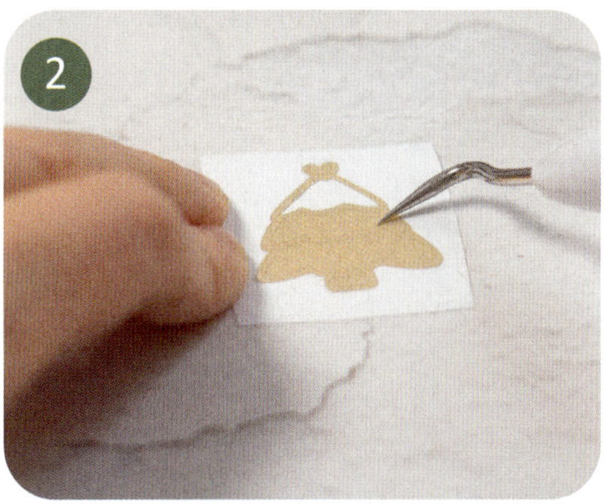

2. Starte den Schnitt des Geräts und entgittere anschließend das Bäumchen mit einem Entgitterwerkzeug.

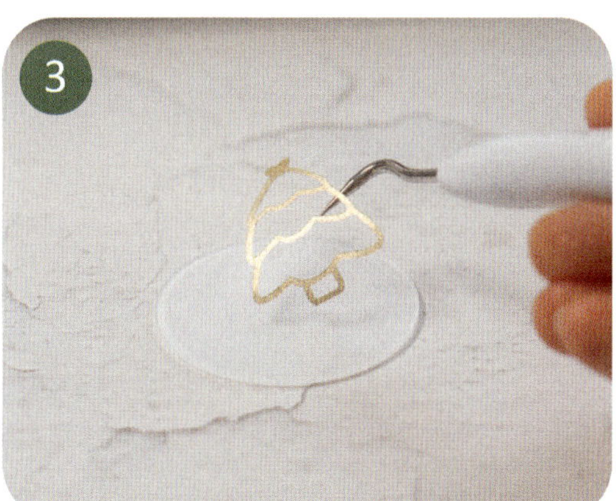

3. Übertrage die Vinylfolie nun auf den Acrylanhänger. Das Entgitterwerkzeug kann dir hierbei helfen.

Geschenkbox-Häuschen

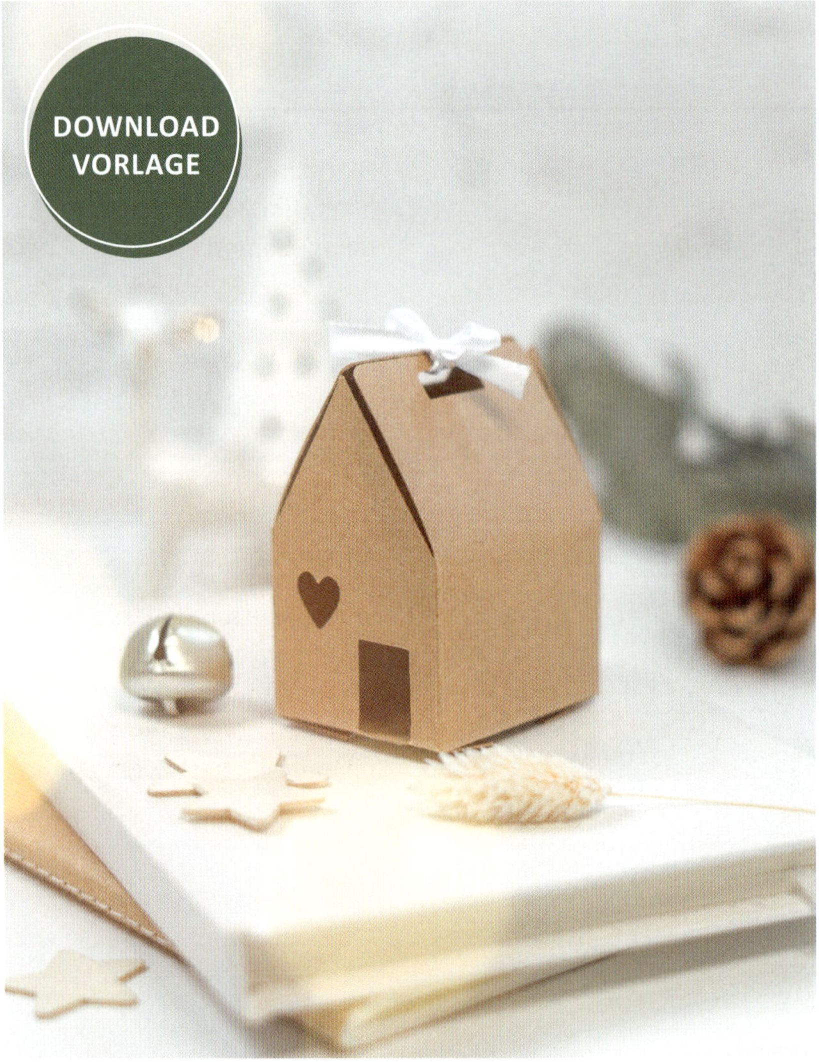

MATERIAL & WERKZEUG

- Gerät: Joy, Explore, Maker
- Kraftpapier 300 g/m^2
- Schmuckband
- Klebestift
- Lineal oder Rakel
- Entgitterwerkzeug
- Schneidematte LightGrip

HINWEIS:
Die Box ist toll als Geschenk oder Dekohaus. Die Türen und Fenster können innen mit Transparentpapier verklebt werden. So eignet sich das Haus auch als Adventskalender.

SO GEHT´S

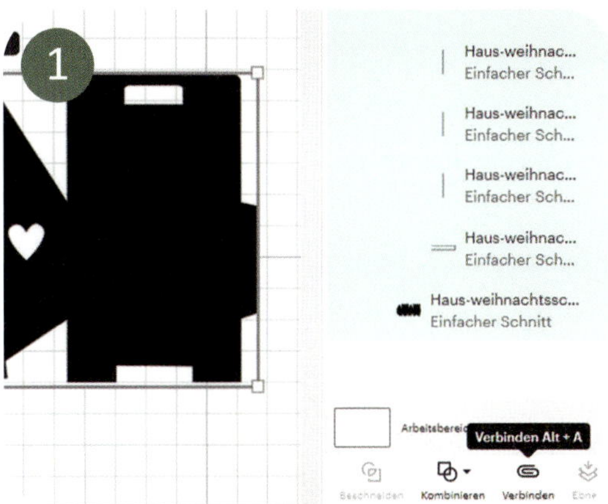

1. Markiere und verbinde das komplette Motiv. Passe die Größe der Datei auf dein Gerät und den Einsatzzweck an. Je nachdem, welches Gerät du benutzt, musst du den Betrieb der Prägelinien noch auf Falzen umstellen oder diese einfach komplett löschen.

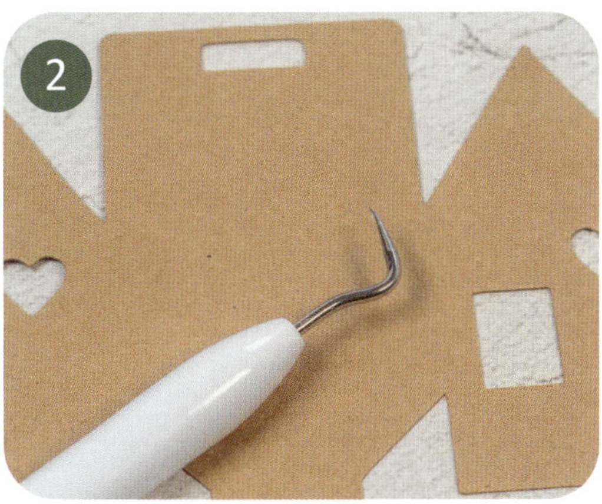

2. Lege das Papier auf die Schneidematte und starte den Schnitt. Falls deine Schneidematte nicht mehr ausreichend Klebekraft hat, kannst du das Papier mit ein paar Klebestreifen am Rand fixieren.

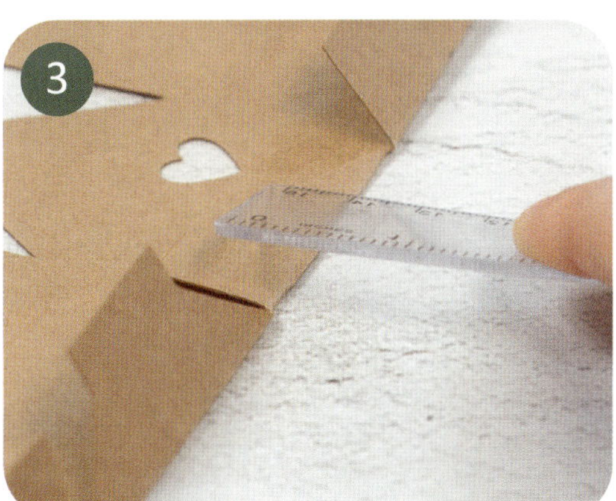

3. Falte nun die Laschen um. Mit einem Lineal kannst du diese noch einmal glatt streifen. Verteile Kleber auf den Laschen und klebe das Häuschen so zusammen. Über die Öffnung des Dachs kannst du noch ein Geschenk oder eine Lichterkette einlegen und es anschließend mit einem Schmuckband verschließen.

Reh-Schachtel

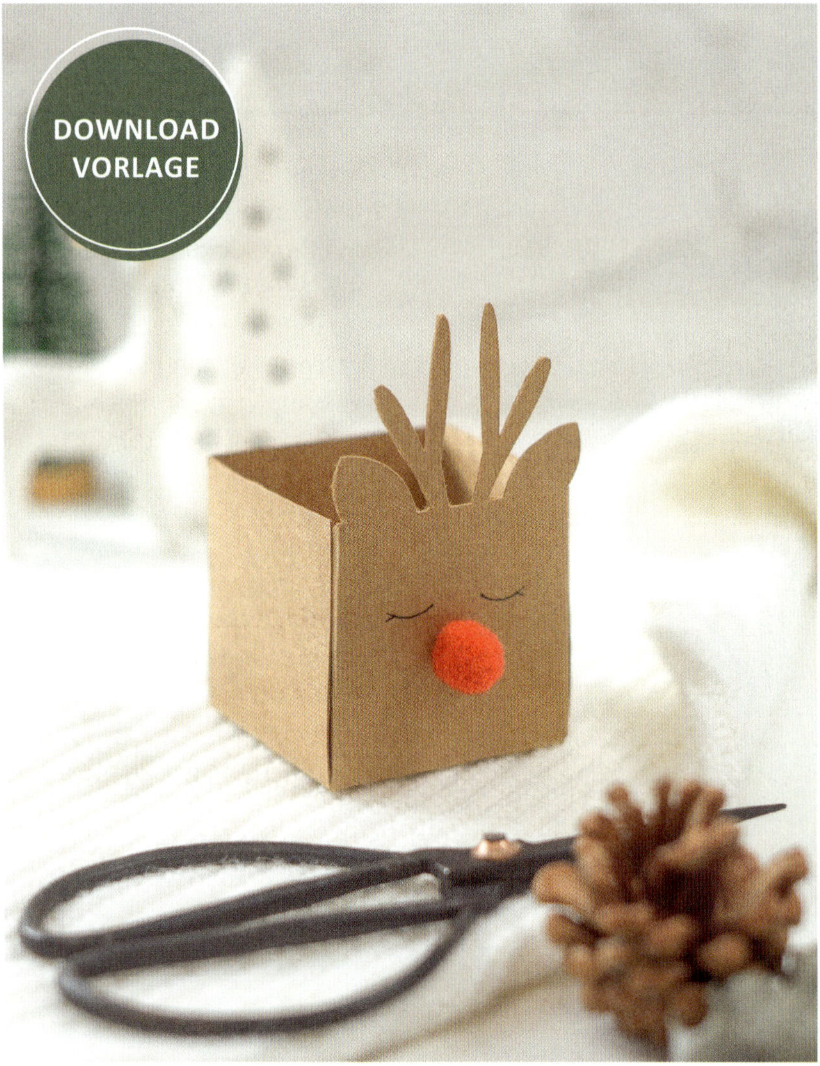

MATERIAL & WERKZEUG

- Gerät: Joy, Explore, Maker
- Kraftpapier 300 g/m²
- Pompon in Rot
- Klebestift
- Stift
- Holzklammern
- Lineal oder Rakel
- Entgitterwerkzeug
- Schneidematte LightGrip

HINWEIS:
Die Reh-Schachtel ist die perfekte kleine Aufmerksamkeit für Kolleg*innen oder als Gastgeschenk auf der Weihnachtstafel.

SO GEHT´S

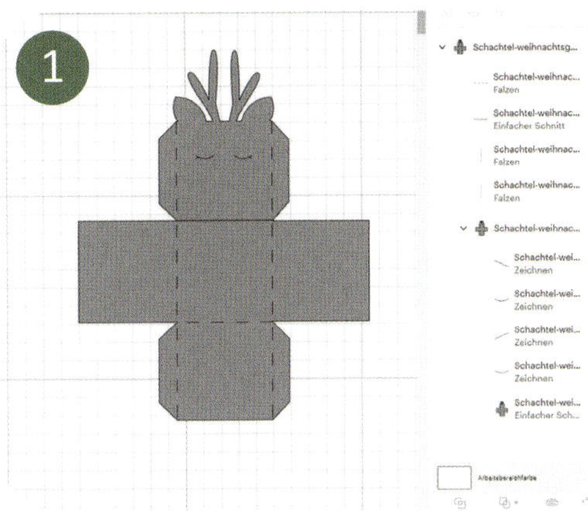

1. Wähle die Augen des Rehs aus und klicke unter Betrieb auf den Stift. Entsprechend deines Geräts kannst du die Falzlinien anklicken und den Betrieb auf Falzen umstellen oder die Linien ausblenden bzw. direkt löschen. Markiere das komplette Motiv und verbinde es über den Rechtsklick.

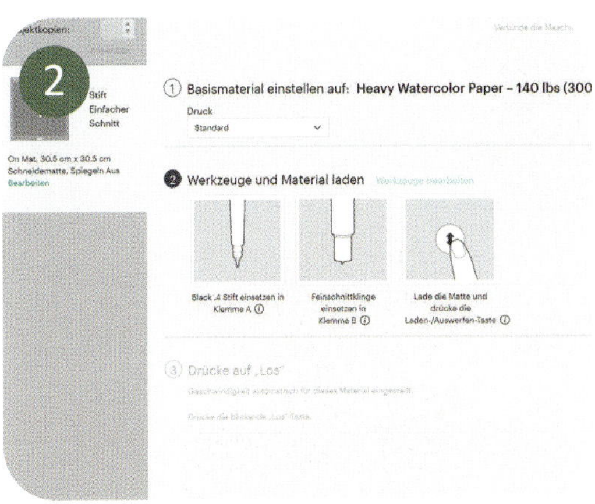

2. Starte den Herstellungsprozess und lass die Schachtel vom Gerät zeichnen und schneiden.

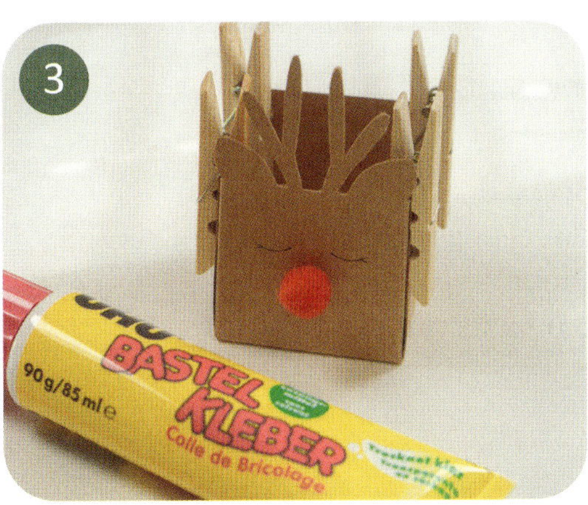

3. Streife die Laschen mit einem Lineal oder Rakel glatt und verteile darauf Kleber. Klebe die Schachtel an den Laschen zusammen. Holzklammern können die Schachtel bis zum Trocknen des Klebers zusammenhalten. Fülle die Schachtel und klebe einen roten Pompon als Nase unterhalb der Augen.

Geschenkglas mit Kerze

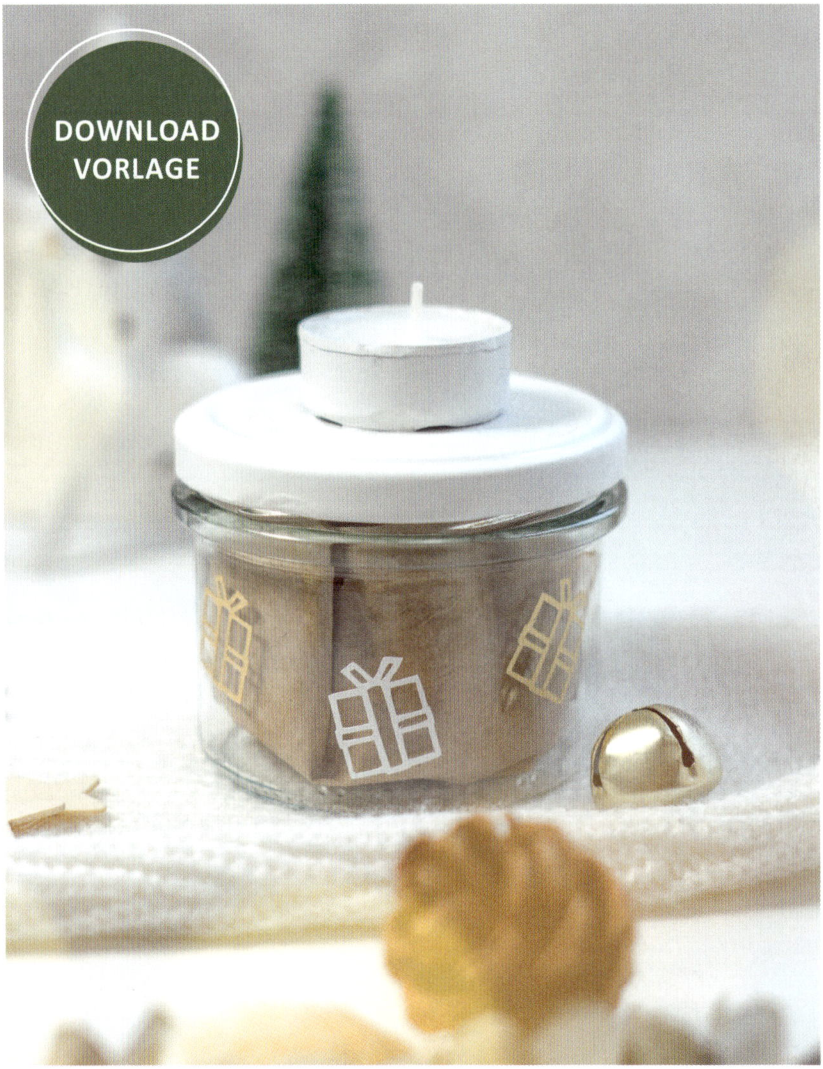

MATERIAL & WERKZEUG

- Gerät: Joy, Explore, Maker
- Einmachglas
- Sprühfarbe in Weiß
- Kleber
- Vinylfolie weiß und gold
- Teelicht
- Geschenkpapier
- Entgitterwerkzeug
- Schneidematte LightGrip

HINWEIS:
Das Geschenkglas kannst du zum Beispiel mit Geld, Süßigkeiten oder einem Gutschein füllen.

SO GEHT´S

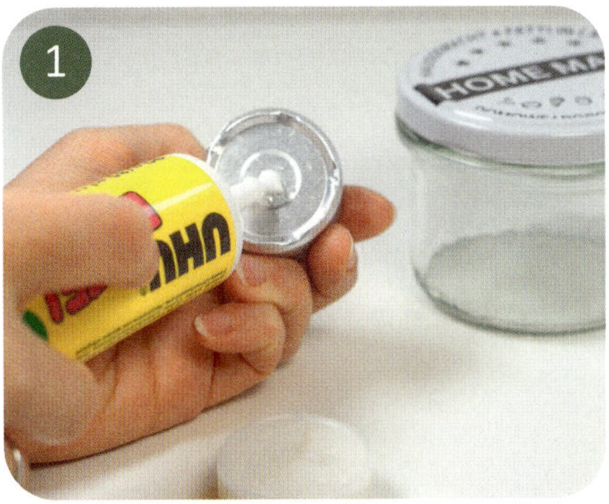

1. Entferne zu Beginn die Kerze aus der Teelichthalterung. Klebe die Teelichthalterung auf die Mitte des Glasdeckels. Lass den Kleber gut trocknen.

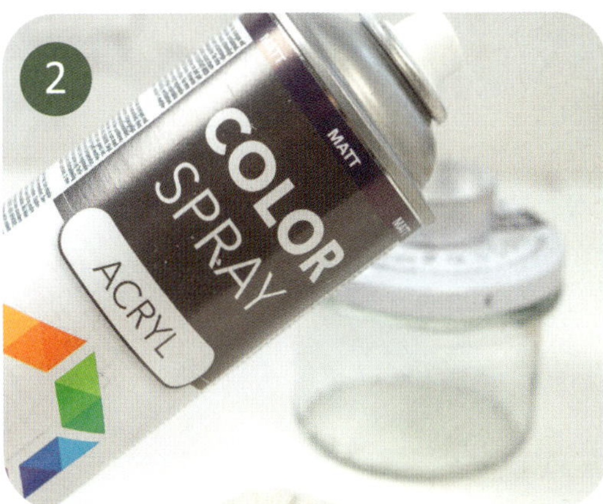

2. Nimm den Deckel mit der Teelichthalterung vom Glas und besprühe beides mit weißer Sprühfarbe. Lass die Sprühfarbe gut trocknen und lege die Kerze wieder ein.

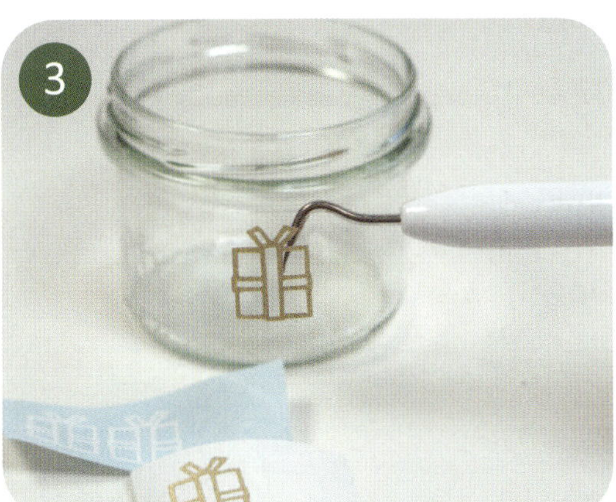

3. Lass währenddessen vom Gerät mehrere Geschenke aus weißer und goldender Vinylfolie ausschneiden. Entgittere diese anschließend und klebe die kleinen Sticker auf das Einmachglas. Schneide einen Kreis aus dem Geschenkpapier zurecht und lege ihn innen an den Rand des Glases. Fülle das Glas und verschließe es mit dem Deckel.

Faschingsmaske

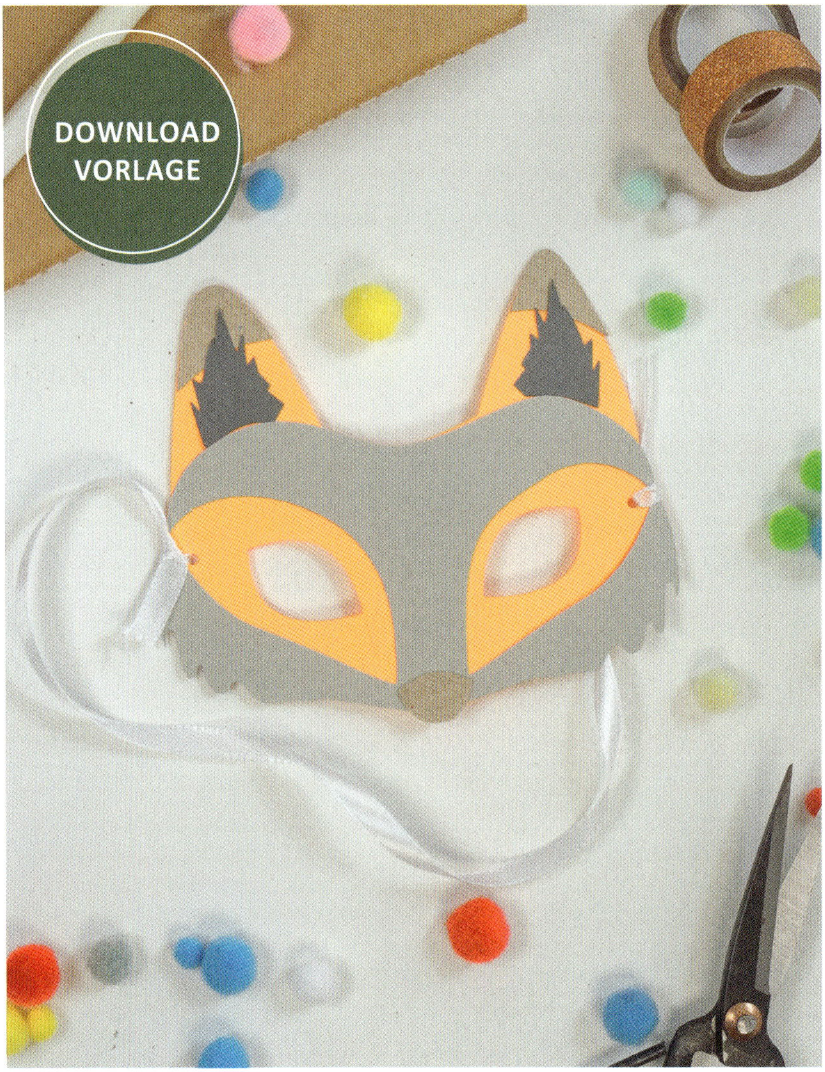

MATERIAL & WERKZEUG

- Gerät: Joy, Explore, Maker
- Papier 300 g/m^2
- Gummiband
- Klebestift
- Maßband
- Entgitterwerkzeug
- Schneidematte LightGrip

HINWEIS:
Die Faschingsmaske kann super in verschiedenen Farben umgesetzt werden.

SO GEHT´S

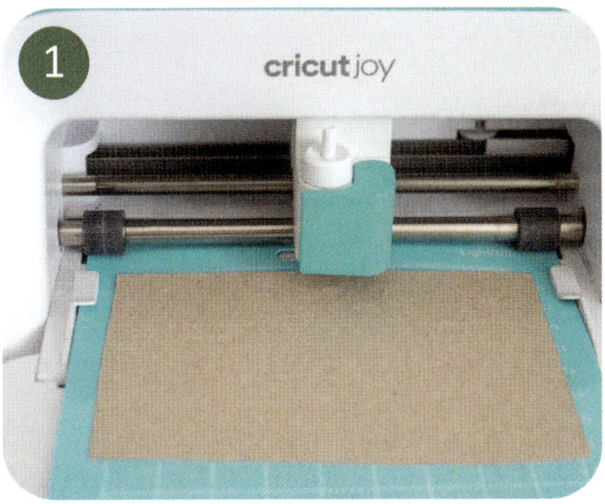

1. Passe die Größe der Maske im Design Space gegebenfalls an die Kopfgröße an. Lege das jeweilige Papier auf die Schneidematte und schneide die einzelnen Teile aus. Du kannst auch mehrere Papiere gleichzeitig auf die Matte legen und mit SnapMat oder manuell die Schneidematte anpassen.

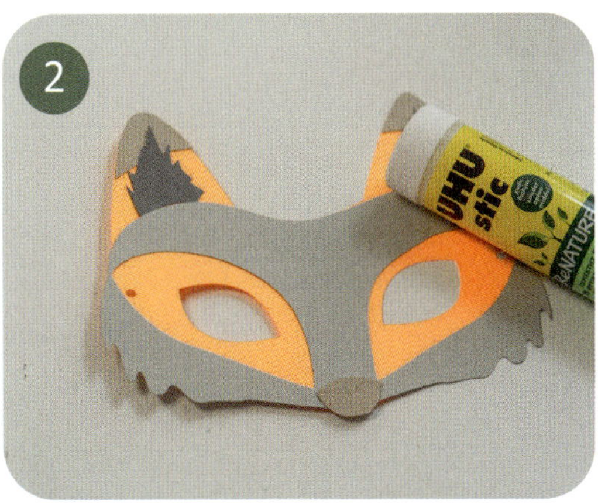

2. Nimm die Matte jeweils vom Papier und klebe die einzelnen Teile mit einem Klebestift zusammen.

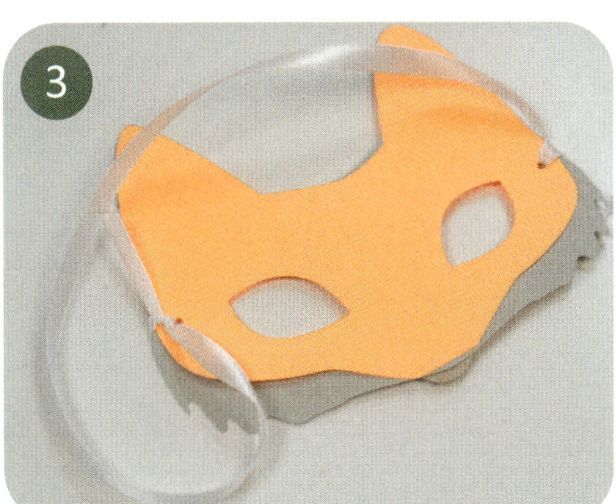

3. Fädle in die beiden kleine Kreise ein Gummiband und befestige es jeweils mit einem Knoten.

Tattoo mit Goldfolie

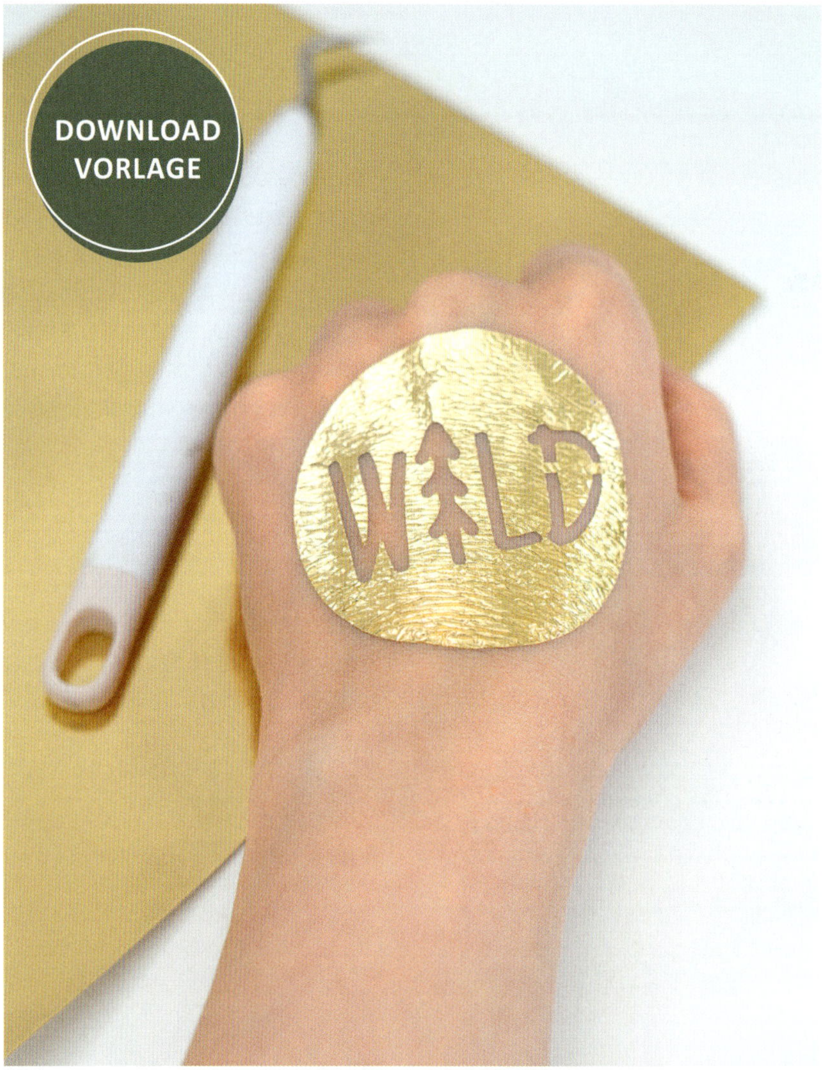

MATERIAL & WERKZEUG

- Gerät: Joy, Explore, Maker
- Tattoo-Papier
- Nasses Tuch
- Maßband
- Entgitterwerkzeug
- Schneidematte LightGrip

HINWEIS:
Tattoo-Papier hat häufig eine durchsichtige Folie auf der Oberfläche, um die leicht klebrige Goldoberfläche zu schützen. Diese musst du entfernen.

SO GEHT´S

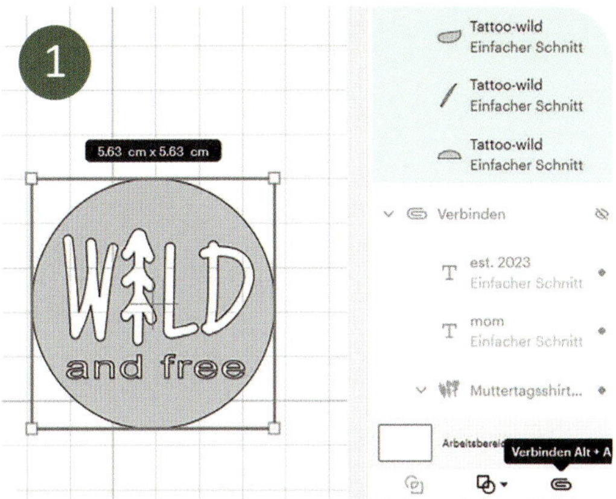

1. Füge die Datei ein und passe die Größe an. Markiere alles und verbinde es über den Rechtsklick. Spiegele das Motiv über die obere Leiste und starte den Herstellungsprozess. Als Schnitteinstellung inklusive durchsichtiger Schutzfolie verwende ich Heavy Cardstock.

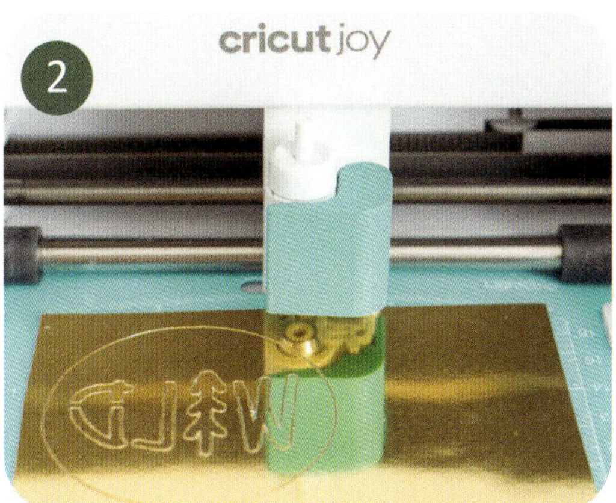

2. Starte den Schnitt. Die Schutzfolie entgittere ich nach dem Schnitt. Das restliche Motiv entgittere ich ebenfalls.

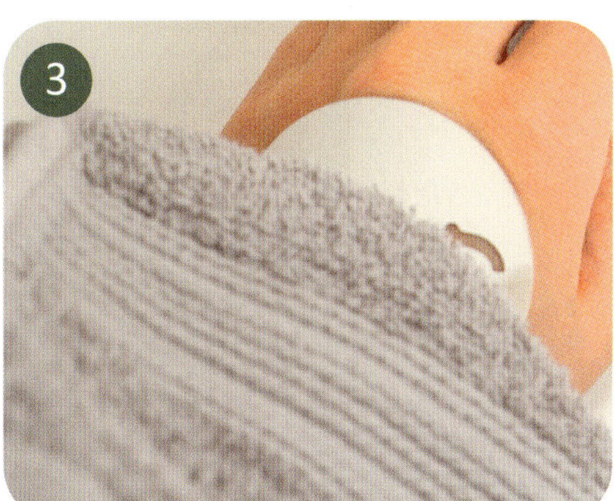

3. Übertrage das Tattoo-Papier nach Anleitung mit Wasser auf die Haut.

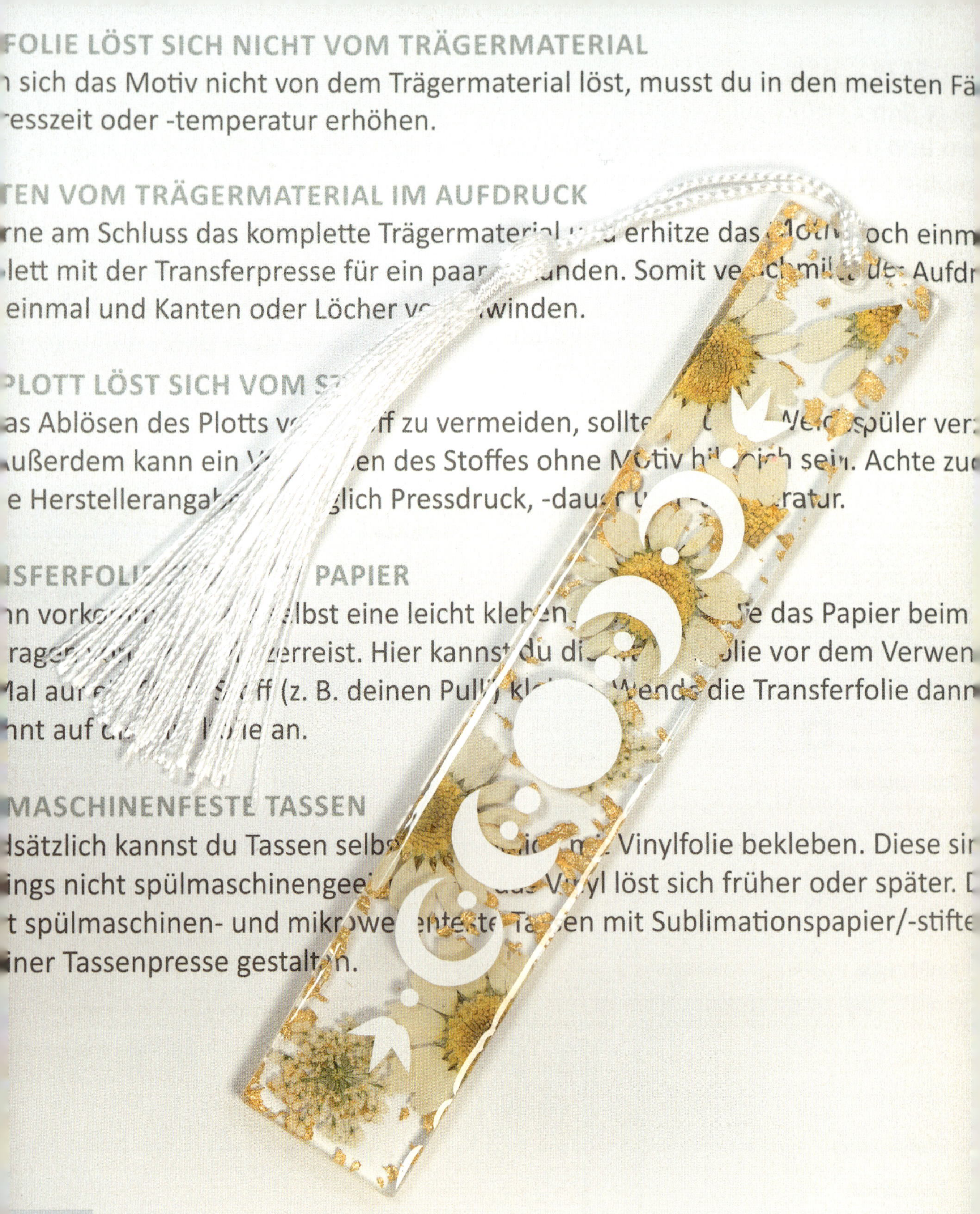
FOLIE LÖST SICH NICHT VOM TRÄGERMATERIAL
sich das Motiv nicht von dem Trägermaterial löst, musst du in den meisten
esszeit oder -temperatur erhöhen.
TEN VOM TRÄGERMATERIAL IM AUFDRUCK
rne am Schluss das komplette Trägermater erhitze das
lett mit der Transferpresse für ein paar unden. Somit ve
einmal und Kanten oder Löcher v winden.
PLOTT LÖST SICH VOM
as Ablösen des Plotts v f zu vermeiden, sollte spüler ver
ußerdem kann ein en des Stoffes ohne Motiv . Achte zu
e Herstellerangab glich Pressdruck, -dau ratur.
SFERFOL PAPIER
n vork elbst eine leicht kleb e das Papier beim
rage zerreist. Hier kannst du di lie vor dem Verwen
lal au ff (z. B. deinen Pull die Transferfolie dann
nnt auf e an.
MASCHINENFESTE TASSEN
dsätzlich kannst du Tassen selb Vinylfolie bekleben. Diese si
ings nicht spülmaschinengee yl löst sich früher oder später.
t spülmaschinen- und mikr en mit Sublimationspapier/-stift
iner Tassenpresse gestalt n.

Nützliche Sachen hübsch gemacht

Lesezeichen, Taschen, Kleidung, Aufbewahrung, Fasching, Tattoo, Küchenhelfer

Jutetasche mit Blumen

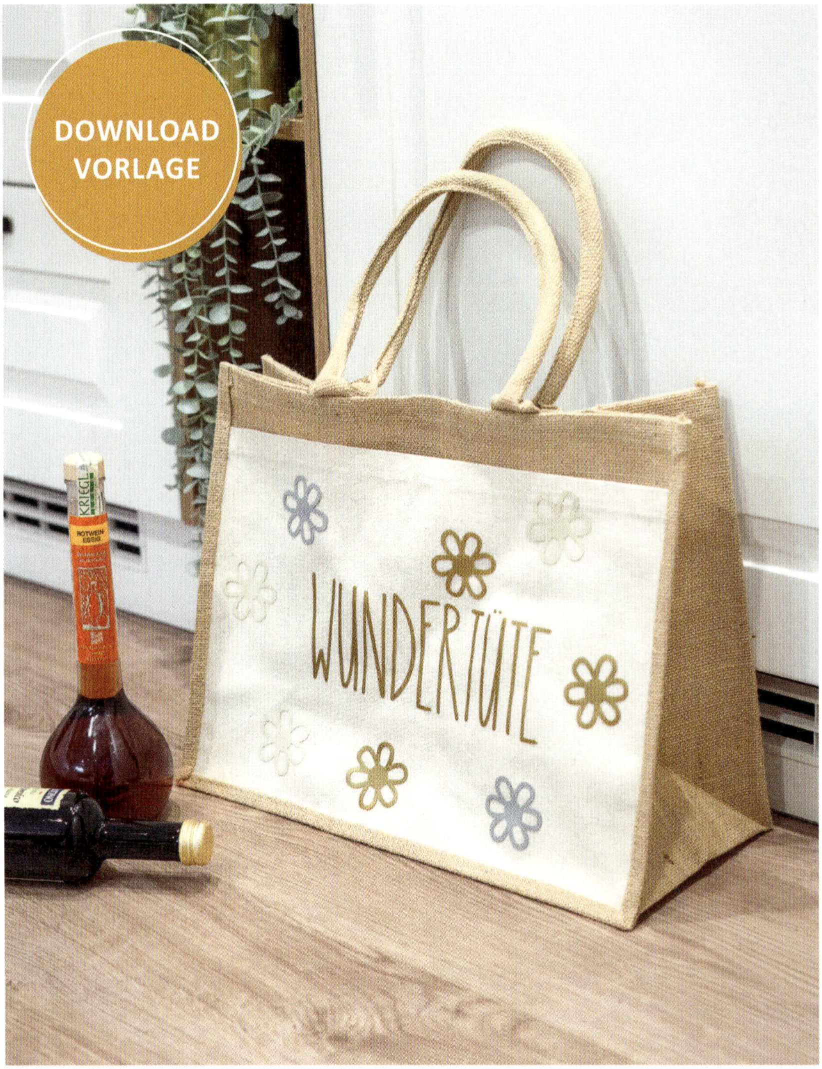

MATERIAL & WERKZEUG

- Gerät: Joy, Explore, Maker
- Tasche
- Flexfolie in Gold, Grau und Beige
- Lineal oder Maßband
- Transferpresse
- Entgitterwerkzeug
- Hitzeschutzmatte
- Schneidematte LightGrip
- Schrift: Apple Butter

HINWEIS:
Die Jutetaschen eignen sich dank ihres stabilen Aufbaus super als Einkaufstaschen. Mit etwas Vinylfolie kannst du sie noch mal etwas aufpeppen.

SO GEHT´S

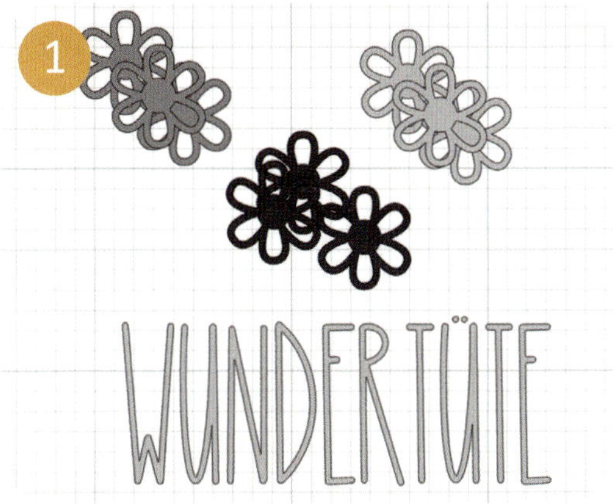

1. Füge die Blumen auf dem Arbeitsbereich ein und passe sie in der gewünschten Größe an. Füge ebenfalls über die linke Leiste ein Textfeld ein und passe die Schriftart an.

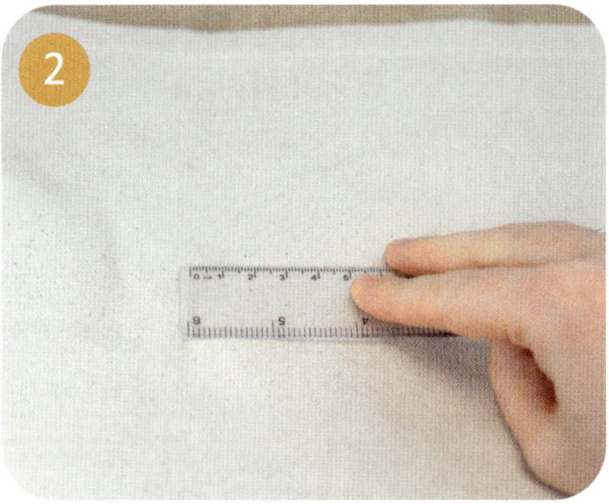

2. Miss die Tasche aus. Passe die Schriftgröße noch an und starte den Herstellungsvorgang.

3. Nach dem Schnitt werden alle Blumen und die Schrift entgittert. Die Trägerfolie wird für die einzelnen Motive zerschnitten. Die Tasche wird nun auf die Hitzeschutzmatte gelegt. Positioniere die Blumen und die Schrift auf der Tasche und übertrage diese mit der Transferpresse.

Kinderapotheke für unterwegs

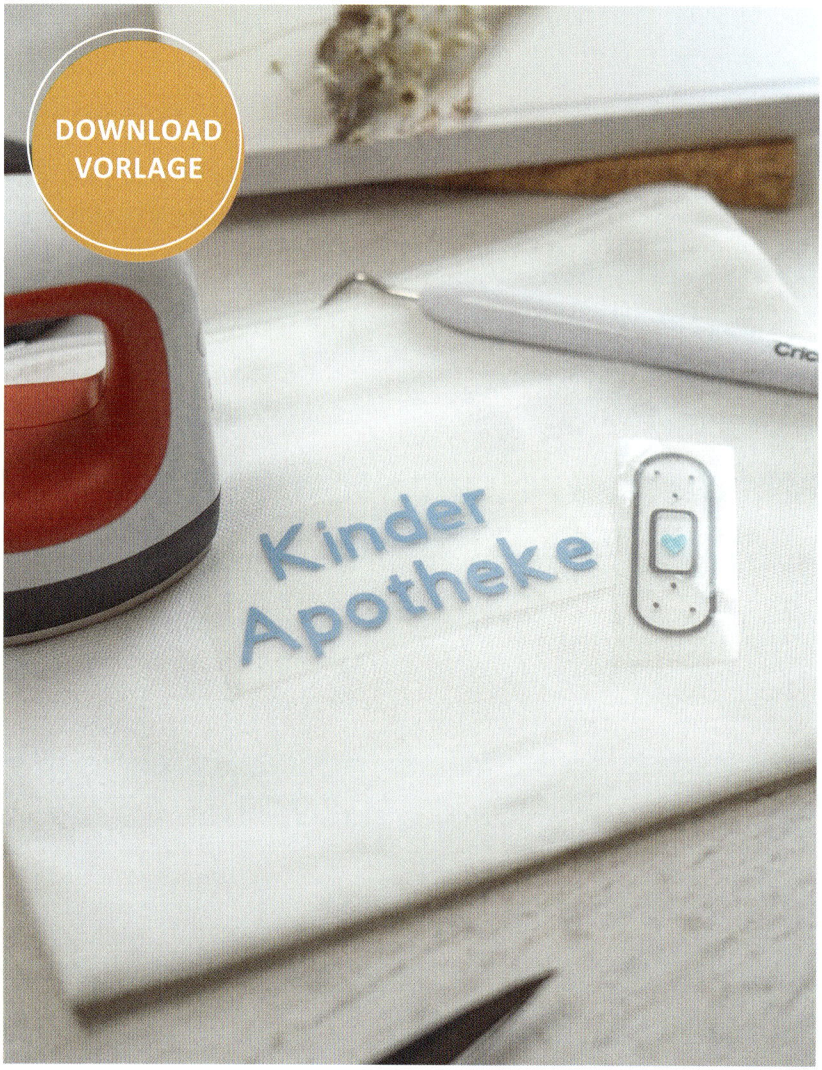

MATERIAL & WERKZEUG

- Gerät: Joy, Explore, Maker
- Flexfolie in Blau und Grau
- Transferpresse
- Hitzeschutzmatte
- Entgitterwerkzeug
- Schneidematte LightGrip
- Schrift: Cricut Sans

HINWEIS:
Je nachdem, wie viele Medikamente oder Verbände in die Tasche der Kinderapotheke gepackt werden, kannst du die Taschengröße variieren.

SO GEHT´S

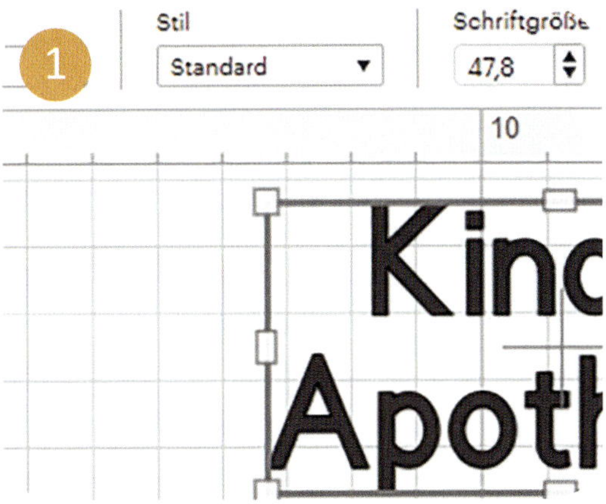

1. Füge ein Textfeld ein und passe die Schrift entsprechend an. Füge ebenfalls die Downloadvorlage ein. Spiegele das Motiv über die obere Leiste vor dem Schnitt. Du kannst das Motiv auch während des Herstellungsprozessses noch spiegeln.

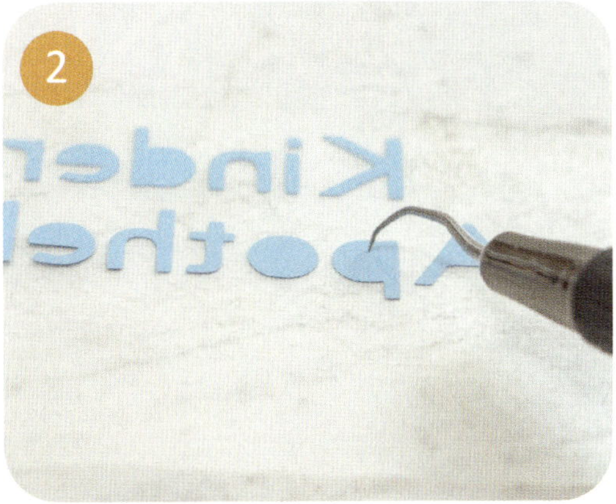

2. Lege die Flexfolie auf die Schneidematte und starte den Schnitt. Nach dem Schneiden wird das Motiv entgittert.

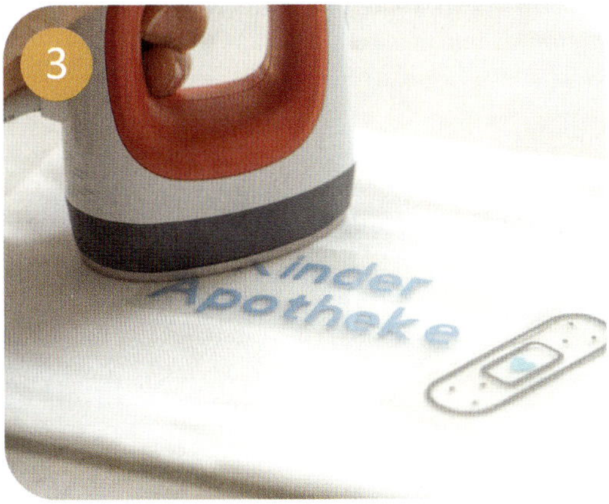

3. Übertrage die einzelnen Motive auf die Tasche mit der Transferpresse und entferne anschließend vorsichtig die Trägerfolie.

Spüllappen

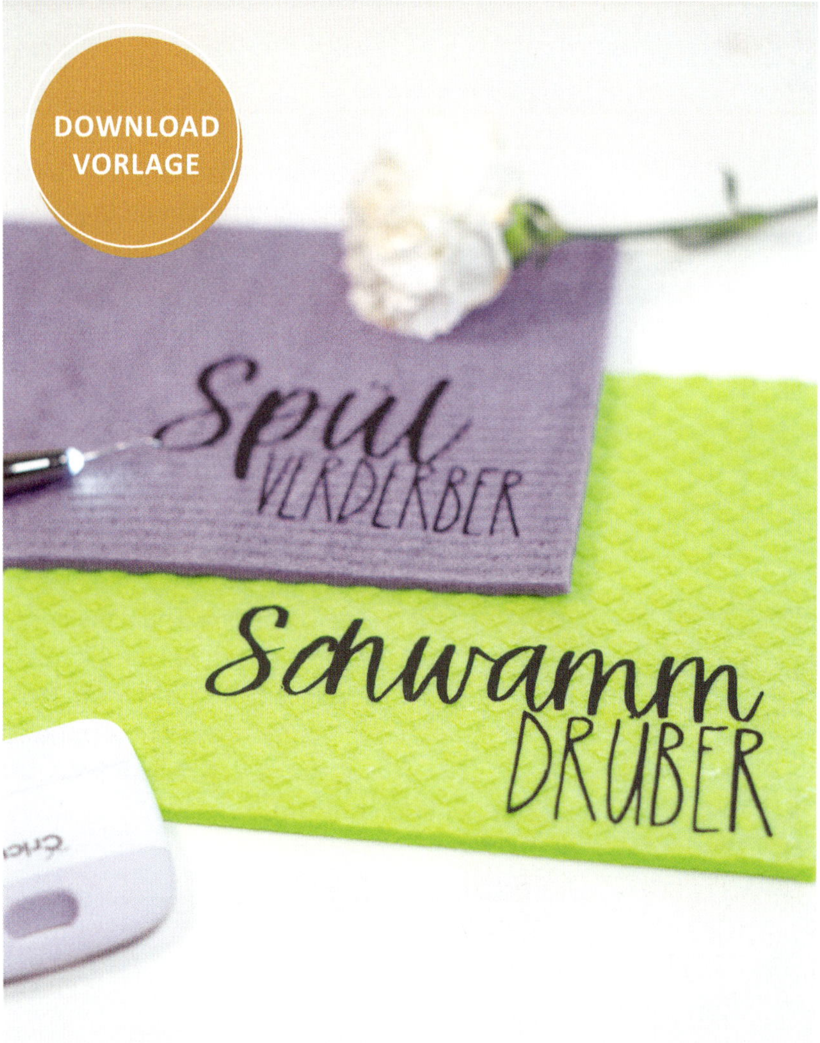

MATERIAL & WERKZEUG

- Gerät: Joy, Explore, Maker
- Spüllappen
- Flexfolie in Schwarz
- Transferpresse
- Hitzeschutzmatte
- Entgitterwerkzeug
- Schneidematte LightGrip
- Schrift: Augustine und Apple Butter

HINWEIS:
Bei diesem Projekt kann deine Kreativität richtig ausgelebt werden, und du kannst dir viele lustige Wortspiele einfallen lassen.

SO GEHT´S

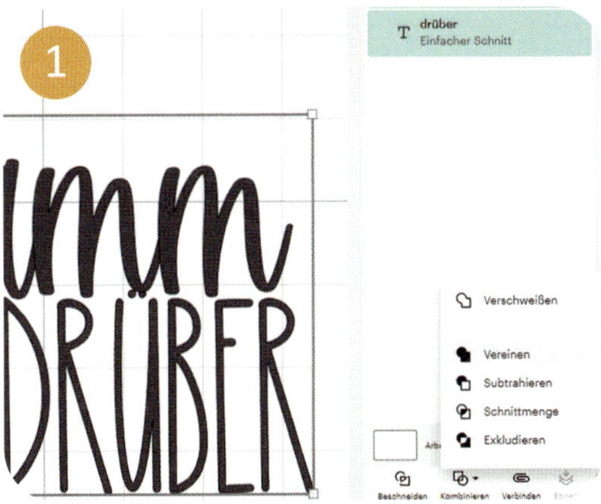

1. Füge mehrere Textfelder im Design Space ein und passe den Text entsprechend an. Die Größe und Position werden außerdem angepasst. Lass die Schrift minimal überlappen. Markiere die zusammengehörigen Schriften und klicke in der rechten Bearbeitungsleiste ganz unten auf vereinen.

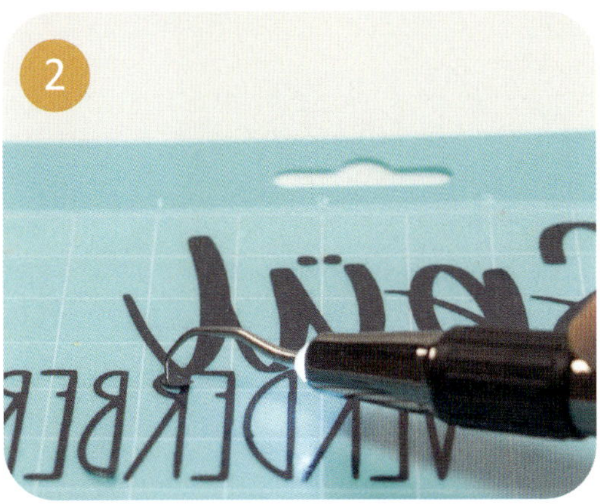

2. Die Schrift muss nun gespiegelt werden. Lege die Flexfolie auf die Schneidematte und starte den Schnitt. Nach dem Schneiden werden die unbenötigten Teile einfach mit dem Entgitterwerkzeug entfernt.

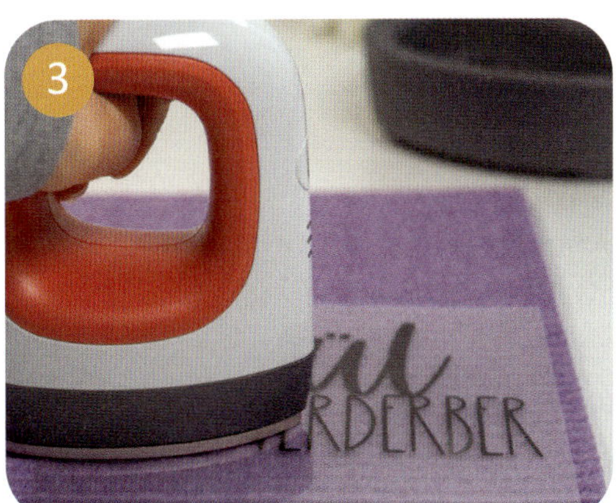

3. Heize deine Tranferpresse vor, lege die Spüllappen auf eine Hitzeschutzmatte und übertrage die Flexfolie entsprechend. Entferne nach dem Übertragen vorsichtig die Trägerfolie.

Sockensammler-Korb

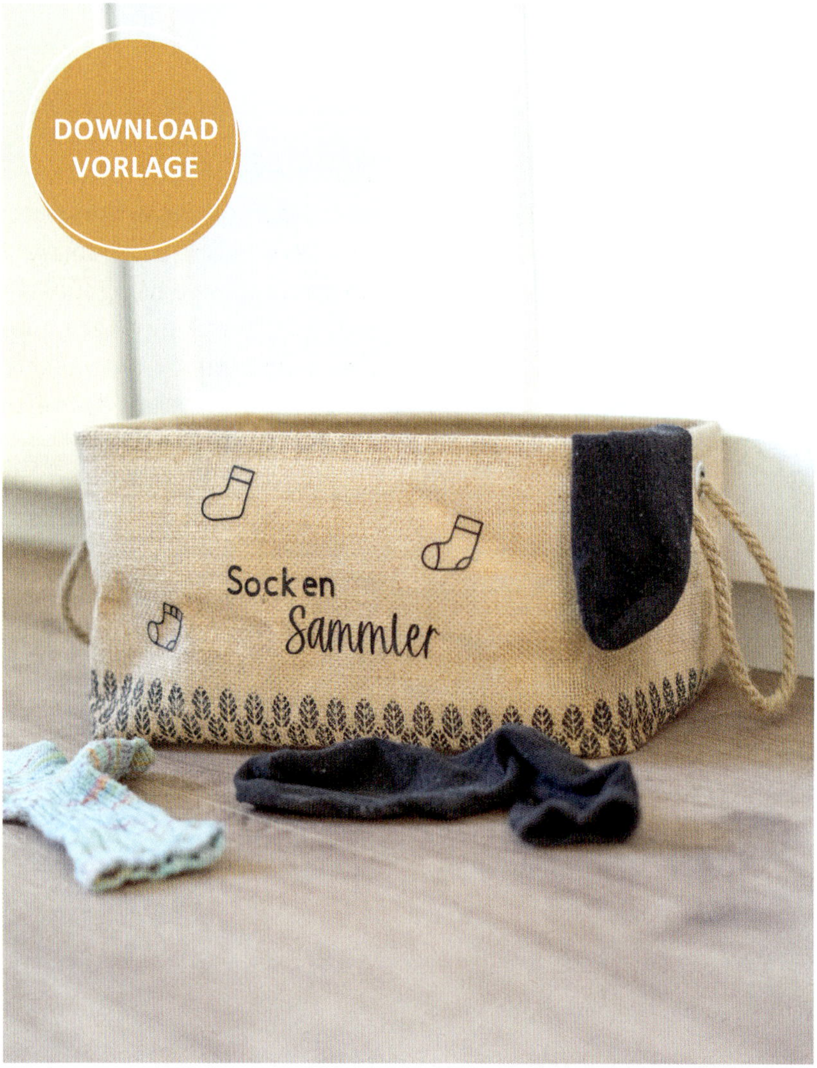

MATERIAL & WERKZEUG

- Gerät: Joy, Explore, Maker
- Bastkorb
- Flexfolie in Schwarz
- Lineal
- Transferpresse
- Entgitterwerkzeug
- Schneidematte LightGrip
- Schrift: Augustine und Cricut Sans

HINWEIS:
Unebene und wackelige Oberflächen kannst du am einfachsten mit Turbo Flexfolie bearbeiten. Diese gibt es zum Beispiel online zu kaufen.

SO GEHT´S

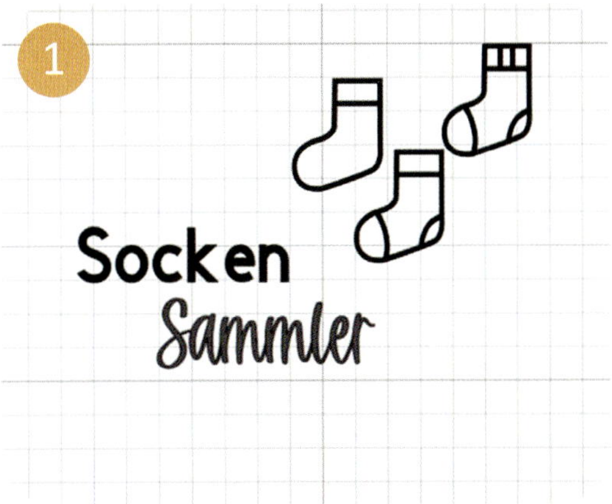

1. Füge die Downloadvorlage und zwei Textfelder ins Design Space ein. Passe den Text an und positioniere ihn. Klicke »Sammler« an und vereine die Buchstaben über den Rechtsklick miteinander. Den kompletten Text kannst du nun auswählen und miteinander verbinden.

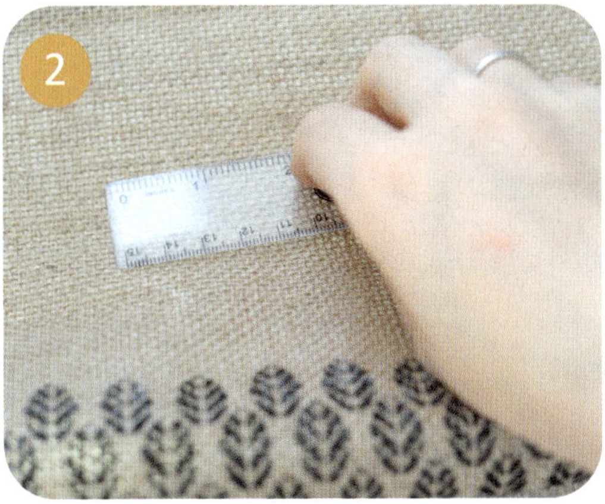

2. Mit einem Lineal oder Maßband kannst du deinen Korb ausmessen und die Größe des Designs im Programm entsprechend anpassen. Spiegele das komplette Motiv und starte den Schnitt deines Geräts.

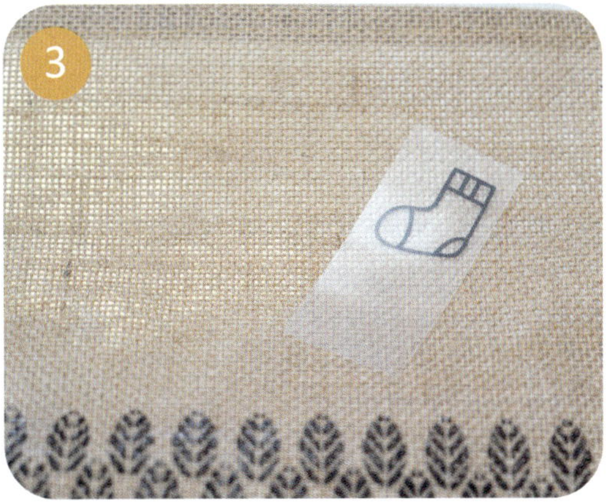

3. Übertrage die einzelnen Teile nach Herstellerangaben zu Presszeit und -hitze auf deinen Korb mit der Transferpresse.

Acryllesezeichen

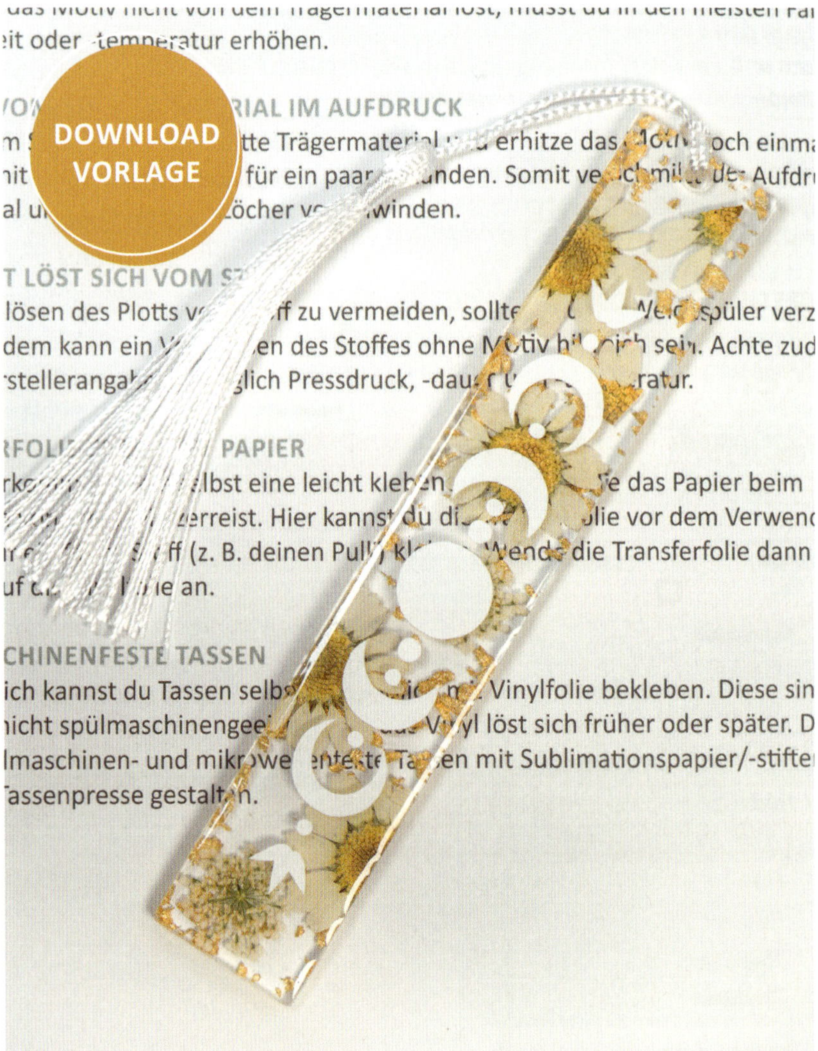

DOWNLOAD VORLAGE

MATERIAL & WERKZEUG

- Gerät: Joy, Explore, Maker
- Acryllesezeichen mit Blumen
- Vinylfolie in Weiß
- Transferfolie
- Rakel oder Lineal
- Entgitterwerkzeug
- Schneidematte LightGrip
- Schrift: Augustine und Apple Butter

HINWEIS:
Acryllesezeichen gibt es in vielen Farben und Formen zu kaufen. Du kannst auch selbst Lesezeichen aus Kunstharz gießen und diese mit Trockenblumen bestücken.

SO GEHT´S

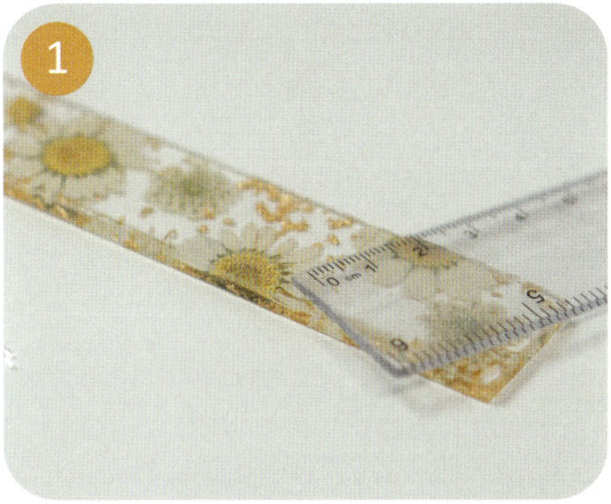

1. Miss dein Acryllesezeichen mit einem Lineal einmal aus und passe die Downloadvorlage entsprechend im Design Space an. Markiere das komplette Motiv und klicke auf verbinden.

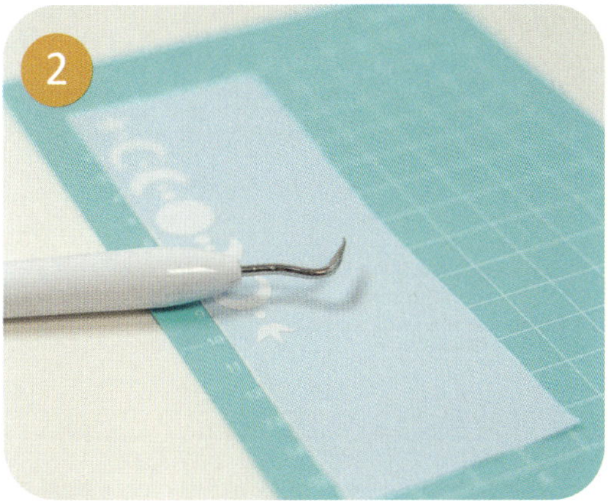

2. Lege die Vinylfolie auf die Schneidematte und starte den Schnitt. Nach dem Schneiden wird das Motiv entgittert. Gerade die kleinen Kreise können hier etwas Fingerspitzengefühl verlangen. Lass dir beim Entgittern ausreichend Zeit.

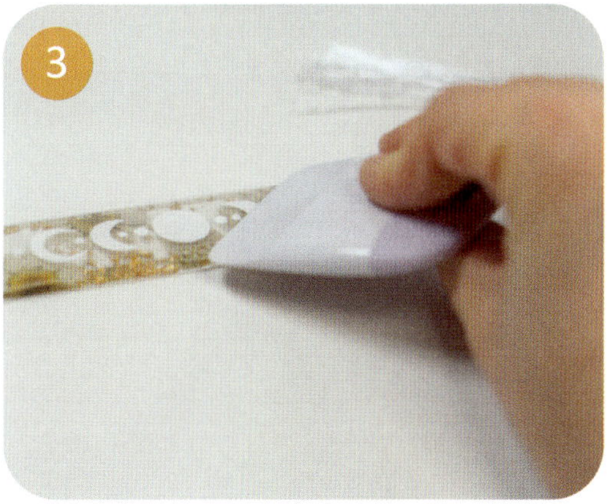

3. Streife eine Transferfolie auf und ziehe diese mit der weißen Vinylfolie ab. Lege die Sticker auf das Lesezeichen und übertrage sie mit einer Rakel oder Lineal.

Oktoberfest-Wäscheklammern

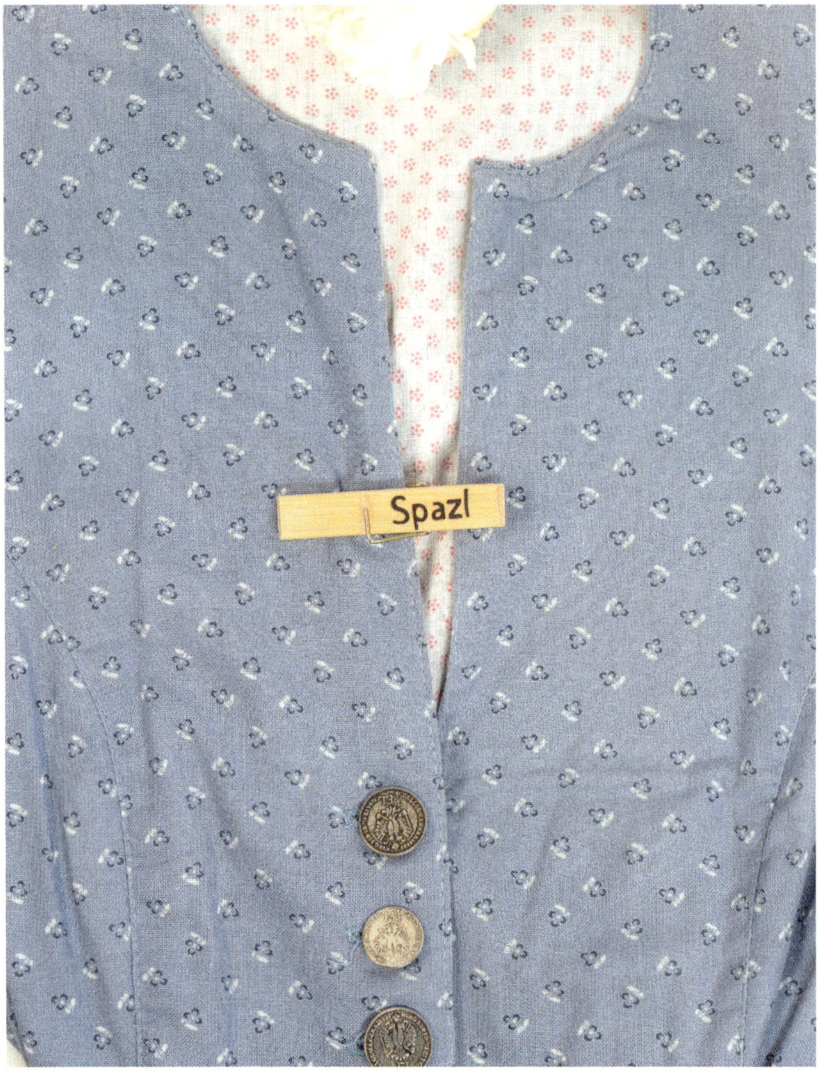

MATERIAL & WERKZEUG

- Gerät: Joy, Explore, Maker
- Holzwäscheklammern
- Flexfolie in Schwarz
- Entgitterwerkzeug
- Schneidematte LightGrip
- Schrift: Cricut Sans

HINWEIS:
Für ein langfristiges Ergebnis rate ich dir bei diesem Projekt zu Flexfolie. Gerade bei sehr kleinen Motiven würde Vinylfolie vermutlich bald abfallen.

SO GEHT´S

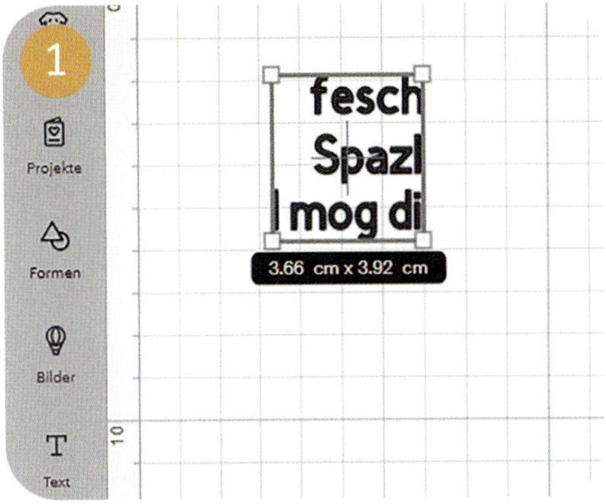

1. Füge ein Textfeld ein und passe den Text entsprechend an. Miss deine Holzklammern aus und ändere die Größe des Textes entsprechend.

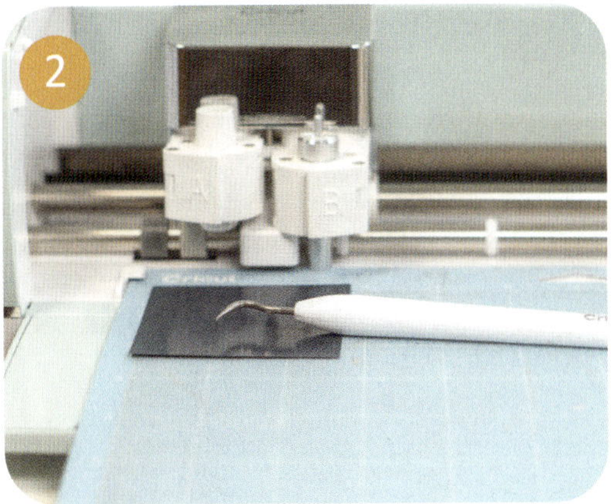

2. Die Schrift muss vor dem Schneiden gespiegelt werden. Lege anschließend die Flexfolie auf die Schneidematte und starte den Schnitt. Entgittere die Schrift anschließend. Es handelt sich hier um sehr kleine Buchstaben. Einsteiger*innen können sich beim Entgittern ausreichend Zeit lassen.

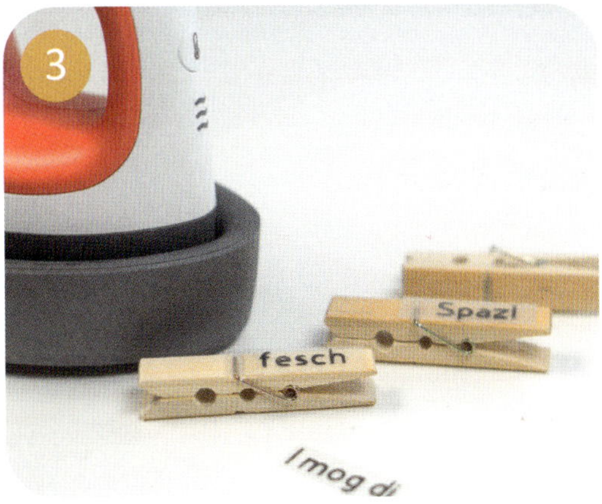

3. Heize die Presse vor und übertrage die Schriften vorsichtig mit wenig Druck auf die Klammern.

Schürze für Bäcker*in

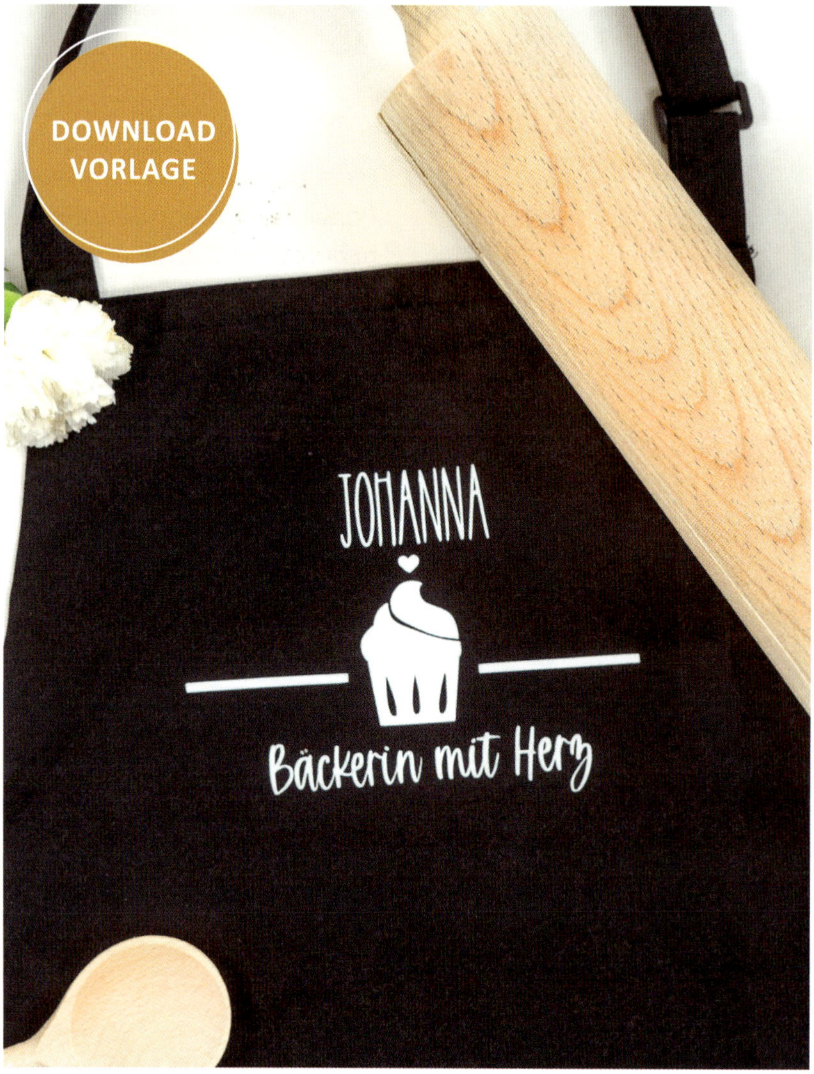

MATERIAL & WERKZEUG

- Gerät: Joy, Explore, Maker
- Schürze
- Flexfolie in Weiß
- Transferpresse
- Hitzeschutzmatte
- Entgitterwerkzeug
- Schneidematte LightGrip
- Schrift: Augustine und Apple Butter

HINWEIS:
Die Schürze eignet sich dank der Personalisierung übrigens auch richtig toll für Hobbybäcker*innen.

SO GEHT´S

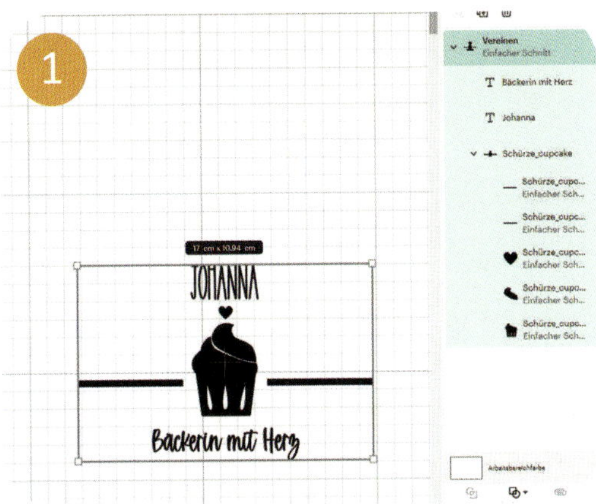

1. Füge zwei Textfelder und die Downloadvorlage ins Design Space ein. Passe die Schriftart, -position und -größe an. Klicke auf das untere Textfeld »Bäckerin mit Herz« und wähle in der rechten Leiste ganz unten vereinen aus. Markiere das komplette Motiv und klicke auf verbinden.

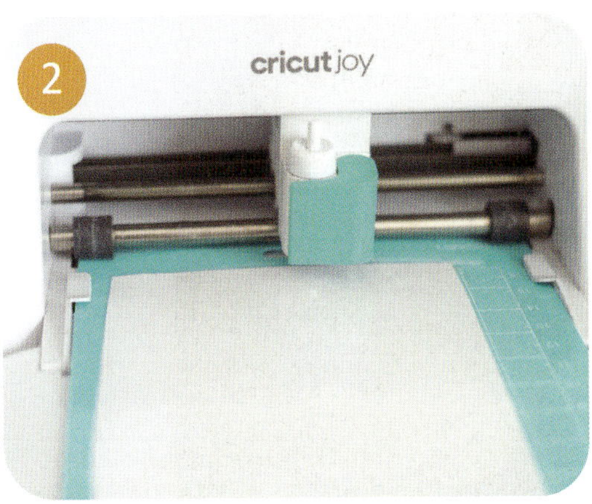

2. Lege die Flexfolie auf die LightGrip-Schneidematte. Spiegle das ganze Motiv und starte den Schnitt deines Geräts. Nach dem Schneiden wird alles entgittert.

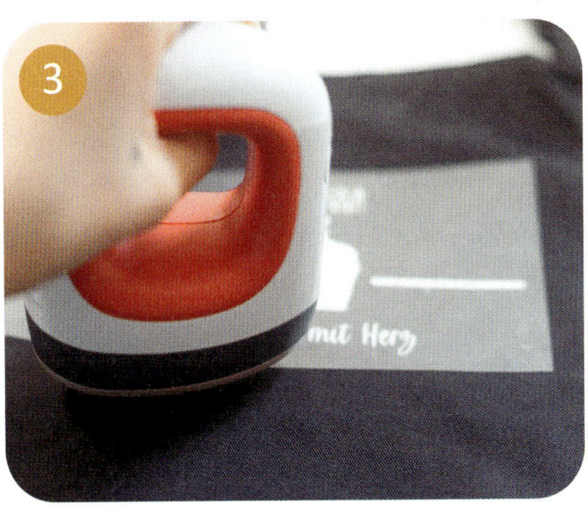

3. Lege die Schürze auf die Hitzeschutzmatte. Heize deine Transferpresse vor und übertrage das Motiv nach den Herstellerangaben der Folie auf die Schürze. Du kannst hier die EasyPress Mini oder die große EasyPress verwenden. Ziehe anschließend die Trägerfolie vorsichtig ab.

Federmäppchen mit Regenbogen

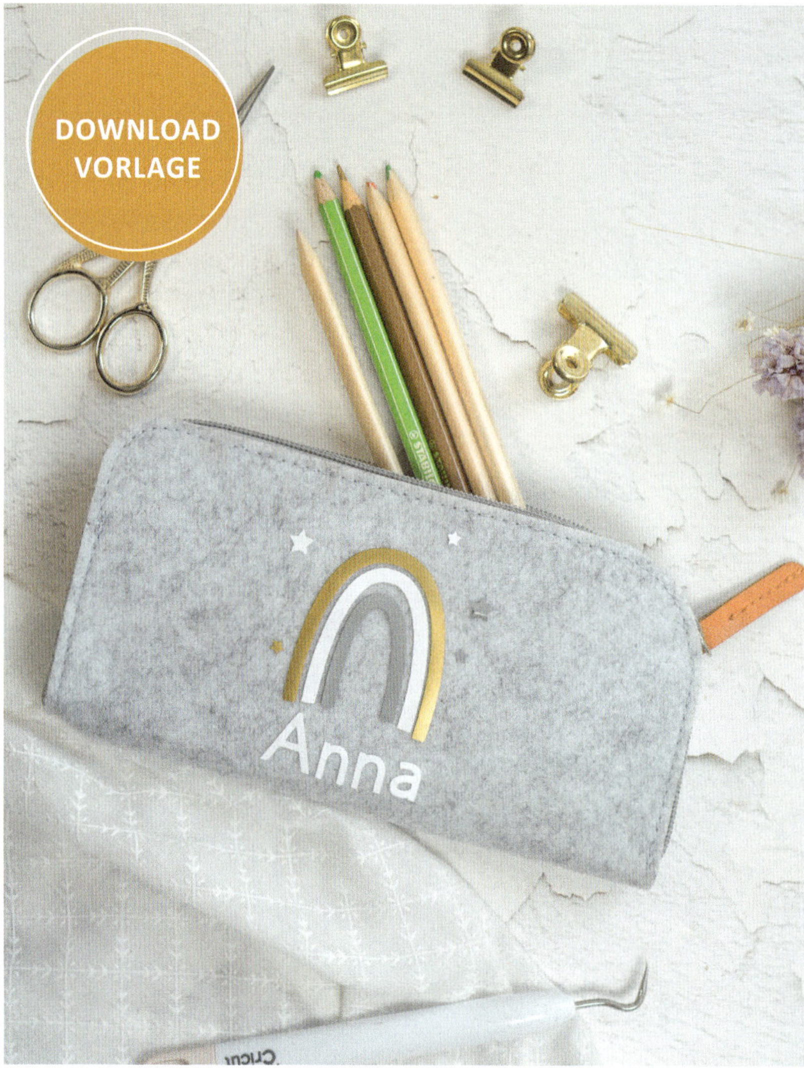

MATERIAL & WERKZEUG

- Gerät: Joy, Explore, Maker
- Filzmäppchen
- Flexfolie in Weiß, Grau und Gold
- Transferpresse
- Entgitterwerkzeug
- Schneidematte LightGrip
- Schrift: Cricut Sans

HINWEIS:
Achte beim Material unbedingt auf Hitzebeständigkeit. Häufig handelt es sich um Kunstfasern und nicht um Filz. Im Zweifel kannst du die Presse an einer kleinen Ecke testen.

SO GEHT´S

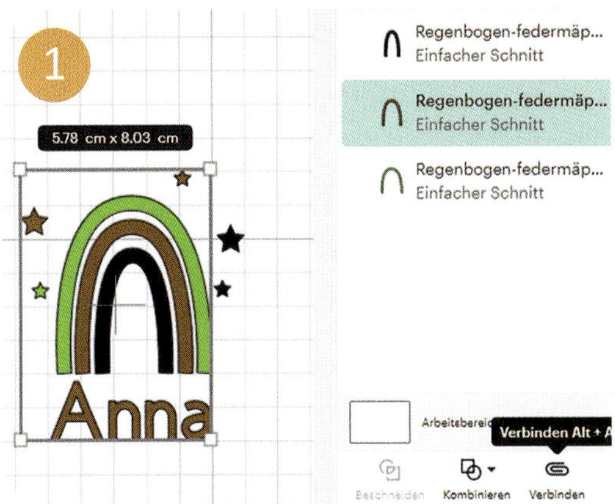

1. Füge die Datei und den Text ein. Passe die Größe und Position zueinander an. Du kannst den Regenbogen anklicken und oben in der rechten Bearbeitungsleiste zerlegen. Verschiedene Teile können so eine neue Farbe erhalten und werden später auf unterschiedliche Schneidematten im Herstellungsprozess gelegt. Klicke die Teile mit den jeweilig gleichen Farben an und verbinde diese.

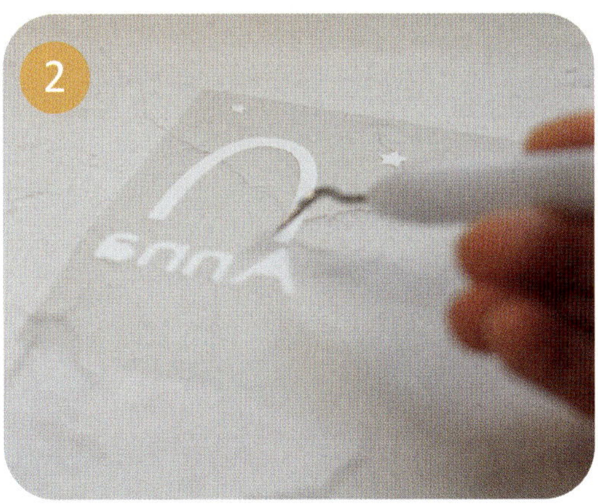

2. Spiegele das Motiv und starte den Herstellungsprozess des Geräts. Nach dem Schnitt kannst du die einzelnen Teile mit dem Entgitterwerkzeug entgittern.

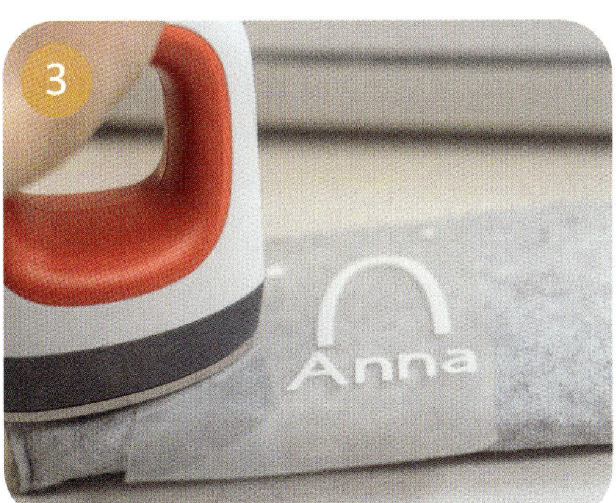

3. Übertrage die einzelnen Farben mit der Transferpresse auf dein Mäppchen. Nach jeder Farbe entfernst du die Trägerfolie vorsichtig und fährst mit der nächsten Farbe fort.

Turnbeutel für Wechselkleidung

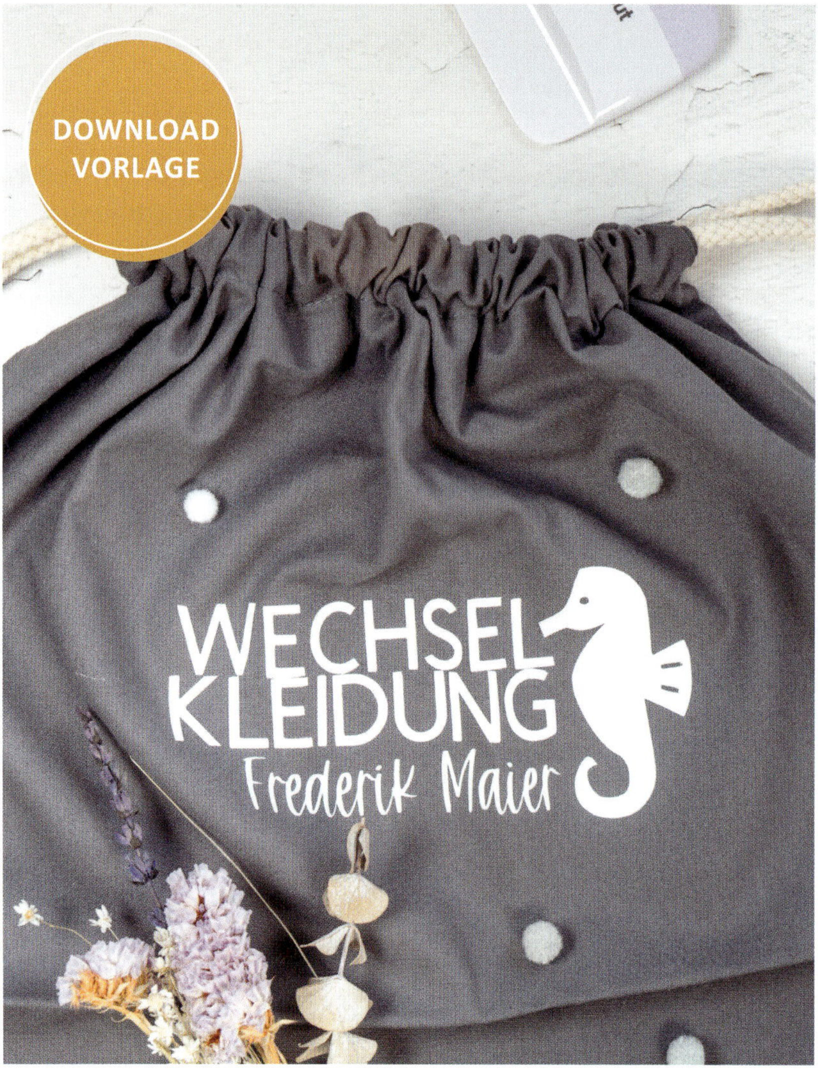

MATERIAL & WERKZEUG

- Gerät: Joy, Explore, Maker
- Turnbeutel
- Flexfolie in Weiß
- Pompons
- Transferpresse
- Entgitterwerkzeug
- Hitzeschutzmatte
- Schneidematte LightGrip
- Schrift: Augustine und Cricut Sans

HINWEIS:
Ein Turnbeutel ist eine tolle Alternative zur Jutetasche für die Wechselkleidung. Die Kids können ihn ganz einfach selbst tragen ohne, dass etwas herausfällt.

SO GEHT´S

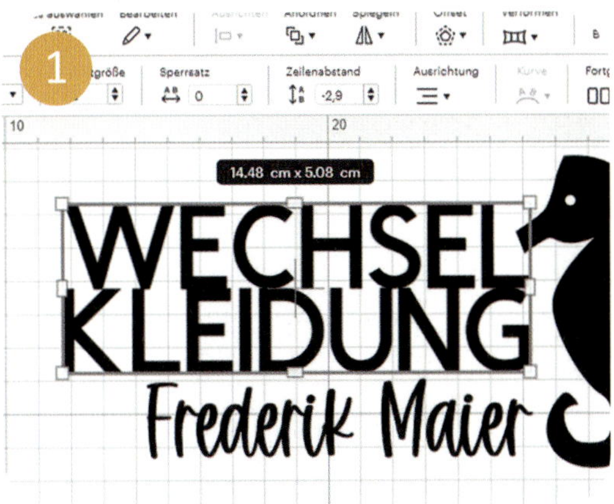

1. Füge das Seepferdchen und zwei Textfelder in Design Space ein. Passe die Schriftart, - größe und -position an. Lass die Schrift ein wenig überlappen, wähle sie aus und klicke auf vereinen.

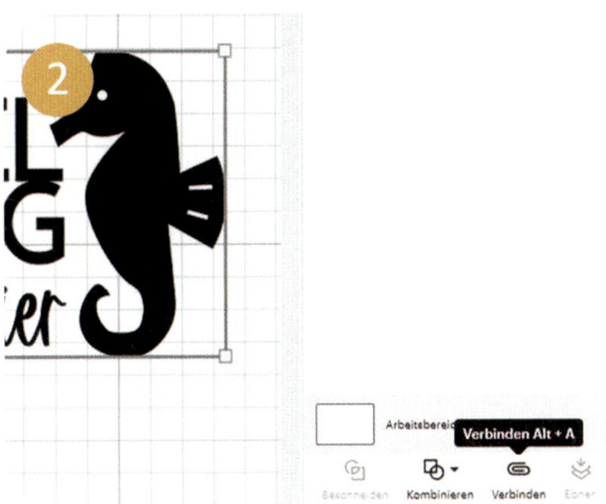

2. Markiere das Seepferdchen und den kompletten Text und wähle in der rechten Spalte ganz unten verbinden.

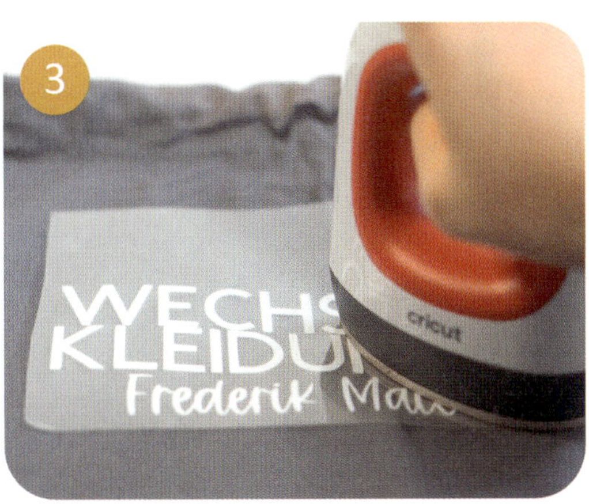

3. Das Motiv wird nun im Programm gespiegelt und vom Gerät geschnitten. Anschließend kann alles entgittert und übertragen werden. Beachte hierzu die Herstellerangaben des Folienherstellers zu Pressdauer und -hitze. Zu guter Letzt kannst du noch ein paar weiße Pompons mit der Hand auf den Turnbeutel aufnähen.

Hut mit Flex

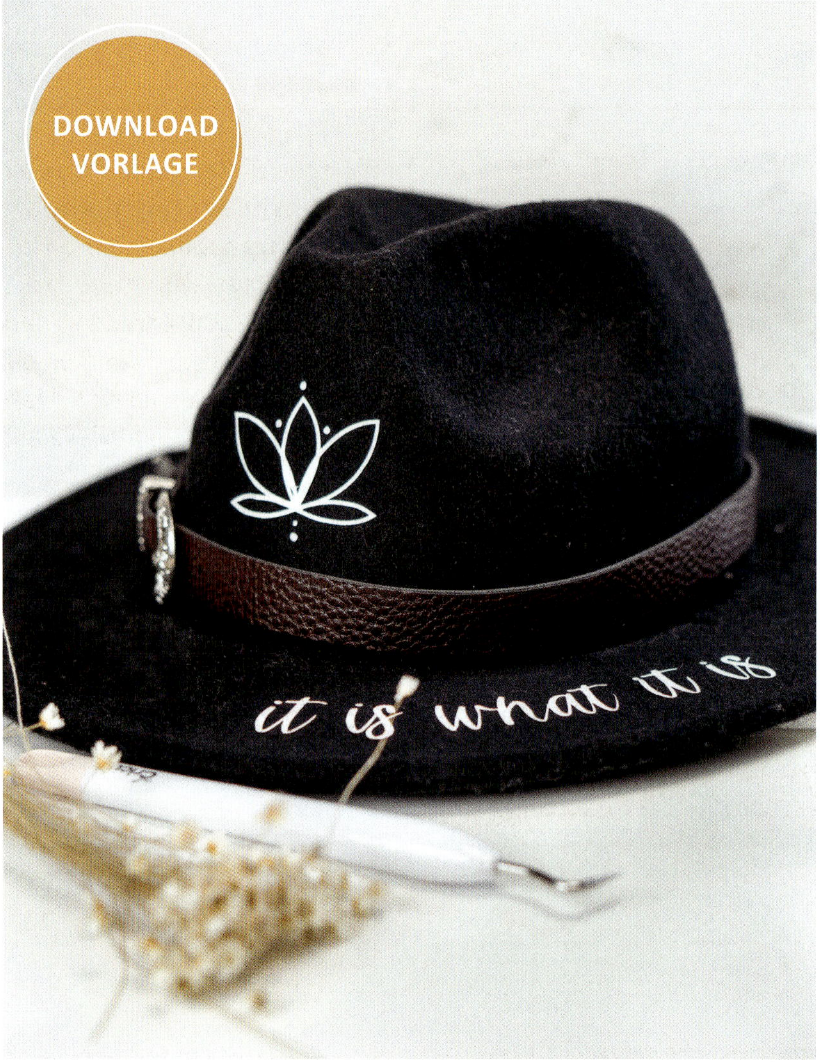

MATERIAL & WERKZEUG

- Gerät: Joy, Explore, Maker
- Filzhut
- Flexfolie in Weiß
- Transferpresse
- Entgitterwerkzeug
- Schneidematte LightGrip
- Schrift: Augustine

HINWEIS:
Achte unbedingt auf ein hitzebeständiges Material. Im Zweifel kannst du die Transferpresse ganz vorsichtig auf eine kleine Ecke im Innenbereich legen und so testen.

SO GEHT´S

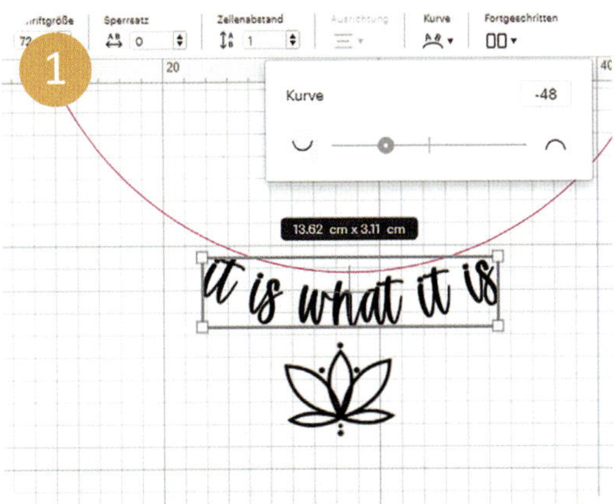

1. Füge die Blütendatei und ein Textfeld ein. Passe den Text entsprechend an. Klicke ihn an und wähle in der oberen Bearbeitungsleiste die Kurve aus. Ziehe diese Kurve entsprechend nach oben. Anschließend wird der Text ausgewählt und miteinander vereint. Markiere die komplette Blüte und klicke auf verbinden.

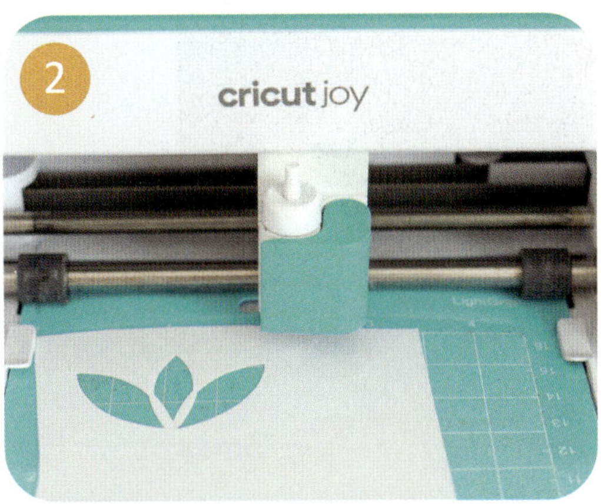

2. Die Blüte und der Text werden nun gespiegelt und vom Gerät geschnitten. Nach dem Schnitt kannst du die Folie von der Schneidematte nehmen und alles entgittern.

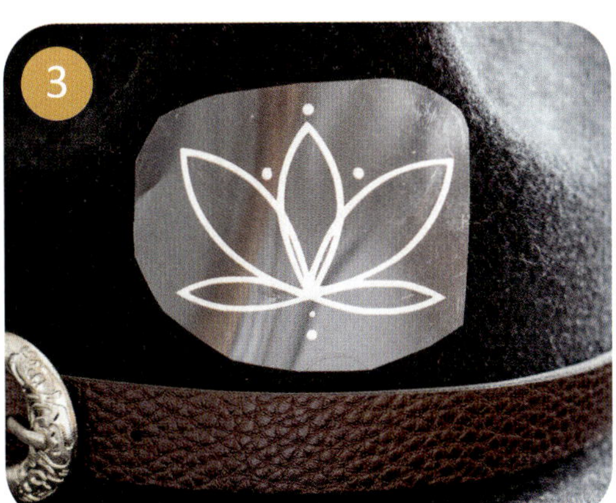

3. Übertrage die Blüte und den Text mit der Minipress auf einen Hut. Anschließend kannst du die Trägerfolie vorsichtig entfernen.

Christmaspulli

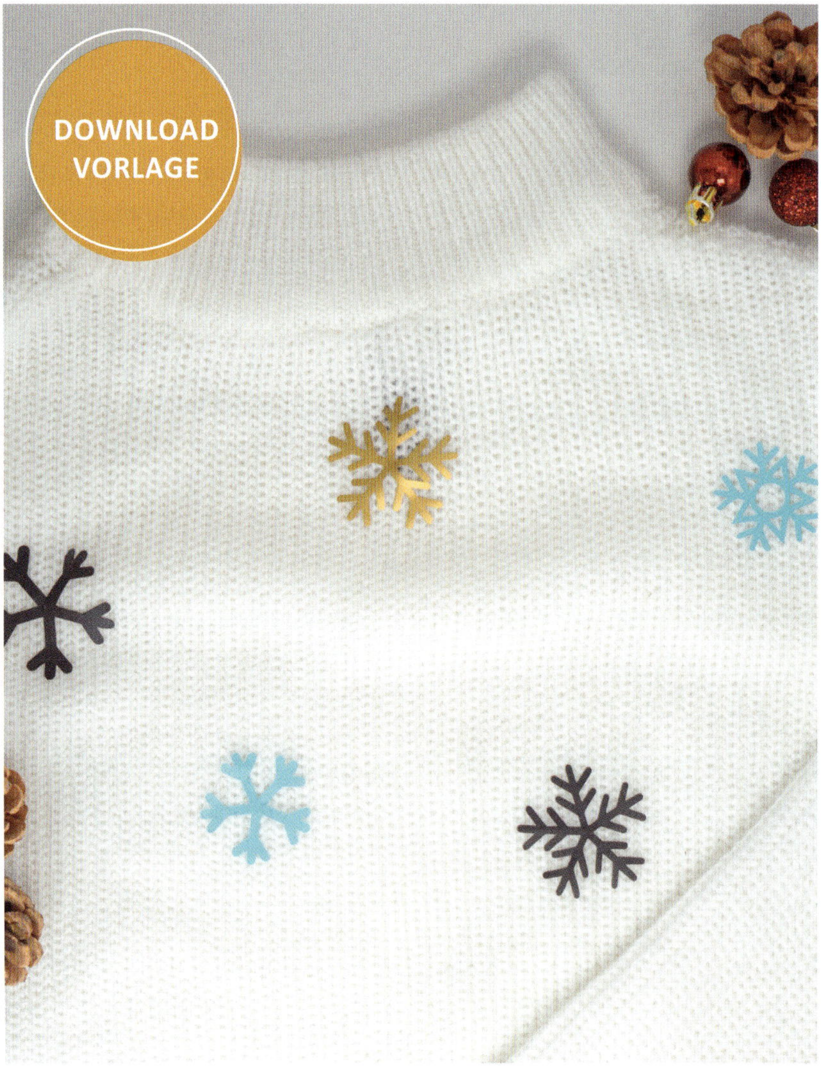

MATERIAL & WERKZEUG

- Gerät: Joy, Explore, Maker
- Strickpulli
- Flexfolie in Schwarz, Gold und Blau
- Transferpresse
- Entgitterwerkzeug
- Hitzeschutzmatte
- Schneidematte LightGrip

HINWEIS:
Schneide die Schneeflocken einfach aus Flex- oder Flockfolie deiner Lieblingsfarben.

SO GEHT´S

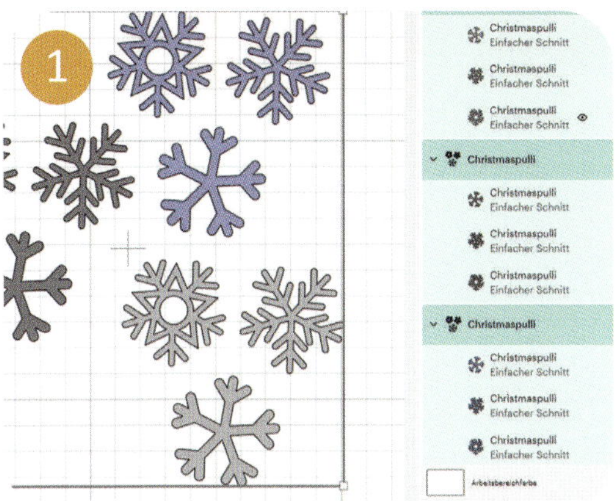

1. Schaue zu Beginn, wie groß du die Schneeflocken auf dem Pulli haben möchtest. Ein Lineal kann dir hierbei helfen. Füge die Downloaddatei ins Design Space mehrfach ein und ziehe diese in die entsprechende Größe. Markiere einzelne Schneeflocken und passe die Farbe über die obere Leiste an.

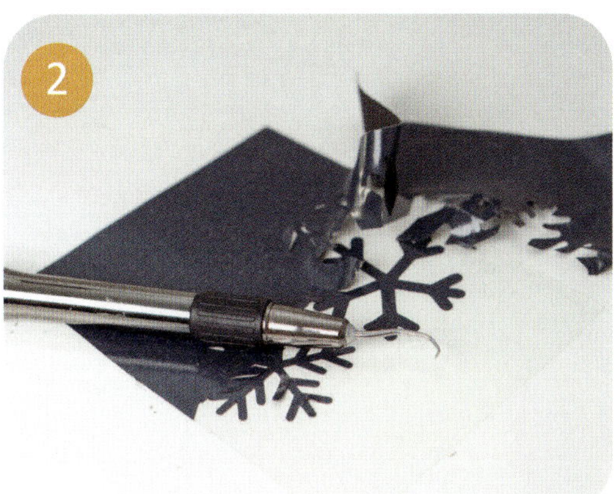

2. Die Schneeflocken werden nun im Design Space gespiegelt, vom Gerät geschnitten, und anschließend kannst du sie vorsichtig entgittern. Schneide die einzelnen Schneeflocken inklusive Trägerfolie auseinander.

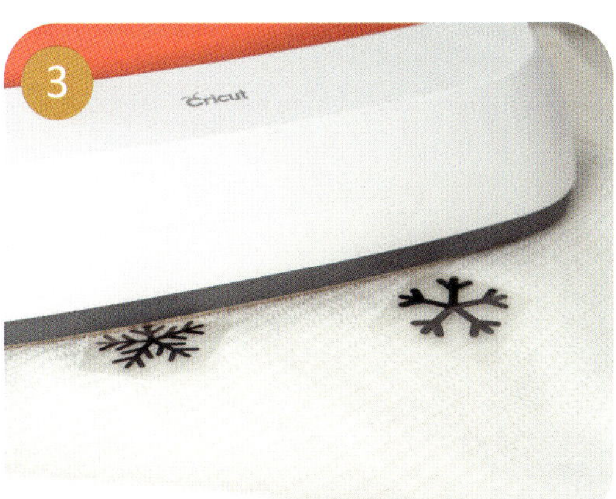

3. Heize die Presse entsprechend den Herstellerangaben der Folie vor und übertrage die Schneeflocken auf den Pulli.

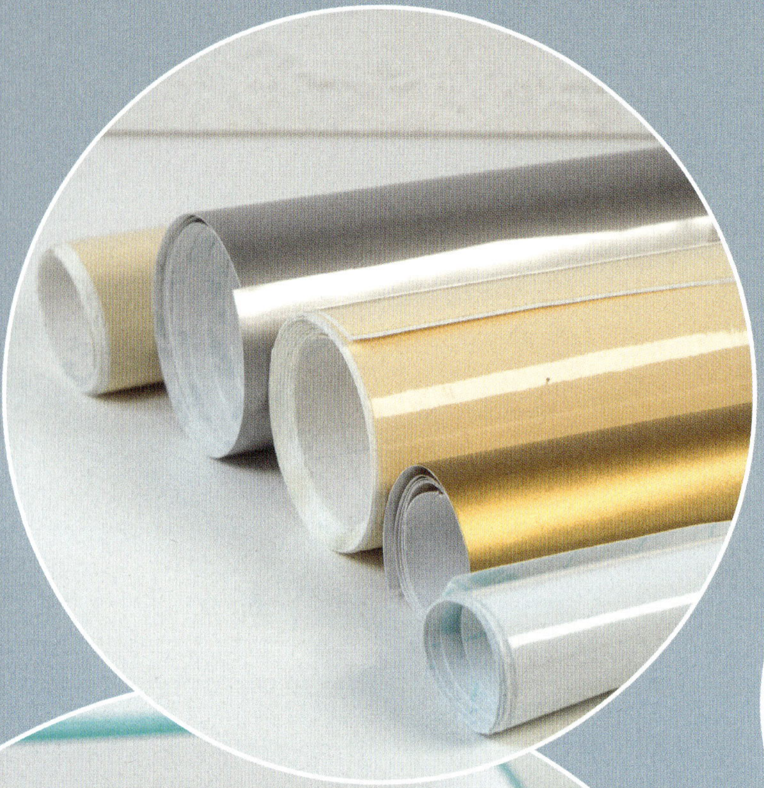

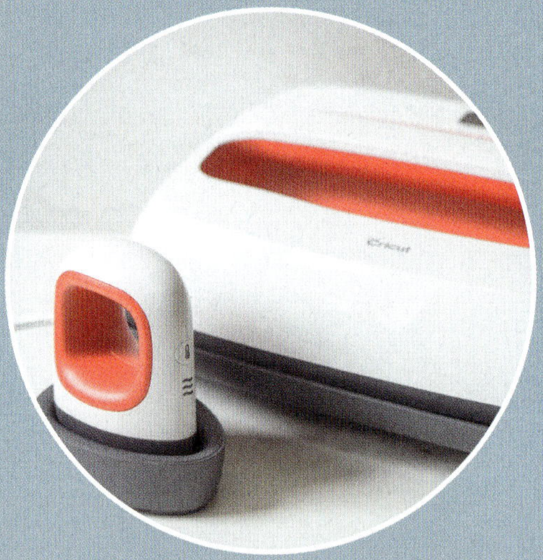

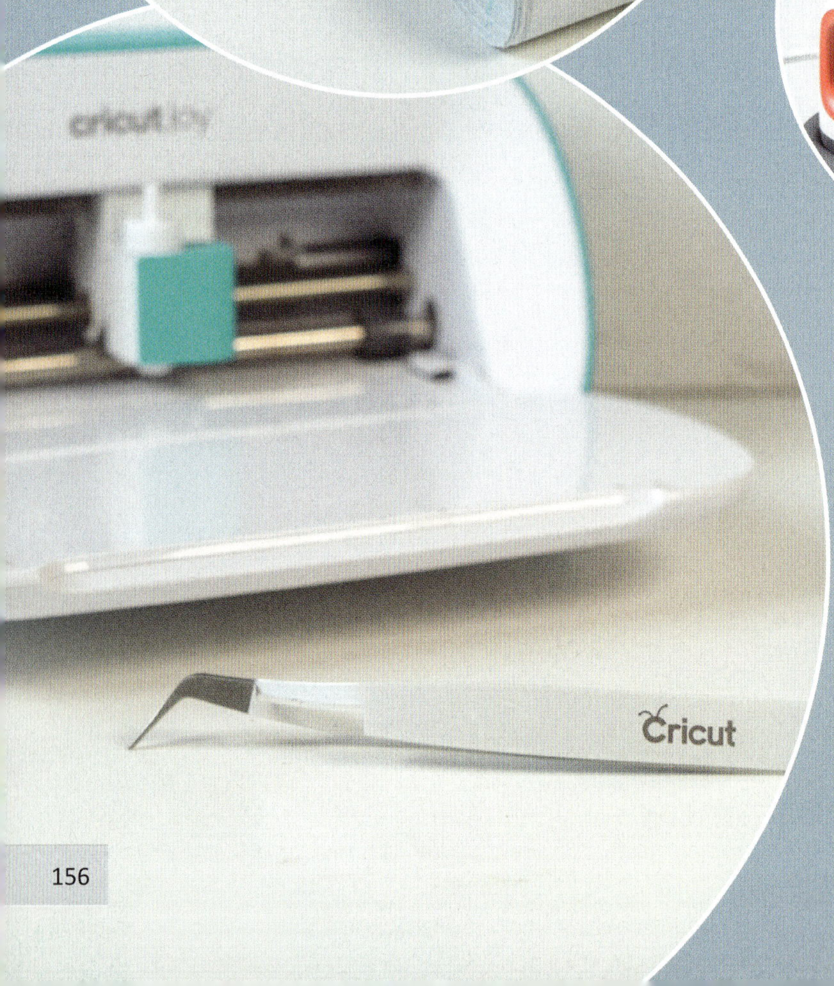
cricut joy
Cricut

Anhang

Danksagung

Danke an alle lieben Menschen, die mich unterstützt haben, mein Herzensprojekt umzusetzen.

Vor allem möchte ich mich bei meiner Familie für ihre große Geduld und Unterstützung bedanken.

Ein Danke geht auch an die Firma Cricut, die mich mit Bildmaterial und Informationen für das Buch unterstützt hat.

Danke an die liebe Isabella vom mvg Verlag für dein Vertrauen, deine Expertise und die schöne Zeit!

Last, but not least geht ein großes DANKESCHÖN an euch alle. Danke für euer Interesse und die Zeit, mit diesem Buch zu lernen und zu arbeiten.

Ich bin euch allen unglaublich dankbar!

Impressum

Bibliografische Information der Deutschen Nationalbibliothek
Die Deutsche Nationalbibliothek verzeichnet diese Publikation in der Deutschen Nationalbibliografie. Detaillierte bibliografische Daten sind im Internet über https://dnb.de abrufbar.

Für Fragen und Anregungen
info@m-vg.de

Originalausgabe
1. Auflage 2024

Türkenstraße 89
80799 München
Tel.: 089 651285-0

Redaktion: Annerose Sieck, Neumünster
Umschlaggestaltung: Sonja Vallant
Umschlagsabbildung, Layout & Satz: Lisa Englmüller
Druck: Firmengruppe APPL, aprinta Druck, Wemding
Printed in Germany

ISBN Print 978-3-7474-0163-7
ISBN E-Book (PDF) 978-3-98922-004-1
ISBN E-Book (EPUB, Mobi) 978-3-98922-005-8

Wir produzieren nachhaltig
www.m-vg.de

Weitere Informationen zum Verlag finden Sie unter
www.mvg-verlag.de
Beachten Sie auch unsere weiteren Verlage unter www.m-vg.de

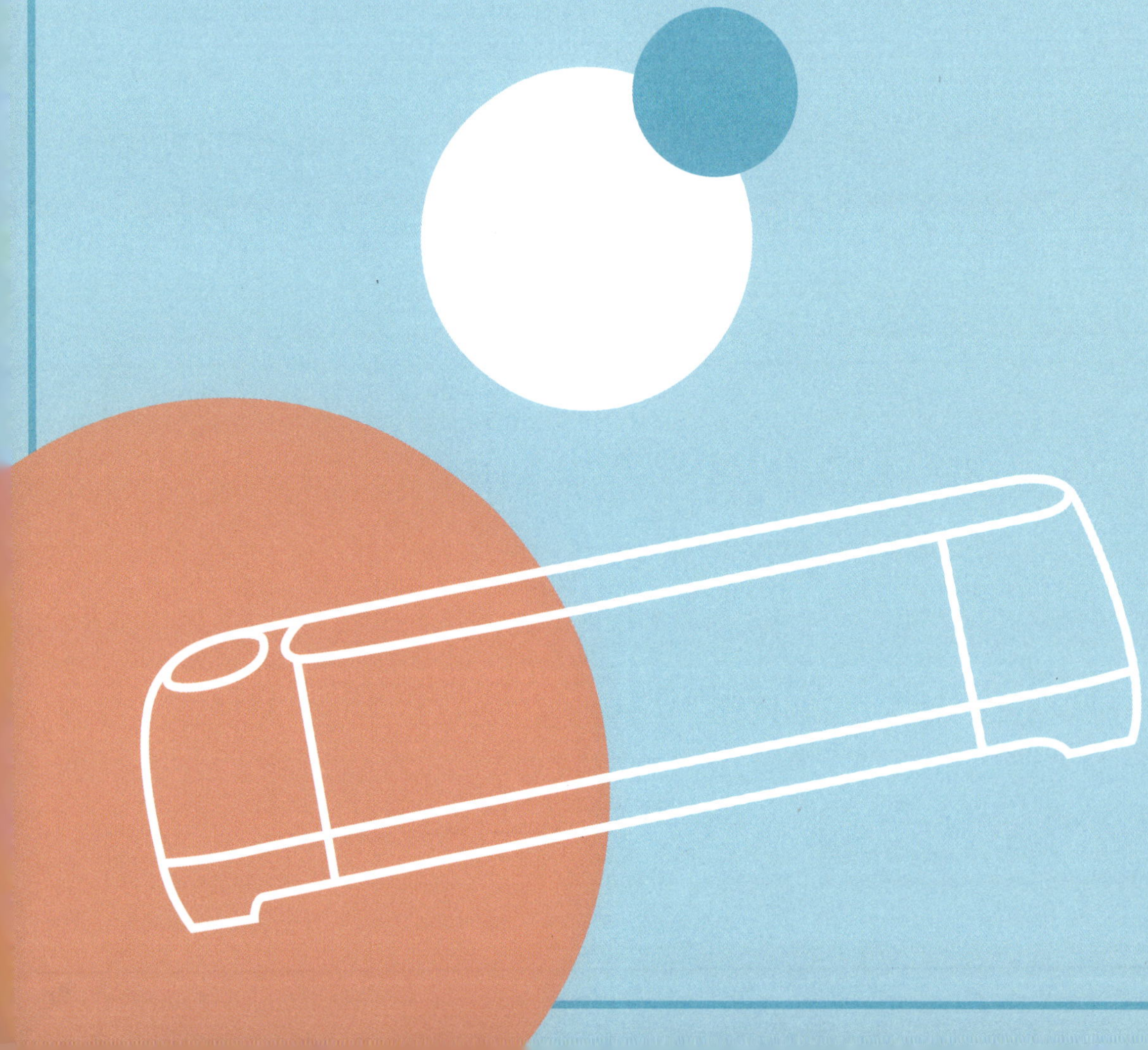